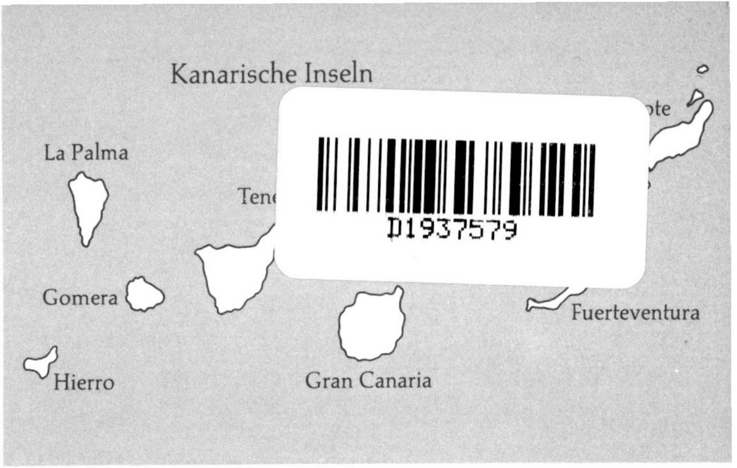

Oceanus Atlanticus

Miguel de Palma

Harald Braem · Tanausu – der letzte König der Kanaren

Harald Braem

Tanausu – der letzte König der Kanaren

Roman

Piper
München Zürich

Mein besonderer Dank gilt den Einwohnern von La Palma, vor allem den alten, wegkundigen Hirten, die nicht nur großartige Menschen sind, sondern auch direkte Nachkommen des einst so stolzen und bewundernswerten Guanchenvolkes. Ihnen wie auch dem Andenken an ihren größten Helden Tanausu ist daher dieses Buch gewidmet. Für La Palma in Liebe.

H. B.

ISBN 4-492-03090-4

Gesetzt aus der Aldus-Antiqua
Satz: Janß, Pfungstadt
Druck und Bindung: Mühlberger, Gersthofen
Printed in Germany

Inhalt

Die zur Kapiteltrennung verwendeten Vignetten zeigen Felszeichnungen, die der Verfasser an verschiedenen Kultstätten der Guanchen auf La Palma entdeckt hat.

»Die Kanarier waren wahrhaft, edel und schätzten sehr die Tapferkeit . . .«

Leonardo Torriani

1. Teil
Abona

»Höre«, sagte der Alte, »ich will dir die Geschichte erzählen, und sie wird anders klingen, als du sie bisher gehört hast. Denn im Gegensatz zu den meisten weiß ich, wovon ich rede. Ich bin selbst dabei gewesen, damals, vor vierzig Jahren, als die Fremden über das Meer zu unserer Insel kamen . . .

Du siehst die Schlucht, die vor uns zur Bucht hin ausläuft. Sie heißt *Schlucht der Todesängste,* und sie hat ihren Namen wirklich verdient. Schreckliches ist damals dort unten geschehen, viel Blut ist geflossen und hat den Taburientefluß rot gefärbt. Zahllose Krieger sind im Kampf umgekommen – fast alle Feinde, und viele von unserem Stamm. Ich wurde selber verwundet und lag lange an der Schwelle zum Schattenreich. Nur war meine Stunde noch nicht gekommen, der Guayote aus dem Vulkan, der Dämon, der die Seelen frißt, wollte mich nicht und schickte mich ins Leben zurück, damit ich über alles nachdenken und davon erzählen kann.

Und so war es: Ich war – wie du heute – zur Wache bestimmt und saß auf dem Seelenstein. Und wie du zweifelte ich heimlich am Sinn meiner Aufgabe, denn es hatte lange keinen Krieg mehr mit den Leuten aus dem Aridanetal gegeben. Trotzdem mußte Wache gehalten werden, so hatte es der Rat der Alten bestimmt.

Und eines Tages sah ich ein Schiff, das ganz anders war als unsere Drachenbaumboote: Riesengroß, mit hohen Masten und gewaltigen Segeln, und am höchsten Mast wehte ein buntes Tuch. Das Schiff fuhr in unsere Bucht ein und ging vor Anker. Vom großen Schiff löste sich ein kleineres Boot, in dem Männer mit blitzenden Waffen saßen und in Kleidern, die in der Sonne glänzten. Sie ruderten aufs Ufer zu, legten an, sprangen heraus und kamen den Strand hoch.

Ich wollte zuerst gar nicht glauben, was ich sah, denn so etwas hatte es nie vorher gegeben, nicht ein solches Schiff und nicht solche Menschen. Dann aber lief ich, so schnell ich konnte, über die Hänge nach Tixarafe, um den Stamm zu warnen. Madango, der damals noch ein junger Mann und erst vor kurzem König geworden war, schickte Späher hinauf zum Time. Auch ich war dabei. Wir beobachteten von den Felsen aus, wie immer mehr Fremde aus dem Schiff kamen und in die Boote stiegen. Bald war der Strand von Taxacorte voll von ihnen. Sie schlugen ein Lager auf und entfachten große Feuer.

Wir wußten nicht, ob die Leute vom Aridanetal sie auch schon bemerkt hatten. Es ist flach dort, man kann den Strand vom Dorf aus nicht sehen. Jedenfalls bliesen wir das Muschelhorn, um sie zu warnen. Vielleicht hätten wir gerade das nicht tun und uns still verhalten sollen. Wie wir nämlich später erfuhren, hörten auch die Fremden das Horn. Sie begannen den Strand abzusuchen und rückten am Vormittag des nächsten Tages ins Aridanetal vor.

Taxacorte fanden sie verlassen vor. Die Bewohner hatten das Dorf geräumt und waren mit all ihrem Vieh auf die Hochebene gezogen. Aber die Fremden suchten alles ab und plünderten die Häuser und nahmen alles Brauchbare mit, vor allem Ziegen, Nahrungsmittel, Hausrat und Schmuck. Auch ein Mädchen, Gazmira, die bei ihrer kranken Mutter geblieben war, spürten sie auf und schleppten sie als Gefangene weg.

Was waren das für Fremde? Wir erfuhren, daß sie sich Spanier nennen und aus einem Land kommen, das weit jenseits des Meeres liegt. Ein großer König regiert ihr Reich und befehligt viele Krieger und Schiffe. Mit ihren Seglern waren sie über das Meer gekommen und hatten schon viele Inseln besetzt, auch die, die man an klaren Tagen von den

Gipfeln unserer Berge aus sehen kann und die wir Gomera nennen. Du weißt, es ist weit bis Gomera und gefährlich, mit dem Drachenbaumboot dorthin zu fahren. Deshalb hatten wir auch lange nichts mehr aus Gomera gehört und keine Ahnung, daß da bereits die fremden Eroberer saßen. Ganz überraschend tauchten sie bei uns auf.

Und wir konnten schließlich, nachdem alles vorbei war, noch mehr über die Fremden in Erfahrung bringen. Einer von ihnen, den wir gefangennahmen und der später an seinen schweren Verwundungen starb, sagte es uns. Er sprach zwar eine völlig andere Sprache als wir, aber das, was wir wissen wollten, haben wir trotzdem aus ihm herausbekommen.

Ihr Anführer hieß Guillén Peraza und war der Sohn eines gewissen Hernán Peraza, der für den fremden König auf Gomera herrschte. Ein schlimmer Kerl muß dieser Hernán Peraza gewesen sein, ein Menschenjäger und Schinder, so sagte jedenfalls sein sterbender Krieger. Wir wir später hörten, ist er schließlich von einem Guanchenprinzen namens Huatacuperche erstochen worden, was das Zeichen für einen Aufstand der Stämme auf Gomera war.

Sein Sohn Guillén Peraza war wohl genauso übel, denn er wollte, obgleich er noch ein junger Mann war, unsere Insel erobern und alle Einwohner als Sklaven verkaufen. So ist es nämlich Sitte in jenem fernen Land Spanien: Sie fahren mit vielen Schiffen über das Meer, überfallen Inseln und betreiben Menschenhandel. Sie legen die Menschen in Ketten, sperren sie wie Tiere in Käfige ein und verkaufen sie irgendwo, wo man für arbeitskräftige Sklaven große Reichtümer eintauschen kann.

Aber zurück zu meiner Geschichte: Die Krieger unseres Stammes lagen also in den Bergen versteckt und beobachteten die Fremden. Nach ein paar Tagen sahen wir, daß ein großes Heer von ihnen, etwa zweihundert schwerbewaffnete Männer, von der Bucht aus in die Schlucht eindrangen. Guillén Peraza führte sie an. Er ritt auf einem merkwürdigen Tier mit sehr hohen Beinen. Er, wie auch einige andere Männer des Zuges, trug eine Kleidung, die wie Schuppen von Fischen glänzte. Die Fremden gingen langsam, manche schleppten schwere Lasten, und es klirrte leise bei jedem Schritt.

Inzwischen waren auch die Krieger aus dem Kraterkessel und die des Aridanetales zu uns gestoßen. Gemeinsam beobachteten wir den Zug der Fremden. Madango erkannte, daß sie nicht in friedlicher Absicht kamen. Sie hatten Taxacorte überfallen und ausgeplündert, und jetzt kamen sie mit all ihren Waffen zum Kraterkessel, in dem unser Heiliger Berg, der Idafe, liegt. Sollten wir also zusehen, wie sie ihn erreichten und womöglich dort den heiligen Opferplatz schändeten? Madango unternahm den Versuch, die Fremden aufzuhalten und zur Rede zu stellen. Er schickte drei Krieger des Stammes hinab in die Schlucht. Das waren Darapara, Chimayo und Garfa. Ich sehe es vor mir, als wäre es erst gestern gewesen: Die drei kletterten die Steilhänge des Time hinab und stellten sich den Fremden in den Weg. Sie waren mutig und unerschrocken und zudem mit Lanzen und Keulen bewaffnet. Wir alle sahen, daß sie nicht drohend, sondern ruhig auf die Fremden zugingen, um mit ihnen zu verhandeln. Was aber tat Guillén Peraza? Er winkte von seinem hochbeinigen Tier aus mit der Hand und gab ohne Warnung das Zeichen zum Angriff. Mehrere Fremde hoben lange Hölzer und richteten sie auf unsere Krieger. Es donnerte und gab Rauch, dann sanken Darapara, Chimayo und Garfa wie vom Blitz getroffen zu Boden. Jetzt stürmten andere vor und stachen mit blitzenden Stäben auf sie ein, die doch schon bereits am Boden lagen. Ich weiß nicht, was dies für Waffen waren, aber ich sah, daß sie die drei Männer in kürzester Zeit töteten.

Was hättest du nun an unserer Stelle getan? Sollten wir weglaufen, die Insel, unsere geliebte Heimat Benahoare, den Feinden kampflos überlassen? Madango entschied sich für den Angriff. Wir ließen die Fremden noch ein Stück tiefer in die Schlucht hinein vorstoßen, dann schlugen wir zu: Zunächst rollten wir Felsen ins Tal und lösten Steinlawinen aus, die ihnen den Rückweg versperrten. Dann verließen wir unsere Deckung und stürmten die Hänge hinab. Viele unserer Lanzen und Schleudersteine trafen und töteten feindliche Krieger. Aber die Waffen der Spanier erwiesen sich als überlegen. Besonders gefährlich waren ihre langen Hölzer, die Blitz und Donner spien. Durch sie wurden einige unserer besten Leute getötet, noch bevor sie den Gegner erreichen konnten. Auch die blitzenden Stäbe waren besser als unsere Lanzen und Keulen. Ein solcher Stab fuhr mir ins Gesicht, zerfraß mir das Fleisch und hätte mir beinahe meinen Schädel gespalten. Mit letzter Kraft schleppte ich mich davon, obgleich ich viel Blut verlor. Schließlich schwanden mir die Sinne.

Als ich wieder zu mir kam, lag ich auf einem Felsvorsprung, hinter einem Gebüsch verborgen, nicht weit von der Schlucht entfernt. Grauenhaft brannte meine Wunde, ich war viel zu schwach, um mich aufzurichten, aber ich blieb bei Bewußtsein und konnte den weiteren Verlauf der Schlacht verfolgen.

Unsere Krieger waren ein kurzes Stück in die Berge zurückgewichen. Das war taktisch klug, denn hier fanden sie Schutz, während die Spanier sich in der Schlucht nicht verstecken konnten. Außerdem waren wir nun den Fremden eindeutig überlegen, wir kannten jede Trittspur, jeden Stein. Wir hatten die Spanier eingeschlossen. Immer wieder sprangen unsere Krieger aus ihrer Deckung hervor, schleuderten Steine und Lanzen und tauchten danach wieder unversehrt in der Felswildnis unter. Es war klar: Wir mußten sie alle vernichten. Ich sah, wie Madango mit ein paar Leuten den Anführer der Fremden angriff. Ein schwerer Stein hatte seinen Helm getroffen. Guillén Peraza stürzte von seinem Tier, als ihn Madango ansprang und ihm die Lanze in den Hals bohrte. Ein fürchterliches Gemetzel entbrannte. Von allen Hängen stürmten unsere Krieger herab und fielen mit Kriegsgeschrei über die Spanier her. Es gab viele Tote und Verletzte auf beiden Seiten.

Schließlich zogen sich unsere Leute erneut zurück, um den Einbruch der Nacht abzuwarten. Es waren nicht mehr viele der Spanier am Leben. Hinter einem Felsvorsprung hatten sie sich verschanzt, nachdem sie bemerkt hatten, daß ihnen der Rückzug zum Meer abgeschnitten war.

Und dann kam die Nacht. Es war sehr dunkel, der Mond besaß nur halbe Größe und war noch nicht über den Time geklettert. Aber wir Guanchen sehen in der Nacht fast so gut wie am Tage. Nach Mitternacht überfielen wir die Fremden erneut. Ich hörte den Klang der Waffen, Schreie und schließlich das Siegesgeheul unserer Krieger. Zweihundert Spanier waren es am Anfang gewesen, nur eine Handvoll soll entkommen sein. Am nächsten Tag verließ das Schiff die Bucht.«

Adargoma hatte lange gesprochen, zuletzt war seine Stimme ganz heiser geworden. Nun saß er da, den Kopf nachdenklich gesenkt, er sann wohl noch einmal den Ereignissen von damals nach.

Die Sonne war inzwischen über den Himmel gewandert, länger wurden die Schatten am Time, die Schlucht lag bereits ins Halbdunkel gehüllt. Noch immer kreisten Falken über den Hängen. In den Bäumen schrillten Zikaden.

Bencomo hatte dem Bericht des alten Kriegers aufmerksam gelauscht. Was er erzählt hatte, klang wirklich anders als die Geschichten am Lagerfeuer. Er spürte, daß Adargoma alles selber miterlebt hatte und noch immer davon berührt war.

»Ja«, setzte Adargoma nach einer längeren Pause des Schweigens fort, »nun weißt du, woher die Schlucht der Todesängste ihren Namen hat. Todesängste haben wir ausgestanden, und gewiß auch die Fremden in ihren letzten Stunden dort. Besonders aber ich, besonders ich ...«

Er hatte den Kopf gehoben und strich mit dem Zeigefinger über die scheußliche Narbe zwischen Auge und Mundwinkel.

»Ich lag lange auf jenem Felsvorsprung, bis man mich endlich fand. Mehr als einmal spürte ich den Todesdämon nahen, aber ich wollte einfach nicht sterben, es war noch zuviel Lebenswille in mir. Schließlich pflegte die Medizinfrau mich gesund. Und du siehst: Es ist ihr gelungen.«

Adargoma lachte. Dabei verzog sich die Narbe in seinem verwitterten Gesicht. Aber je länger Bencomo hinsah, desto mehr verlor sie an Schrecken. Er hatte sich fast schon daran gewöhnt. Er fühlte eine tiefe Zuneigung zu diesem alten Mann, der ein Verwandter seines Vaters war. Viel schon hatte er von ihm gelernt, alle Kniffe und Kenntnisse, die man nur einem erfahrenen Krieger abschauen konnte.

Der Alte beugte sich vor und sprach plötzlich flüsternd, was Bencomo recht unangemessen vorkam – schließlich saßen sie beide allein auf dem Seelenstein, weitab von Tixarafe und den Menschen. Wer sollte sie also hören?

»Seit jener Zeit haben wir nie aufgehört, die Bucht zu bewachen. Wenn es auch für die Fremden eine schlimme Erfahrung war, auf Benahoare zu landen, und hoffentlich auch eine Lehre, so weiß man doch nicht, ob sie nicht vielleicht doch eines Tages wiederkommen. Und wenn, dann sollen sie uns bereit und in Waffen antreffen. Es ist sehr wichtig, hier Wache zu halten, lebenswichtig sogar ... Deshalb sollte ein Krieger, der hier oben seinen Dienst tut, sich nie vom Schlaf übermannen lassen. Es kann verderblich für den ganzen Stamm werden, wenn die Wache einschläft.«

Das Meer lag still glitzernd wie eine Perle zwischen den Schatten der Berge. Ein sanfter warmer Wind glitt über die Wände, raschelte in den langstieligen Blättern der Drachenbäume. Wie Riesen der Urzeit sahen sie aus mit ihren knorrigen Wurzelstämmen, den wuchtigen, weitausladenden Kronen. Über die scharfe Felskante des Time glitt pfeilschnell ein Falkenpaar dahin, streifte mit den Schwingen fast den Boden, um sich dann im Steilflug in die Schlucht hinabzustürzen. Ihr schrilles Keckern verriet, daß sie dort unten Beute erspäht hatten. Weiter westlich tanzte ein Krähenschwarm die große Spirale, regnete dann wie auf ein geheimes Kommando hin auf die saftgrünen Hänge ab. Ein paar Passatwolken trieben am Himmel. Als goldener Kamm harkte die Sonne durchs Gras, ließ die Farben aufleuchten, ein brennendes Grün, blutrot die Wände aus Lavatuff und silbergrau die verwitterten, schrundigen Basaltblöcke.

Friedlich war das Bild, einschläfernd das Gesumm der wilden Bienen über den Blüten ringsum. Adargoma war längst ins Dorf zurückgekehrt. Bencomo gähnte und streckte sich. Er lag auf dem Rücken des Seelensteins, der hier oben eine Mulde für den Körper bot, fast ein Bett. Ein ganz besonderer Felsen war dieser Seelenstein: seine der Schlucht und dem Kraterkessel zugewandte Seite war mit einem großflächigen Bild verziert, einer tiefen, labyrinthartigen Gravur, deren Rillen immer wieder mit roter Erde ausgemalt wurden. Davor lag auf einer Felsnase der Tagoror, der Versammlungsplatz des Stammes, mit den zum Kreis angeordneten Sitzsteinen. Zu bestimmten Zeiten legte der Medizinmann Opfergaben für die Götter auf den Stein, Milch und Butter, manchmal auch die Eingeweide von Tieren. Diese heilige Handlung durfte nur er vollziehen, allein, während sich der Stamm in gebührendem Abstand hielt und auf das Eintreffen der Vögel wartete. Wenn sie kamen, um sich die Opfergaben zu holen, dann waren sie keine Falken und Krähen, Raben, Adler und Geier mehr, sondern Boten der Ahnen, die ihre Nachrichten zum Seelenstein brachten, Botschaften aus dem Jenseits, die nur für den Medizinmann bestimmt waren, die nur er verstand.

Später wurde der Altar des Seelensteins sorgfältig mit Wasser gereinigt und diente wieder als Ausguck für den Wächter des Stammes, wie nun Bencomo einer war. Man konnte weit sehen, über die Schlucht hinweg in die jenseitige Hochebene des Aridanetals und weiter noch bis zum Steilkamm der Cumbre, wo an manchen Tagen die dickflauschigen Passatwolken hängenblieben, um wie ein weißer Wasserfall die Felshänge herabzuquellen. Im Aridanetal franste der Wind die Wolken auf und trieb sie zum Meer, weiße, geblähte Segel am blauen Himmel.

Und dann die Küste: ein grüner, nur von grauschwarzen Lavazungen durchbrochener Streifen, der sich endlos nach Süden zog. Vulkane hatten die Insel geformt, die Cumbre, den Time, den Nambroque, den Bejanado und all die anderen Berge steil aufgestülpt und breite Bänder aus Lava zum Meer hinuntergegossen. Dort aber, wo die breite Schlucht zwischen den Felsen klaffte, wo sie, aus dem Kraterkessel kommend, zum Meer hin auslief, lag die windstille Bucht von Taxacorte, die Stelle, die jeder Wächter besonders im Auge behalten mußte. Sollten jemals fremde Schiffe auftauchen, so würden sie hier landen, wie das schon einmal geschehen war, damals, in jener schlimmen Zeit, von der Adargoma gesprochen hatte.

Bencomo hatte noch nie soviel über den Überfall der Spanier wie eben von dem Alten gehört. Bis heute waren für ihn die Berichte von damals nur Märchen, Legenden gewesen, die die Krieger erzählten, um sich selbst zu rühmen, wobei sie es mit der Wahrheit sowenig ernst nahmen wie die Jäger oder Fischer. Jetzt wußte Bencomo, warum er über die Bucht wachen mußte, obgleich dort niemals etwas geschah.

Er liebte die Bucht, das sanfte, manchmal aber auch aufgewühlte Meer, den Strand mit dem feinen schwarzen Sand, der an vielen Tagen so heiß von der Sonne wurde, daß die nackten Sohlen der Füße wie Feuer brannten. Lapas gab es dort, die schmackhaften Meeresschnecken. Sie klebten überall an den wasserumspülten Felsen, man brauchte die Früchte des Meeres nur abzuernten. Bencomo war besonders geschickt darin, stets trug er eine scharfe Feuersteinklinge bei sich im Gürtelsack. Damit konnte er leicht unter die Schale der Tiere fahren, um sie vom Felsen, wo sie sich mit ihrer weichen Seite festgesaugt hatten, abzuschneiden. Zwanzig solcher Schnecken ergaben eine gute Mahlzeit.

Aber das war nicht der einzige Grund, warum er die Bucht von Taxacorte in letzter Zeit immer häufiger aufsuchte. Die Gegend war eigentlich nicht sein Jagdrevier. Mayantigo herrschte über das Aridanetal, zu dem Taxacorte mit seinem Strand gehörte. Die Leute seines Stammesgebiets sahen es nicht gern, wenn Menschen aus Tixarafe und Hiscaguan die Berge herabgestiegen kamen, um sich an den Lapas gütlich zu tun, es hatte deswegen schon Streit gegeben. Der wahre Grund, warum Bencomo gern in die verbotene Bucht schlich, war Ica, die schöne Ica, für die sein Herz heimlich schlug. Er hatte sie beim Baden gesehen. Ihr Körper war braungebrannt und geschmeidig, sie lachte, wenn sie auf die Brandungswelle zulief, so als wolle sie mit ihr zusammenprallen und von der Wasserwand umgerissen werden. Im allerletzten Moment erst sprang sie ab und tauchte unter der Welle durch. Irgendwo dahinter, bange Augenblicke später, tauchte ihr blonder Haarschopf wieder auf, schüttelte sich, und ihr Mund lachte, als berge das Meer keine Gefahr, sondern wäre bloß ein Spielzeug für sie.

Dieses Lachen, besonders das Lachen war es, was Bencomo verzaubert hatte. Mehrmals hatte er sie so erlebt, so ausgelassen und übermütig. Aber nie hatte er die Gelegenheit ergriffen, sie anzusprechen, und jetzt träumte er schon von ihr. Er war wie verhext: Er, der jetzt ein junger Krieger des ersten Grades war, die Mutprobe bereits bestanden hatte und im Tagoror bei den Männern sitzen durfte, fand nicht den Mut, ihr direkt in die Augen zu sehen oder gar mit ihr zu reden. In seinen Träumen aber geschahen ganz andere Dinge ... Da tauchte er zusammen mit ihr durch die Brandung, schwamm mit ihr um die Wette, holte sie ein, umschlang ihren Körper, merkte, daß sich ihre Arme nicht gegen ihn wehrten, spürte ihre Brüste, hörte ihr Lachen dicht an seinem Ohr. Und später lagen sie im warmen, schwarzen Sand, Icas Kopf in seiner Achselhöhle geborgen, ihr Haar, ihre Haut, ihre Lippen schmeckten nach Salz und ihr Blick war so verführerisch tief, daß er gerne darin ertrank. In diesem Moment, hier in der Mulde des Seelensteins, glaubte er wieder, neben Ica zu liegen. Ganz deutlich meinte er ihren Körper zu spüren, ihren Atem; ihr blondes, inzwischen von der Sonne getrocknetes Haar wehte ihm über das Gesicht, kitzelte ihn. Er riß die Augen auf, sah sich verwirrt um. Neben ihm lag noch immer die hölzerne Lanze mit der im Feuer gehärteten Spitze, der Beutel aus dem Leder einer jungen Ziege, den er vorhin vom Gürtel gelöst hatte. Gofio war darin, das geröstete Mehlpulver aus den zerstampften Wurzeln des Farnkrauts. Bencomo öffnete den Beutel, schüttelte etwas vom weißgrauen Inhalt in seine hohle Hand, sammelte Speichel und spuckte mehrmals auf das Mehl. Als die Massse geschmeidig genug war, fing er an, daraus mehrere kleine Kugeln zu kneten. Eine nach der anderen steckte er in den Mund. Es schmeckte würzig, ein wenig herb vom Rösten, und es machte ihn satt. Ein paar Wildfeigen, die er am Morgen auf dem Weg zum Seelenstein gefunden hatte, ergänzten das karge Mahl.

Zwei Eidechsen hatten sich lautlos genähert, ein braunes Weibchen lag bäuchlings auf den warmen Felsen gepreßt, der größere schwarze Bulle mit blauem, pochendem Kehlsack hatte den Vorderleib aufgerichtet und die Krallenfüße seitlich zur Sonnenanbeterhaltung gespreizt. Beide beobachteten aufmerksam Bencomo, vor allem, ob etwas von seinem Essen übrig bleiben würde. Aus der Nähe wirkten sie wie kleine Drachen, wie Urwelttiere einer längst vergangenen Epoche.

In der Tat hatte Bencomo die Stiele der Feigen nicht mitgegessen, er warf sie in ihre Richtung, es war noch etwas Fruchtfleisch daran. Unglaublich flink schossen die beiden Tiere vor, schnappten nach den Happen und schleppten sie rasch außer Reichweite. Bencomo lachte und schnürte den Gofiobeutel fest zu. Er wußte, daß sie nicht davor zurückschrecken würden, in die Öffnung zu kriechen. Gofio stellte für sie einen besonderen Leckerbissen dar.

Er gähnte erneut und machte es sich in der Steinmulde bequem. Die Sonne stand nun hoch, es wurde heiß, der Wind hatte die letzten Passatwolken zerteilt. Es war still ringsum. Der Schlaf im Schatten eines Drachenbaumes würde jetzt guttun. Aber Bencomo mußte ja Wache halten, in die Bucht von Taxacorte spähen, obgleich dort unten nichts geschah. Es war nie etwas passiert, solange er denken konnte. Aber Adargomas Geschichte hatte ihn doch nachdenklich gemacht. Wenn sie nun noch einmal kämen, diese Spanier . . .?

Fliegen umsummten seinen Kopf, er jagte sie mit einer trägen Geste fort. Irgendwo kletterten Ziegen durch den Steilhang des Time, Geröll löste sich unter ihren Hufen und fiel zerbröckelnd zu Tal. Dann war es wieder still. Es war die Stunde der lautlos dahingleitenden Falken. Müdigkeit überfiel Bencomo. Zugleich stiegen die Träume wieder in seinem Geist empor. Immer die gleichen Träume: er kletterte den schmalen Saumpfad am Time hinab in die Bucht von Taxacorte. Sein Weg war vorbestimmt, das Ziel bekannt – das gischtschäumende Meer, das mit immer derselben Woge an die schwarze Sandküste schlug, als sei es ein großes, sattes Tier, das atmend dalag, sich reckte und streckte. Beim Einatmen zog es das Wasser zurück, formte Wellen daraus und schickte sie ausatmend wieder gegen den Strand. Und es machte ein schnarchendes Geräusch, wenn das zurückweichende Wasser die größeren Kiesel übereinanderrollen ließ. Danach rauschte und gurgelte die Brandung, so gleichmäßig, daß es müde machte. Nur das helle Lachen tönte aus allem heraus, Icas Lachen. Sie lag halb aufgerichtet im Sand, sprungbereit auf die Hände gestützt und schnellte erst hoch, als die große Welle sie beinahe erreichte, und wieder lachte sie dieses Lachen, das Bencomo so liebte.

Jetzt zögerte Bencomo nicht länger, er sprang auf, rannte auf das unendlich grünblaue Wasser zu. Gerade, als er die Brandungswoge erreichte, traf ihn ein Schlag. Aber nicht von vorn, wie er erwartet hatte, sondern völlig überraschend im Rücken. Bencomo schrie auf. Urplötzlich war er wach. Er spürte, daß ihn da etwas von hinten angesprungen hatte, ein großes, kräftiges Tier, das ihn zu Boden warf und niederzwang. Den Atem an seinem Nacken spürte er – und danach, wie aus dem Nichts, den zweiten Schlag, heftig, schmerzhaft und dumpf. Das Meer brach über Bencomo zusammen.

Langsam löste sich die Dunkelheit auf. Bencomos Geist, der eine kurze Zeitspanne gefangen gewesen war, kam wieder frei. Was war geschehen?

Er lag noch immer auf dem Seelenstein, aber etwas hielt ihn fest umfangen, preßte seinen Körper gegen den Fels. Als er den Kopf seitwärts drehte, erkannte er, was es war. Der alte Mann. Sein Gesicht war ganz nahe bei ihm. Runzelig und vom Wetter gegerbt, unzählige Falten verliehen ihm das Aussehen von uraltem, verwittertem Gestein. Das schlimmste aber war die breite, rotschrindig aufgeworfene Narbe, die vom linken Auge bis hinunter zum Mundwinkel lief.

Bencomo bäumte sich auf, als er merkte, daß der Würgegriff des Alten sich lockerte, kam er auf die Beine.

»Was soll das?« rief er, »du hättest mich umbringen können!«

»Das stimmt«, lachte Adargoma, »dabei war es nur meine Faust, die dich niederschlug. Du hast Glück gehabt. Hätte ich das da genommen ...« – er deutete auf die schwere Holzkeule mit dem gebogenen Knauf neben sich –, »... wäre dir der Schädel gespalten worden!«

Bencomo starrte wütend den alten Krieger an. Adargoma besaß trotz seines hohen Alters noch immer den Körper eines jungen Mannes. Deutlich traten an seinem nackten Oberkörper die Muskeln und Sehnen hervor. Stark, wendig und schnell wie eine Bergziege war Adargoma. Nur sein Kopf bildete einen seltsamen Kontrast zum übrigen Körper. Weiß war das Haar, in langen, dünnen Strähnen nach hinten gekämmt und zu zwei Zöpfen zusammengebunden. Am rechten hing eine durchbohrte Muschelschale, am Ende des anderen baumelte eine einzelne blauschwarze Krähenfeder.

Adargoma hatte die Keule aufgenommen und wog sie spielerisch in den Händen. Er grinste breit, was seinem Gesicht einen schrecklichen Ausdruck verlieh, denn die Narbe verzog sich dabei und schien genau ins linke Auge zu laufen.

»Ja, ich hätte dich töten können, Kleiner«, kicherte er. »Aber das wollte ich nicht. Ich wollte dir nur einen Denkzettel verpassen. Du hast schlafend dagelegen und nichts gehört, als ich mich von hinten anschlich. Das ist schlimm für einen Krieger, sehr schlimm sogar! Denke an meine Geschichte! Ein Spanier hätte dich überrumpeln können, bevor du auch nur einen Laut von dir gegeben hättest. Ein Krieger, der auf der Wache liegt, sollte niemals schlafen, erinnerst du dich nicht?«

Bencomo senkte beschämt den Blick. »Du hast recht«, gab er kleinlaut zu, »ich muß wohl für einen kurzen Moment eingeschlafen sein. Es war so warm und so still ringsum . . .«

»Ein schlechter Grund, um zu sterben«, sagte Adargoma. »Schande über dich!« Er spuckte aus. »Wenn ich das Madango oder den anderen erzähle, ist es aus mit dir. Dann wirst du bestraft, zumindest nie wieder zur Wache ausgewählt. Willst du, daß ich davon erzähle?«

»Natürlich nicht«, sagte Bencomo. »Ich bitte dich, daß du darüber schweigst. Bist du nicht ein Verwandter meines Vaters?«

Adargoma nickte ernst. »Ja, das bin ich. Darum werde ich auch still sein. Den Schlag aber hast du verdient. Hoffentlich wird dir das eine Lehre sein.«

Bencomo betastete seinen Kopf. Es würde eine Beule geben, aber das war weniger schlimm, als im Kreis der Krieger als Versager zu gelten. Und er war froh, daß ihn der Alte und nicht irgend jemand anderes ertappt hatte.

Eine Weile saßen sie schweigend nebeneinander. Dann wagte Bencomo zu reden. »Darf ich dir eine Frage stellen, Adargoma?«

Der Alte nickte zustimmend.

»Ich weiß, daß es wichtig ist, hier oben auf dem Seelenstein Wache zu halten, und eine Ehre für jeden jungen Krieger. Aber . . . besonders aufregend ist das nicht. Du mußt zugeben, daß man sich beim Ringkampf besser beweisen kann, beim Fallenstellen oder auch beim Fischspeeren. Hier oben aber passiert nichts.«

Adargoma blickte den jungen Mann ernst und prüfend an. »Du bezweifelst, daß Madangos Befehl sinnvoll ist?«

»Nein«, antwortete Bencomo schnell, »nie würde ich am Wort des Königs zweifeln.«

»Und die Geschichte, die ich dir erzählt habe – hast du sie vergessen? Gib es zu, du hältst sie für ein Märchen, für das übertriebene Geschwätz eines alten Mannes . . .«

»Nein«, stotterte Bencomo , »natürlich nicht.« Er war verlegen und fühlte sich unbehaglich.

»Ich sage dir, jedes Wort davon ist wahr«, sagte Adargoma mit Nachdruck. »So wahr und wirklich wie diese Narbe hier, die ich als Andenken trage.« Er tastete mit den Fingern durchs Gesicht. »Sie erinnert mich ständig daran, was damals geschah. Manchmal, wenn der Wind umschlägt und das Wetter wechselt, brennt sie wie Feuer, sie schmerzt dann wie damals, als ich auf dem Felsvorsprung in der Schlucht der Todesängste lag . . .«

»Und du glaubst wirklich, daß die Schiffe eines Tages wieder auftauchen werden – daß sich alles noch einmal wiederholt?«

»Davon bin ich felsenfest überzeugt«, sagte Adargoma. »Ich habe das Weiße in den Augen der Fremden gesehen und mit ihnen gekämpft, und ich warne nicht ohne Grund: sie sind gierig nach Beute, brutal und zu allem entschlossen. Gewiß, die Niederlage in der Schlucht der Todesängste hat sie abgeschreckt und wohl davon abgehalten, schon bald darauf einen neuen Versuch zu wagen. Wahrscheinlich hat die Kunde davon in jenem fernen Land Spanien Entsetzen verbreitet und uns eine Atempause verschafft. Aber ich sage dir: sie wird nicht ewig anhalten. Viel Zeit ist seitdem vergangen, und die Menschen vergessen schnell. Wie bei uns, wird es auch bei ihnen sein: nur die ganz Alten erinnern sich noch, die Jungen schon nicht mehr, sie schenken den Erzählungen am Lagerfeuer keine Beachtung. Junge Krieger, die ihren Mut beweisen wollen, rücken nach, und vielleicht ist einer unter ihnen, der die anderen anstachelt. Sie werden alles vergessen haben, nur nicht, wo unsere

Insel liegt. Sie werden alle Bedenken beiseite schieben und in ihre Schiffe steigen, um uns erneut anzugreifen. Ich weiß nicht, was sie bei uns eigentlich suchen, aber glaube mir, Bencomo, eines Tages werden sie kommen – und ich befürchte, ja ich fühle es – es wird schon bald sein.«

Er schwieg, und Bencomo dachte über seine Worte nach. Er hatte überzeugend gesprochen, Adargomas Geschichte mußte wahr sein und seine Sorge berechtigt . . .

»Um so mehr setze ich meine Hoffnung auf junge Männer wie dich . . .«, fuhr der alte Mann fort, ». . . auf ihren Mut, ihre Klugheit, ihre Tapferkeit und vor allem darauf, daß sie ihre Aufgaben ernst nehmen und wachsam bleiben. In ihrer Hand liegt das Schicksal des Stammes und des ganzen Volkes von Benahoare. Besonders hier auf diesem Posten, wo man sofort sieht, wenn sich ein feindliches Schiff nähert. Diese Wache bedeutet eine große Verantwortung. Ein Späher, der einschläft, kann uns alle das Leben kosten . . .«

»Sprich bitte nicht mehr davon«, sagte Bencomo, »ich schäme mich, daß mir das passiert ist.«

Adargoma blickte den jungen Mann prüfend an. »Es ist gut«, nickte er, »die Sache bleibt unter uns.«

Der Wind war etwas frischer geworden. Unten in der Bucht wühlte er nun bestimmt das Wasser auf. Aber das konnte man von hier aus nicht so genau erkennen, nur daß das dunkle Meer jetzt einen weißlichen Gischtschleier trug. Als Bencomo den Kopf hob, sah er die Sonnenscheibe westlich von Tixarafe versinken und den Himmel sich rotviolett verfärben. Zugleich stand im Osten der Mond über dem Rücken der Cumbre. Bleich war er und beinahe voll. Die Hänge der Cumbre lagen schwarz und scharf konturiert wie ein langgestrecktes, schlafendes Tier über dem Aridanetal. Einzelne Feuer leuchteten dort, Sterne, von Menschenhand entzündet, zitternd wie die Sterne am nächtlichen Himmel, die bald sichtbar werden würden.

»Und das Mädchen Gazmira, von dem du mir erzählt hast ... du weißt schon: die von den Fremden gefangen wurde ...«, fragte Bencomo, »... was geschah eigentlich mit ihr?«

Adargoma verzog das Gesicht. »Das weiß niemand. Schön und klug war sie, ich habe sie gekannt. Ein Fischer sah, wie die Spanier sie aufs Schiff schleppten. Beim Kampf in der Schlucht der Todesängste war sie jedenfalls nicht mehr dabei. Ob sie noch lebt? Sie müßte jetzt etwa so alt sein wie ich. Vielleicht wurde sie als Sklavin verkauft.«

»Sklave ...« Bencomo spuckte aus. »Wie kann man einen Menschen als Ware betrachten und damit handeln ... Im Kampf verwundet zu werden oder das Leben zu verlieren, das ist ehrenhaft. Aber lebendig gefangen zu sein, ein Unfreier, der anderen dienen muß – das ist wohl das Schlimmste, was einem Menschen passieren kann.«

»Du denkst wie ein echter Krieger«, sagte Adargoma. »Genauso fühle ich auch, fühlen wir alle. Darum müssen wir ein Leben lang wachsam sein und unsere Insel vor diesem Übel bewahren.« Er schnellte plötzlich auf die Beine, rieb sich die vom Sitzen müde gewordenen Glieder. »Du kannst übrigens gehen, Kleiner«, sagte er, »deine Wache ist vorbei, und ich bin hier, um dich abzulösen.«

»Nenn mich nicht immer Kleiner, auch wenn du ein Verwandter meines Vaters bist«, sagte Bencomo.

Adargoma grinste spöttisch. Er wollte etwas erwidern, verkniff es sich aber. Statt dessen stieß er dem Jungen freundschaftlich an die Schulter. »Ist gut, ich werde das nächste Mal daran denken. Weißt du, wenn man erst so alt ist wie ich, kommen einem die meisten Menschen wie Kinder vor ... Geh nun, im Dorf warten bestimmt deine

Freunde auf dich. Für mich sind die stillen Abende gut, und noch besser die Nacht.« Er deutete auf die an seinem linken Haarschopf baumelnde Feder. »Wahrscheinlich bin ich eine alte Krähe. Ich unterhalte mich gerne mit ihnen, wenn sie zum Seelenstein kommen . . .«

Er brabbelte noch weiter, aber das hörte Bencomo, der in langen Sätzen die Hänge nach Tixarafe hinabsprang, schon nicht mehr. Der Geruch des Feuers zog ihn ins Dorf.

Ich muß Ica unbedingt wiedersehen, dachte Bencomo. Aber unter welchem Vorwand kann ich zur Bucht gehen? Auffällig oft schon war er zum Lapassammeln zu den Klippen hinabgestiegen. Seine Freunde hatten es bemerkt, seine Eltern. Und sie hatten ihn gewarnt: »Laß dich nicht so oft im Aridanetal sehen, das geht auf die Dauer nicht gut. Wir leben zwar in friedlicher Nachbarschaft mit Mayantigos Stamm, aber das war nicht immer so und kann sich auch wieder ändern. Willst ausgerechnet du Ursache für neue Streitigkeiten sein? An den Felsen von Tixarafe kleben genug Lapas, ausreichend für uns alle.«

»Aber keine so großen wie in der Bucht von Taxacorte«, widersprach Bencomo starrköpfig. »Außerdem habe ich neulich auf dem Weg dorthin Obsidianknollen entdeckt, so groß, daß man mehrere Klingen daraus schlagen könnte. Obsidian ist härter als der Basalt, den wir für unsere Messer verwenden. Basalt wird im Gebrauch schartig und stumpf, außerdem bricht er sehr leicht. Bei Obsidian passiert so was nie.«

»Du bist ein sturer Bursche«, antwortete Zuguiro, Bencomos Vater. »Meinetwegen geh, aber laß dich nicht erwischen.«

Und Bencomos Mutter ergänzte: »Paß vor allem auf Mazo auf, wenn du ihn mitnimmst. Du bist für ihn verantwortlich.«

Mazo, der jüngere Bruder, war jedesmal begeistert, wenn Bencomo ihn auf seine Streifzüge mitnahm. Mazo war zwölf, galt also noch als Kind und durfte nicht im Kreis bei den Kriegern sitzen. Wenn alles gutging und der Feycan, der Richter, zustimmte, würde er im Sommer zur Männerweihe zugelassen werden. Die Weihe war mit einer Mutprobe verbunden. Erst wenn man diese bestand, galt man als vollwertiges Mitglied des Stammes.

Mazo war blond, sein Haar viel heller als das von Bencomo, und seine Augen glitzerten so blau wie das Wasser des Taburienteflusses. Er lief meist nackt, bis auf den ziegenledernen Lendenschurz, und er beneidete Bencomo heftig darum, daß dieser bereits einen Jagdbeutel mit allerlei Utensilien am Gürtel tragen durfte. Einmal hatte der ältere Bruder den Inhalt ausgebreitet und stolz die Gegenstände, die er ständig bei sich trug, gezeigt: Klingen und Schaber aus Basalt und Obsidian, schwarze, getrocknete Mocanbeeren als Notnahrung, eine verzierte Knochennadel – und als kostbarsten Besitz eine kleine Tonfigur, die ihm die Medizinfrau nach der bestandenen Mutprobe geschenkt hatte. Sie war kaum so groß wie eine Fingerkuppe und stellte Tara, die große Erdmutter dar – eine fette, sitzende Frau mit langem Hals, der in einen winzigen, gesichtslosen Kopf auslief. Jeder Krieger und auch die erwachsenen Frauen besaßen eine solche Figur. Sie sah bei jedem anders aus, verkörperte aber stets Tara. Die große Erdmutter offenbarte sich in vielerlei Gestalten und Formen.

»Paß auf«, sagte Bencomo, »wir steigen zur Bucht von Taxacorte hinunter und sammeln den ganzen Tag lang alles, was wir brauchen können. Wir nehmen Körbe mit, häng dir den großen um, den Vater neulich geflochten hat.«

»Werden wir Lapas schneiden?«

»Ja.«

»Und vielleicht auch ein paar Fische fangen?«

»Auch das.«

»Dann nehme ich den Angelhaken und den Speer zum Fischen mit.«

»Tu das. Vor allem aber versprich mir eines: Verhalte dich ruhig; wir wollen unbemerkt bleiben, und wenn wir Leute des anderen Stammes sehen, verstecken wir uns. Es ist ihr Gebiet, in dem wir unterwegs sind.«

Mazo war aufgeregt. Er fieberte darauf, sich zu beweisen. der Ausflug war ganz nach seinem Geschmack.

Im Morgengrauen, als die Sonne schon ihr erstes Licht aufs Meer schickte, aber noch nicht über den Hängen des Time stand, gingen sie los. Sie folgten der Trittspur zum Seelenstein, bogen dann aber ab und benutzten den alten Weg, der an den verlassenen Höhlen vorbeiführte. Hier wurde Mazo still, preßte die Lippen zusammen und konzentrierte sich darauf, seine Füße sicher zwischen die bröckligen Steine zu setzen, ohne nach rechts oder links zu blicken. Dabei war der abschüssige Weg hier keinesfalls gefährlicher als an anderen Stellen am Time. Aber die verlassenen Höhlen ängstigten ihn. Es hieß, in den uralten Zeiten seien hier Menschen begraben worden, und ihre Geister schwebten noch immer über dem Ort.

Das stimmte möglicherweise sogar. Bevor man den Friedhof in der großen Felskammer angelegt hatte, war es bei den

Vorfahren üblich gewesen, die Toten in Wohnhöhlen zu lassen oder sie sogar dort einzumauern. Solche Höhlen waren fortan tabu, man machte einen weiten Bogen um sie. Einmal waren Mazo und Bencomo bei ihren Streifzügen auf eine Höhle gestoßen, die weitab von den anderen im Felshang lag. Da es regnete und ein heftiger Sturm ging, suchten sie einen Unterschlupf und hatten sich nach anfänglichem Zögern weiter hineingetraut. An der Rückwand der Höhle waren sie auf röhrenartige Löcher gestoßen, in die sie aber nicht kletterten, weil Bencomo sagte, es seien alte Gasschlünde des Vulkans, und sie würden direkt zum Zentrum der Erde führen, wo der Guayote saß und über das Schattenreich wachte.

Dann aber waren sie in einem Seitenteil der Höhle auf einen Raum gestoßen, dessen Zugang durch große Steine verschlossen war. Ein paar davon waren herausgefallen und gaben oben in der Wand einen Spalt frei.

»Heb mich hoch, damit ich durch den Spalt sehen kann«, hatte Mazo gefordert und war auf Bencomos Schultern geklettert. Als er oben stand und den Kopf durch die Öffnung steckte, sah er zuerst nichts, nur Dunkelheit und einige Spinnweben. Aber nachdem sich seine Augen an die Finsternis gewöhnt hatten, entdeckte er die beiden Körper in der Ecke. Ein Mann und eine Frau saßen dort, seltsam starr in Ziegenhäute gewickelt, als würden sie frieren. Anstelle der Gesichter aber starrten ihn zwei Totenschädel an. Mazo hatte vor Entsetzen aufgeschrien und sich, so schnell er konnte, von den Schultern des Bruders gleiten lassen. Es war das erste Mal in seinem Leben, daß er Mumien gesehen hatte.

Seitdem flößten ihm Höhlen, besonders solche, die weitab von den anderen lagen, Respekt ein. Nicht, daß er das Tabu gefürchtet hätte – wie Bencomo glaubte er die übertrieben klingenden Geistergeschichten nicht, die man sich abends am Lagerfeuer erzählte –, aber vorsichtig war er schon geworden. Man konnte schließlich nie wissen, wie sich die Toten verhielten, und ob sie neugierigen Kindern wohlgesonnen waren . . .

Das Wegstück nach den verlassenen Höhlen war wesentlich steiler und erforderte größte Aufmerksamkeit, dennoch atmete Mazo spürbar auf. Klettern konnte er wie jedes Kind der Insel. Schon von klein auf lernte man es und wetteiferte darin mit den Ziegen. Bencomo war, seiner längeren Beine wegen, Mazo stets ein gutes Stück voraus. Um den jüngeren Bruder brauchte er sich aber keine Sorgen zu machen. Lieber blieb er des öfteren stehen und überprüfte sichernd die Umgebung.

Wer wohl jetzt gerade oben auf dem Seelenstein lag und Wache hielt, überlegte Bencomo. Ob der sie sah und mit den Augen ihren Abstieg verfolgte?

Auf halber Höhe des Time gingen sie parallel zur Schlucht der Todesängste. Bei jedem Schritt raschelte es, wenn Eidechsen vor ihnen flüchteten. Spinnen hatten ihre Netze von Dornbusch zu Dornbusch gespannt, Kreuzspinnen und die größeren schwarz-gelb gestreiften Zebraspinnen. Aber die taten niemandem etwas. Mit der Spitze der Lanze hob Bencomo vorsichtig die Haltefäden ihrer Netze an und ließ die Tiere beiseite gleiten, bevor er weiterging. Nach ein paar Stunden bereits würden sie ihre Netze repariert haben und erneut zwischen den Büschen hängen. Sie waren fleißig und überaus nützlich, Bencomo hatte Respekt vor ihnen. So war es auf Benahoare üblich: Der Guanche achtete die Natur in all ihren Erscheinungsformen, jeder Grashalm, jede Pflanze war wichtig und erfüllte ihre Funktion im großen Gefüge, kein Tier wurde unnütz getötet. Der Mensch mußte essen, aber er brauchte wenig. Wenn er ein Tier tötete oder eine Pflanze brach, bedankte er sich bei deren Clan, der auf gewisse Weise mit dem Clan der Menschen verwandt war. Der Mensch war nur ein winziger Teil der großen Natur, und die Augen der Erdmutter sahen alles. Auch der Guayote, der Dämon aus dem Vulkan, beobachtete das Treiben der Menschen. Handelte einer gegen seinen Willen, versündigte er sich gegen die Natur, so konnte er grollen und sich fürchterlich rächen. Sprachen die Lavabahnen nicht eine deutliche Sprache, waren sie nicht Ausdruck seines gewaltigen Zorns, eine Strafe, die er über die übermütigen Menschenwesen kommen ließ, um sie in ihre Schranken zu weisen?

Er ging jetzt direkt zum Meer hinunter. Eine Trittspur war nicht mehr vorhanden, auch Ziegen kletterten hier nicht, dafür war es zu steil. Bencomo und Mazo aber nahmen die Herausforderung des Felsens an. Jede Stelle blitzschnell auf die Sicherheit des Trittes überprüfend, den Blick ständig am Boden, sprangen sie von Vorsprung zu Vorsprung. Es war ein herrliches Gefühl, sich so schnell fortzubewegen und dabei große Höhenunterschiede zu überwinden. Bencomo hatte bei seiner Mutprobe ganz andere Berge erklommen, für ihn war das hier ein Spiel. Das Springen und Ausbalancieren am Berg kam dem Fliegen sehr nahe, man fühlte sich fast schon wie ein Vogel dabei. Atemlos kamen sie unten an.

Endlos weit und leer lag der schwarze Strand, mächtig rauschte das Meer und warf seine Wellen ans Land. Wo die Felsen ins Wasser reichten, glänzten sie pechschwarz. Kleine Schaumblasen klebten an ihnen und zerplatzten prickelnd, während Krabben und winzige Meerestiere emsig umherliefen. Die feuchte Zone war ihr Lebensgebiet, und sie waren beständig darum bemüht, gerade in solchen feuchten Streifen zu bleiben, wohin die Gewalt des Meeres nicht reichte und wo die Sonne nicht genug Zeit hatte, den

Felsen auszutrocknen und heiß werden zu lassen. Dies war auch das Reich der Lapas, in ganzen Kolonien klebten sie hier an den Steinen.

Bencomo und Mazo nahmen ihre Messer und pflückten sie ab. Die ersten aßen sie gleich an Ort und Stelle, frisch mundeten sie am besten, salzig vom Wasser und schmackhaft wie Fleisch. Als sie satt waren, sammelten sie weiter in den Korb. Die Leute zu Hause würden sich freuen und sie dafür loben. Auch aus den Schalen ließen sich allerlei nützliche Dinge fertigen, zum Beispiel Löffel, wenn man sie durchbohrte und einen hölzernen Stiel hineinsteckte. Aus mehreren durchbohrten Schalen ließen sich Ketten machen, die schön auf der Brust aussahen und bei jeder Bewegung leise klapperten. Als sie genügend zusammen hatten, machte sich Mazo auf die Suche nach einem Köder für seinen Angelhaken aus zugespitztem Knochen. Korb und Fischspieß hatte er auf einen Felsbuckel gelegt, zu dem das Meer nicht hinaufreichte, nun watete er am feuchten Streifen vor der Brandungswelle entlang. Rhythmisch kam das Meer heran und umspielte seine nackten Beine. Hin und wieder klatschte auch eine größere Welle heran und spritzte ihn naß bis zur Brust. Das war angenehm kühl, und Mazo genoß es, gerade diesen Wellen nicht auszuweichen und seinen Weg schnurgerade am Meer entlang zu nehmen. Bencomo hatte sich in den schwarzen Lavasand geworfen, lag auf dem Rücken und beobachtete den Flug der Seevögel über sich. Er besaß Phantasie, er konnte sich vorstellen, wie ihnen zumute war, so hoch oben in der Luft oder flügelnahe dem glitzernden Spiegel des Meeres. Auch die wenigen weißen, sich ständig im Wind verändernden Wolken besaßen für ihn ein eigenes Leben. Es waren Wesen von flüchtiger Form. Mit ihrem Wechselspiel narrten sie den Betrachter, gaukelten ihm Landschaften vor, Berge und geflügelte

Wesen, Drachen der Urzeit, Gesichter von Windgeistern und manchmal sogar eine Schrift, ähnlich den Zeichen, die die Medizinfrau in die Haut der Seelensteine gravierte.

Bencomo träumte mit offenen Augen. Diesen Zustand kannte er gut und liebte ihn sehr. Es war etwas, was die Seele zum Klingen brachte und den Geist frei werden ließ. Alle Guanchen taten das, die Leute seines Stammes und die der anderen auch. Er hatte manchmal schon Männer, Frauen und Kinder angetroffen, die scheinbar schlafend herumsaßen, obwohl sie wach waren und alles mitbekamen, was wichtig war. *Traumzeit* nannten sie diesen Zustand und maßen ihm eine große Bedeutung zu. Und wichtig und wertvoll war er gewiß – konnte man nicht auf diese Weise besser als sonst sehen, wie alles im innersten Kern war, wie es wurde, entstand und sich immer wieder aufs neue wandelte? Vom Feycan, dem Richter, und Tamogante, der Seherin, hieß es, sie lebten ständig in der Traumzeit. Auch die Heilfrau und Madango, der alte König. Selbst die Krieger zogen sich in gewissen Abständen in die Einsamkeit der Wildnis zurück, um ganz in der Traumzeit zu leben, wie die Harimaguadas, die heiligen Jungfrauen in den Klöstern hoch oben in den Bergen, wo sie den Göttern nahe waren und die Weisheit der großen Erdmutter studierten.

Die Traumzeit gehörte allen, und jeder einzelne war ein Teil davon, obwohl es auch ganz persönliche Bereiche gab, die nur der einzelne kannte. Für Bencomo besaßen zum Beispiel das Meer und der Himmel über der Bucht von Taxacorte eine ganz besondere Bedeutung. Es gab einen Streifen, wo beide Mächte zusammenstießen und so sehr miteinander verschmolzen, daß man nicht mehr ausmachen konnte, wo die eine aufhörte und die andere begann. Darin, und besonders wenn er die Augen zusammenkniff, spielte für ihn sich alles ab, entstand etwas Neues, für das es noch keinen Namen gab, wuchs eine Welt voller Zwielicht und Wunder.

Dies ist vielleicht die tatsächliche Wirklichkeit, dachte Bencomo manchmal. Wenn ich mich anstrenge und besonders genau hinsehe, entdecke ich dort und nur dort, wie alles entsteht. Nein, anstrengen war vielleicht doch der falsche Ausdruck. Es kam mehr darauf an, sich völlig gedankenfrei treiben zu lassen, ganz ohne Willen und Absicht zu sein, sich durch nichts ablenken zu lassen. Dann entstanden die wunderbaren Bilder dort an der Grenze von Himmel und Wasser, die Visionen, die alles in ihm berührten und auf grandiose Weise zur Klarheit brachten. Vielleicht ist es genau das, was die Harimaguadas in ihren Bergklöstern tun, dachte Bencomo, das, was einen Seher ausmacht und ihn so sicher in seinen Entscheidungen werden läßt.

Jetzt aber zog plötzlich etwas ganz anderes Bencomos Aufmerksamkeit auf sich. Er hatte Stimmen gehört und schnellte hoch. Hinter seinem Felsen verborgen, sah er eine Gruppe Menschen auf den Strand kommen. Wo steckt Mazo, überlegte er. Hoffentlich war er ihnen nicht in die Arme gelaufen. Der Bruder war nirgends zu entdecken . . .

Bencomos Herz schlug höher, sein Atem stockte, als er unter den Neuankömmlingen die schöne Ica entdeckte. Wie alt wird sie sein, fragte er sich wieder einmal. Vierzehn, fünfzehn oder vielleicht älter? Nein, dann würde sie wahrscheinlich schon zu den Harimaguadas in die Lehre gehen oder sogar verheiratet sein. Vielleicht war sie auch bloß ein Fischermädchen, eine von jenen, die nie den Stamm verlassen, am Wasser bleiben, um Netze zu flicken, Fische auszunehmen und eine Schar Kinder aufzuziehen, die dann später auch Fischer und Netzflicker werden würden.

Sie war mit ein paar anderen Kindern dort, die meisten

jünger als sie, wahrscheinlich ihre Geschwister. Bencomo blieb angespannt auf der Lauer liegen, als dort unten am Strand das Herumtoben begann. Die Kinder spielten Fangen und bewarfen sich so mit Sand, daß ihre Körper bald schwarz wie der Strand waren. Dann stürzten sie sich ins Wasser, sprangen quietschend in die Brandungswelle, ließen sich von ihr umspülen oder tauchten unter ihr durch. Es ging ihnen gut, so gut, daß sie nicht einmal auf dem Strand nach Eßbarem suchten.

Doch halt, das stimmte nicht: Ica hatte, was er erst jetzt bemerkte, einen Korb aufgestellt. Den holte sie jetzt, nachdem sie sich im Wasser ausgetobt hatte, hängte ihn um und begann leicht vorgebeugt den Uferstreifen abzusuchen. Was macht sie, fragte sich Bencomo. Lapas findet sie dort nicht, die kleben nur da, wo Felsen sind. Nach was bückt sie sich ständig, hebt es auf, hält es prüfend hoch, wirft es nach einigem Überlegen weg oder verstaut es im Korb?

Bencomo bedachte nun nicht mehr, was er tat. Sein Verstand hatte einfach ausgesetzt, als er nun aus der Deckung des Felsens hervortrat und zu den Kindern hinüberging. Ein paar von ihnen entdeckten ihn, riefen etwas und deuteten mit dem Finger in seine Richtung.

Ica schien davon nichts zu bemerken, zu versunken war sie in ihre Tätigkeit. Außerdem drehte sie ihm gerade den Rücken zu. Bencomo lief an den Kindern vorbei und tat so, als wolle er in die Brandungswelle springen. Im letzten Moment überlegte er es sich, schwenkte ab und ging mit langsamen Schritten am Ufer entlang.

Als er Ica beinahe erreicht hatte, drehte sich das Mädchen um. Es war ein Zufall, sie konnte ihn unmöglich gehört haben, viel zu laut war das Rauschen des Meeres. Sie stand da und sah ihn herankommen. Bencomos Gang wurde schleppend, seine Füße waren plötzlich schwer wie Basalt, und die nackten Sohlen brannten im Sand. Zwei, drei Schritte weiter ging er und blieb erst stehen, als er dicht vor ihr stand. Den Blick hatte er nicht gesenkt wie sonst. Sein Herz pochte wild, und das Blut in seinen Adern rauschte so laut wie das Meer.

Mit einem Mal wurde ihm überdeutlich bewußt, daß sie sich schon geraume Zeit gegenüberstanden. Wie schön Ica war! Die schönste Blume der Insel, und gischtnaß ihre Haut, die in der Sonne funkelte, wie von tausend Perlen besetzt. Ich kann wieder nicht sprechen, dachte Bencomo, nur schauen und schweigen wie immer. Aber zu seiner grenzenlosen Überraschung öffnete sich sein Mund ganz von selber.

»Ich heiße Bencomo«, hörte er sich sagen und war erstaunt über seinen Mut.

Das Lächeln, das er so liebte, verzauberte ihr Gesicht.

»Ich bin Ica«, sagte sie. Bildete er sich das nur ein, oder glitt ihr Blick wirklich zärtlich über seinen Körper?

Er trat noch einen Schritt vor und streckte die rechte Hand aus. Und Ica, was tat Ica? Sie ließ den Korb von ihrer Schulter gleiten und ergriff seine Hand. Eine ganze Weile standen sie so, blickten sich an und hielten sich an der Hand. Es war ein Stück von der Traumzeit, das plötzlich greifbar geworden war.

»Was sammelst du da?« fragte Bencomo. »Das können doch keine Lapas sein . . .«

»Es sind Steine«, antwortete Ica und deutete auf den Inhalt ihres Korbes. »Ich nehme nur die schönsten, die mit weißer und grüner Maserung. Sie kommen aus dem Meer und können Geschichten erzählen – wußtest du das nicht?«

»Und was tust du mit ihnen?«

»Ich bringe sie zum Tagoror unseres Stammes, um damit den Boden auszulegen«, antwortete Ica. »Im Tagoror, im

Kreis der großen Steine, wird Rat gehalten und alles Wichtige besprochen. Es wird aber nicht nur geredet, sondern auch geschwiegen, das ist sehr wichtig, denn in der Stille sprechen die Steine. Deshalb sammle ich die schönsten Steine vom Meer, die von ihm zu berichten wissen. Sie bringen dem Rat unserer Alten Freude und machen ihn noch weiser.«

»In der Stille sprechen die Steine . . .«, wiederholte Bencomo nachdenklich. Wie recht sie hatte, und wie klug sie darüber sprach. Er hätte nie gedacht, daß ein so junges Mädchen fähig war, einen so großen Gedanken so leichthin auszusprechen.

»Gehörst du vielleicht zu den Harimaguadas, bist du eine, die aus den Bergen kommt?«

Ica lächelte und blieb doch ernst dabei. »Noch nicht. Aber ich habe vor, eine Zeitlang bei den weisen Frauen in die Lehre zu gehen.«

Bencomo fühlte sich plötzlich hilflos und klein. Während ihres Gesprächs war die ganze Welt ringsum für ihn unsichtbar und unbedeutend geworden. Jetzt kam sie mit all ihren Geräuschen zurück. Er hörte die Stimmen der anderen Kinder, das Meer, die Schreie der Seevögel. Und er dachte an Mazo, der immer noch verschwunden war.

»Ich komme von dort oben, aus Hiscaguan, und lebe im Dorf Tixarafe«, sagte er, mit dem Daumen über seine Schulter zur Felswand des Time deutend. »Ich muß gehen.«

Er drehte sich abrupt um und lief, ohne sich noch einmal umzusehen, zu jenem Steinbuckel zurück, wo die Körbe und die Fischgabel lagen. Dort saß Mazo und blickte ihn mit großen Augen fragend an.

»Du hast mit ihr gesprochen«, sagte er, »und die anderen Kinder waren dabei, ich habe alles gesehen.«

»Laß uns gehen.«

»Aber wir wollten doch noch Fische fangen«, protestierte Mazo.

»Jetzt nicht«, antwortete Bencomo. »Nicht vor den Augen der anderen. Wir suchen uns eine stille Bucht.«

»Schade«, maulte Mazo, »es hat mir hier gut gefallen. Und Fische gibt es hier auch genug, große sogar. Meinst du, daß es woanders auch so große Fische gibt?«

»Mehr als genug. Komm jetzt, laß uns gehen.«

Sie hasteten zum Fuß der Steilwand und überwanden ein paar glitschige, vorgelagerte Klippen. Nach einer Weile drehte sich Bencomo um, aber von der Bucht, von Ica und den Kindern war nichts mehr zu sehen.

Später, nachdem sie drei Prachtexemplare von Fischen gefangen und im Korb verstaut hatten, machten sie sich auf den Rückweg. Sie kletterten schweigend in den Felsen und kehrten erst am späten Nachmittag heim. Schon von weitem hörten sie im Dorf die Trommeln dröhnen, dazu den Klang des Muschelhorns. Es tönte traurig und langgezogen, wie das sehnsuchtsvolle Rufen eines einsamen Tieres auf See.

»Was hat das zu bedeuten?« fragte Mazo.

»Ich weiß es nicht«, antwortete Bencomo wahrheitsgetreu. Ein banges Gefühl beschlich ihn, die Ahnung, daß etwas Schreckliches passiert sein mußte. Denn die Töne klangen alles andere als fröhlich, sie waren gedehnt und dunkel, etwas Unheimliches schwang darin mit, das nichts Gutes verhieß.

Das Dorf Tixarafe bestand aus einer Ansammlung von Steinhäusern, die sich geduckt in die Landschaft schmiegten. Alle waren aus Bruchstein in der typischen Rundform erbaut, die Fugen mit Erde abgedichtet und die Dächer mit Holz, Reisig und Blattwerk gedeckt. Viele der Häuser waren vor den Eingängen kleinerer Höhlen gebaut oder besaßen zumindest eine geräumige Vertiefung im Erdboden, die im Sommer kühl war und zur Lagerung von Vorräten diente. Oberhalb des Dorfes lag der Tagoror, der große Steinkreis, in dem die Versammlungen stattfanden. Ein Feuer brannte in seiner Mitte, und da im Dorf keine Menschenseele anzutreffen war, stiegen Bencomo und Mazo gleich hinauf. Der ganze Stamm war versammelt. Die Männer saßen innen im Kreis, schlugen in dumpfem Rhythmus die Trommeln und sangen dazu. Ihr Lied klang getragen und traurig, es war eine Melodie und ein Text, den Bencomo niemals zuvor gehört hatte. Immer wieder fielen die Frauen, die außerhalb des Steinkreises mit Schalen und Krügen hantierten, an bestimmten Stellen des Refrains mit ihren helleren Stimmen ein, wobei sie ein Heulen und Winseln intonierten, das an den klagenden Ruf eines Hundes erinnerte. Es war ein Gesang zu Ehren des Guayote, des hundsgestaltigen Dämons aus dem Vulkan.

Bencomo war näher herangetreten, hatte die aufgeregt umherlaufenden Kinder beiseite geschoben und trat nun in den Kreis zu den Kriegern. Er sah, daß neben Adargoma noch ein Platz frei war und ließ sich dort nieder. Das Gesicht des Alten war unbeweglich, zur Fratze erstarrt. Mit weißer Farbe hatte er sich bemalt, das Gesicht und den Oberkörper mit Linienmustern und Punkten verziert. Auch die anderen Männer sahen so aus, und immer noch schleppten die Frauen Krüge mit frisch angerührtem Farbbrei heran, während andere am Boden hockten und in Schalen die Kalkbrocken zu Pulver zerstampften und mit Steinmühlen zerrieben.

»Was ist geschehen?« flüsterte Bencomo.

»Madango ist tot«, gab Adargoma halblaut zurück, ohne den Kopf zu bewegen. Madango, der alte Häuptling des Stammes, der Hochkönig der Insel . . .

Jetzt sprang einer der Männer in die Mitte des Kreises, hob das Muschelhorn und blies in die durchbohrte Spitze. Laut und dumpf klang das Signal, als käme es aus der tiefsten Tiefe des Meeres. Als er absetzte und in die Nacht lauschte, klang fern von den Bergen Antwort.

»Wir rufen die anderen Stämme zusammen«, sagte Adargoma.

»Madango war nicht nur unser Anführer, sondern Herrscher über Benahoare. Ohne König ist nun die Insel, unser Volk voll von Trauer. Horch, der Guayote hat uns verstanden.«

In der Tat setzte in diesem Moment ein Geheul ringsum ein, das aus vielen hundert Kehlen zu kommen schien. Die Hunde reagierten auf das Signal, schienen die Botschaft, die sich von Berg zu Berg über die ganze Insel fortpflanzte, zu verstehen und gaben sie auf ihre Weise weiter.

Eine volle Stunde oder länger dröhnten die Trommeln, ging der Klagegesang, wurde immer wieder das Muschelhorn in die vier Richtungen des Himmels geblasen. Dann brach der Lärm abrupt ab. Alle hoben lauschend die Köpfe. Es war plötzlich sehr still ringsum, nur die Zikaden schrillten noch, und ein paar Hunde konnten sich absolut nicht beruhigen. Die Menschen des Stammes, selbst die Kinder, hielten wie erstarrt inne.

Von ferne, irgendwo aus der Richtung der Cumbre, vielleicht vom Vulkanberg Nambroque, klang ein dumpfes, unterirdisches Grollen. Leise und drohend hörte sich dieser

Ton an, ein bebendes Anschwellen, das allmählich wieder verebbte. War das die Stimme des Guayote, erwachte er langsam aus seinem Schlaf?

Auch dieses Geräusch hatte Bencomo noch nie in seinem Leben gehört. Unwillkürlich mußte er an die Geschichten der Alten denken, an ihre Berichte über fürchterliche Vulkanausbrüche, die tagelang anhielten und das Fundament der Erde zum Beben brachten. Seine Eltern hatten davon erzählt, daß in der Nacht die Insel taghell erleuchtet gewesen wäre vom riesigen, aus dem Berg schießenden Feuer. Dazu kamen Rauch und Schwefeldämpfe, die die Luft zum Atmen nahmen. So hatte der Guayote seinen Auftritt angekündigt. Danach war Ascheregen über das Land gefallen und hatte weite Gebiete bedeckt. Der Schlund des Vulkans aber spie weiter seine Feuersäule hoch in den Himmel, glühende Lava quoll aus dem Schlund, ergoß sich in breiten, rotkochenden Bahnen die Hänge hinab bis zum Meer. Und viele Tage hatten die Wälder gebrannt, bis von ihnen nur noch tote, schwarze Baumstümpfe und ein weißer Ascheteppich übriggeblieben waren.

Plötzlich merkte Bencomo, daß das leise Grollen aufgehört hatte. Es war viel stiller als zuvor, noch immer saß der Stamm wie erstarrt da. Dann kam Bewegung bei den Frauen auf, sie wichen zurück und bildeten eine Öffnung zum Kreis. Durch diese Gasse schritt Tamogante, die uralte Heilfrau. Sie war in bemalte Ziegenfelle gehüllt, getrocknete Eidechsenschwänze baumelten am Gürtel ihres Gewandes, und über der Brust klirrte eine Kette aus durchbohrten Knochen, Muscheln und Eberzähnen. Sechs Harimaguadas begleiteten sie, junge, in helle Kleider gehüllte Mädchen, die Gefäße und andere heilige Gerätschaften mit sich trugen. Die erste setzte eine mit Milch gefüllte Schale im Kreis ab, die zweite legte einen gehörnten Ziegenschädel daneben, die anderen hockten sich neben das Feuer.

Tamogante ging ihrem Alter entsprechend langsam, jede Bewegung schien bedacht und von einer bestimmten Bedeutung zu sein. Am Feuer angekommen, löste sie einen Beutel von ihrem Gürtel, öffnete die Verschnürung, hob ihn hoch und warf den Inhalt in die Flammen. Das Pulver zischte und prasselte und stob in der Dunkelheit hoch wie eine Staubwolke aus glimmenden Sternen. Die Medizinfrau breitete beide Arme aus und begann mit klarer Stimme zu singen.

»Du siehst uns hier versammelt, Guayote«, sang sie, »weil wir in großer Trauer um unseren König sind. Alt ist er geworden in Zeiten des Friedens, obgleich seine Jugend im Zeichen des Kampfes stand. Blut hat er gegeben für Benahoare, Narben blieben zurück, von seinen Feinden verursacht, die übers Meer zu uns kamen. Weise war er, ein gütiger Herrscher, unter dessen Schutz unser Stamm blühte und sich vermehrte. Aber nicht nur bei uns galt sein Wort als Gesetz, sondern auch bei den Stämmen im Norden, Süden, Osten und Westen und im großen Krater, in dem Tanausu am Heiligen Berg Idafe wacht. Dein Name sei gepriesen für alle Zeiten, Madango . . .«

Die Heilfrau begann mit kleinen Schritten das Feuer zu umkreisen. Nach und nach wurde ihr Tanz schneller. Sie hatte noch immer die Arme ausgebreitet und beugte dabei wiegend ihren Oberkörper vor, als wolle sie den Flug eines Geiers nachahmen.

Dabei sang sie: »Du bist von uns gegangen, Madango, liegst an der Schwelle zum Schattenreich, und dein Geist fordert, eingelassen zu werden bei dir, Guayote. Gib den Weg frei, großer Dämon, damit er zu unseren Ahnen kann und mit ihnen sprechen. Sieh, all unsere Gedanken begleiten ihn zu dir, sei ihm wohlgesonnen. Wir haben deine

Stimme gehört, Guayote. Sie ist mächtig und zürnend, aber zürne nicht uns, denn du bekommst heute ein Geschenk dargebracht. Nimm es wohlwollend an und prüfe unsere Herzen dabei. Sie sind rein, weil wir dich verehren und dich niemals belügen können . . .«

Bei den letzten Worten ihres Gesangs waren zwei Krieger aufgesprungen. Ihre Gesichter waren völlig weiß bemalt, ebenso ihr Oberkörper und die Arme. Sie nahmen eine Jungziege in Empfang, die am Strick durch die Menge herangezogen wurde. Das Tier blökte verängstigt und sträubte sich, es spürte, daß es als Opfer bestimmt war.

Tamogante nahm die Ziege am Strick und führte sie dreimal um das Feuer herum. Sie sang: »Sieh dieses Tier, große Erdmutter Tara, höre, wie es nach seiner Mutter ruft, und bist du nicht die Mutter allen Lebens auf Erden? Wie unser König Madango ist diese Ziege ein Kind deines Schoßes, es weidete auf den Ebenen, die deine Haut sind, kletterte über die Felsen deiner Knochen und fraß das Gras, das dein Haar ist. Ich führe es nun um das Feuer, das Guayote gehört, und er riecht das Fleisch des Tieres. Vergib uns, daß wir es töten, denn es muß in dieser Stunde zu Guayote, damit er sieht: es ist das Geschenk, das Madango auf seinem Weg ins Schattenreich begleiten soll. Nimm dieses Opfer gnädig an, Dämon aus dem Vulkan. Sei zufrieden damit und verschone unsere Dörfer vor deinem Feuer.«

Mit diesen Worten nahm sie das Messer aus ihrem Gürtel und stieß die scharfe Obsidianklinge tief in die Kehle des Tieres. Als sie das Messer herauszog, spritzte das Blut in dickem Strahl zischend ins Feuer. Das Tier knickte auf die Vorderfüße und fiel zuckend zur Seite. Die beiden weißbemalten Krieger griffen zu, packten den Kadaver und warfen ihn in die Flammen.

»Uuuiiii«, heulte der Stamm auf, zugleich setzten erneut

die Trommeln ein. Einen wilden Wirbel spielten sie, peitschten das Blut in den Adern. Jetzt sprang der Feycan in den Kreis. Der Richter war nicht wiederzuerkennen, kaum wie eine menschliche Gestalt sah er aus. Sein Körper war über und über mit Tierfellen behängt, über dem Kopf trug er eine lederne Haube, die mit gebleichten Tierschädeln und Federn besteckt war. Seine Füße stampften die Erde, sein Oberkörper war eingeknickt, und während sein Tanz ausgedehnte Spiralen um das Feuer zog, immer wieder von zuckenden Sprüngen und seitlichen Ausfällen unterbrochen, heulte und schrie er mit der Stimme eines wilden Hundes. Der Geist des Guayote war über ihn gekommen und hatte von seinem Körper Besitz genommen.

Gebannt starrte Bencomo auf den Geistertanz des Mannes. Der Feycan war nun kein Wesen von dieser Welt mehr, er befand sich in einem Zustand weitab vom gewohnten Leben der Menschen. Immer ekstatischer wurden seine Tanzschritte und Sprünge. Er stürzte zu Boden und wühlte mit den Händen die Erde auf, er sprang in die Luft und schien einige Augenblicke über dem Boden zu schweben. Er tanzte auf das Feuer zu und sprang durch die Flammen. Er spürte keinen Schmerz mehr und besaß plötzlich die Kraft von hundert Männern. Schrill und unheimlich war seine Stimme, seine Kehle formte Laute, die voller Schrecken und Schauer waren.

Ängstlich kauerten sich die Kinder zusammen und bargen die Köpfe zwischen den Armen. Die Erwachsenen aber, alle Frauen und Männer und auch Mazo, der voller Angst war, aber den Blick nicht abwenden konnte, sahen den Tanz des Guayote.

Stundenlang tanzte der Feycan, dann brach er zusammen und wurde von Kriegern aus dem Feuerkreis getragen. Die Heilfrau und ihre Helferinnen bemühten sich um ihn und brachten den völlig Erschöpften endlich wieder zu Sinnen.

Die ganze Nacht über tönte der Gesang, dröhnten die Stimmen, rief das Muschelhorn, um mit vielfachem Echo von den Bergen Antwort zu erhalten. Bencomo blieb im Tagoror und wachte mit den anderen Kriegern darüber, daß das Feuer nicht ausging. Auch er schlief schließlich vor Müdigkeit ein, erwachte aber bald wieder, als die Morgendämmerung kam.

Inzwischen war die Menge um den Tagoror um ein Vielfaches angewachsen. Die Stämme aus dem Norden, dem Westen und dem Kraterkessel waren eingetroffen, und noch immer kamen neue Gruppen an. Es hieß, alle Menschen der Insel seien auf den Beinen, wären aufgebrochen, um dem toten König die letzte Ehre zu erweisen. Überall auf den Bergen klangen die Muschelhörner und riefen die Stämme zusammen. Seit langer Zeit hatte das Dorf Tixarafe nicht mehr solche Menschenmassen gesehen.

Unter den Neuankömmlingen erkannte Bencomo auch Ica. Sie befand sich im Kreis ihrer Familie. Die Leute vom Aridanctal hatten ihr eigenes Feuer entfacht, und umringt von seinen Kriegern thronte Häuptling Mayantigo auf einem erhöhten Steinsitz. Wie die Männer aus Tixarafe und Hiscaguan waren auch sie mit weißer Trauerfarbe bemalt. Wer noch nicht Zeit dazu gefunden hatte, wurde mit Schminkpaste versorgt. An diesem Tag sollte die Sonne in kein Gesicht blicken, das nackt und ohne Zeichen der Trauer war.

Bencomo wagte nicht, sich den Leuten von Aridane zu nähern, nur Ica behielt er im Auge. Er konnte den Blick nicht von ihr abwenden. Es schien, als bemerke sie das und sah mehr als einmal verstohlen in seine Richtung.

Mazo war herangetreten und legte dem älteren Bruder die Hand auf die Schulter. »Ich habe Hunger«, sagte er.

»Dann mußt du ihn überwinden«, antwortete Bencomo.

»Du solltest dich damit abfinden, daß es nun mehrere Tage nichts mehr zu essen gibt. Wir werden fasten, so schreibt es die Sitte vor.«

Mazo verzog das Gesicht, widersprach aber nicht.

»Wo ist eigentlich der tote König?« fragte er.

»Da oben«, sagte Adargoma und deutete mit der Hand auf einen Felshang oberhalb des Dorfes. »Wenn alle eingetroffen sind, morgen wahrscheinlich, ziehen wir zu ihm hinauf.«

Der Tag verging damit, daß ununterbrochen neue Besucher ankamen, sogar von Tigalate und vom Teneguia, ganz weit im Süden der Insel. Nach und nach trafen die Häuptlinge der zwölf Stämme ein. Bencomo sah sie alle aus nächster Nähe. Sie saßen mit ihren Beratern und Feycans im Tagoror, der jetzt von den Leuten des Dorfes geräumt war. Viele weitere Feuer wurden am Abend entzündet, der ganze Hang von Tixarafe war von ihrem Lichtschein erhellt. Als die Nacht anbrach, wurden erneut die Gesänge angestimmt. Aus vielen tausend Kehlen tönten die Lieder, ein monotoner Gesang, und die Trommeln schrieben den Rhythmus vor. Die Feycans tanzten dazu, überboten sich gegenseitig. Doch keiner reichte an die Ekstase der Darbietung der vergangenen Nacht heran, als der leibhaftige Guayote den Menschen von Tixarafe erschienen war.

Am Morgen des zweiten Tages wurde es nicht richtig hell. Dicke, regenschwere Quellwolken hingen am Himmel, nur spärlich blakte das Licht der Sonne hindurch. Bencomo fröstelte. Es war frisch in der Morgenkühle, taubedeckt war das Gras. Als er zu den bewaldeten Bergen blickte, die den äußeren Rand des großen Kraters umkränzten, sah er dort einen riesigen Schwarm Krähen schweben. Es schien, als würden auch sie sich versammeln, wie die Menschen. Waren das Seelenvögel, hatten die Geister der

Ahnen Gestalt angenommen, um als Krähen die Zeremonien der Lebenden zu überwachen?

Als die Leute zur Felsplattform aufbrachen, auf der der Leichnam Madangos aufgebahrt lag, reihten sich Bencomo und Mazo in den Zug ein. An der Spitze ging Tamogante, begleitet von den Seherinnen und Harimaguadas der anderen Stämme. Es folgten die Feycans und die alten, ehrwürdigen Krieger, dann erst die jungen und das übrige Volk. Die Häuptlinge schritten nicht mit im Zug. Am vergangenen Abend waren sie vorausgestiegen, um die Nacht über bei ihrem toten Hochkönig Wache zu halten. Als die Menge auf der Plattform eintraf, hockten sie dort im Kreis. In ihrer Mitte war aus Kiefernstämmen und dem Holz von Drachenbäumen eine Art Thron errichtet, auf dem Madangos Körper ausgestreckt lag. Jeder der Ankömmlinge trat in den Kreis und berührte ihn. Stundenlang dauerte die Prozession, bis auch der letzte Guanche Abschied von Madango, dem großen, weisen König, genommen hatte. Als Bencomo an der Reihe war und vortrat, um den Holzstoß zu berühren, sah er, daß die Haut des Toten mit roter Farbe aufgefrischt war. Das war zu Pulver zermahlener Blutstein, wie er an manchen Stellen der Insel vorkam. Das Blut der Erde, das Blut der Erdmutter oder kurz Taras Blut nannten die Alten diesen Stoff. Er war heilig und durfte nur zu bestimmten Anlässen verwendet werden. Die Häuptlinge selbst hatten ihn im Mörser gestampft, in der Steinmühle zermahlen und das bleiche Gesicht ihres verstorbenen Herrschers damit geschminkt. In der geschlossenen rechten Hand hielt Madango einen Bumerang, der magische Bedeutung besaß, in der linken eine tönerne Tarafigur, von der nur noch der längliche Hals mit dem kleinen Kopf zu sehen war.

Bencomo sah den Leichnam fest an, kniff die Augen zusammen. Für den Bruchteil einer Sekunde glaubte er, daß sich der steife Körper etwas bewegt hatte. Und eine Vision überkam ihn: Ich nehme Abschied von einem bedeutenden Herrscher. Mit ihm geht eine Zeit unaufhaltsam zu Ende und wird niemals wiederkehren. Wie ruhig er daliegt – so ruhig, wie er regiert hat. Nach ihm wird alles verändert sein, aufgeregt und in Bewegung . . .

Die Vision verblaßte, Bencomo trat einen Schritt beiseite, um dem ihm Nachfolgenden Platz zu machen.

»Was geschieht jetzt weiter?« flüsterte Mazo fragend.

»Keine Ahnung«, antwortete Bencomo. »Wenn ich es wüßte, wäre ich nicht ich, sondern so weise und hellsichtig wie Tamogante . . .«

Die Gedanken der alten Heilfrau waren nicht frei von Sorgen. Für sie und ihre Helferinnen brach eine anstrengende Zeit an. Zunächst mußte der Leichnam des toten Königs zum Höhlenkloster in die Berge geschafft werden. Dafür waren vier Krieger als Träger zuständig, aber sie durften nur bis zum Vorplatz der Höhlen gehen. Das Kloster dahinter mit seinen labyrinthartigen Gängen und Kammern, die wie Bienenwaben im Fels klebten, war für sie absolut tabu. Nachdem sie umgekehrt waren, begann für Tamogante und die Harimaguadas der Prozeß des Einbalsamierens. Dreißig Tage dauerte diese Arbeit, erst dann konnte die Mumie des Königs zur Grabkammer gebracht werden.

Aber dies war nicht Tamogantes einzige Aufgabe. Die Insel durfte keinesfalls dreißig Tage lang ohne Herrscher bleiben. Wie leicht hätte in dieser Zeit ein Konflikt zwischen den zwölf Stämmen ausbrechen können. Jeder der Häuptlinge strebte nach Anerkennung, es mußte also möglichst schnell eine Entscheidung fallen und ein neuer Hochkönig gewählt werden. Zwar kürten ihn die Häuptlinge, sie mußten den besten und mutigsten aus ihren Reihen finden, um ihn auf den Thron von Benahoare zu setzen. Aber die weise Medizinfrau wußte genau, daß diese Wahl nicht problemlos vonstatten gehen würde, zu viel Ehre und Ansehen standen auf dem Spiel. Und so fiel ihr eine Schlüsselrolle zu. Sie hatte auf die Zeichen zu achten, auf eine Vision, ein Gesicht, wodurch die Götter ihre Entscheidung kundtun würden.

Da war Madangos Nachfolge als Häuptling von Hiscaguan und Tixarafe schon leichter. Tamogante lebte schon lange im Gebiet dieses Stammes, sie kannte die Krieger genau und konnte fast ihre Gedanken lesen. Sie würden sich für Atogmatoma entscheiden, der sich durch Klugheit, Besonnenheit und ein natürliches Talent für Diplomatie auszeichnete. Ja, Atogmatoma würde eine gute Wahl sein, da war sie sich sicher.

Aber schwierig war es, einen Hochkönig zu finden, der mit der Sympathie aller Stämme rechnen konnte. Mindestens drei der Häuptlinge waren über die Grenzen ihres Stammesgebietes hinaus bekannt und berühmt: der alte, listige Mayantigo aus dem Aridanetal, Ayucuahe, der am Vulkan Teneguia lebte, wo sich eine wundersame Heilquelle befand, und Tanausu vom Kessel des großen Kraters. Tanausu war noch jung und galt als überaus mutig. Von allen Ringkämpfern der Insel war er der erfolgreichste, sein Wort galt, er hielt zuverlässig alle Vereinbarungen ein – und was das wichtigste war: In seinem Gebiet lag der Idafe, der Heilige Berg, der als Weltensäule galt und mit seiner Spitze den Himmel stützte. Tanausu hatte sich letzthin viel Anerkennung bei der Eindämmung eines verheerenden Waldbrandes erworben, der vor zwei Jahren am Kraterrand gewütet und sich auf die Gebiete anderer Stämme auszuweiten gedroht hatte. Was gegen ihn sprach, war die Neigung, leicht in Zorn zu geraten und in seiner Wut manchmal keine Grenzen zu kennen. Viele fürchteten Tanausu deshalb. Konnte man einen solchen Mann zum Hochkönig der Insel machen? Tamogante grübelte lange hin und her. Sie gab den Mädchen ihre Anweisungen, kontrollierte sorgfältig alle Arbeitsgänge der Mumifizierung, aber ihr Geist fand keine Ruhe, kam stets wieder auf die anstehende Wahl zurück. Vielleicht waren die drei, Mayantigo, Ayucuahe und Tanausu auch zu ähnlich in ihrer Art, sich in vielem zu ebenbürtig, vielleicht mußte ein ganz anderer, ein neuer Mann an diese Aufgabe herangeführt werden. Warum eigentlich nicht Atogmatoma? Gegen ihn sprach eigentlich nur, daß er wie sein Vorgänger aus Tixarafe stammte, was eine eindeutige Bevorzugung dieses Gebietes darstellte und die übrigen Stämme brüskieren konnte.

Es muß eine Lösung geben, dachte Tamogante, ich benötige unbedingt eine Vision, ein klares Zeichen, das meine Zweifel zerstreut . . .

»Ich habe den Bimsstein zerrieben.« Eine der Harimaguadas stand vor der Medizinfrau und hielt ihr eine Tonschale mit feinem, grauem Staub hin.

»Gut«, sagte Tamogante, aus ihren Überlegungen erwachend. Sie saß auf der sonnenbeschienenen Plattform vor den Höhlen und merkte erst jetzt, daß die jungen Mädchen sie umringten. Schön sahen sie aus in ihren hellen Gewändern, wie Blumen der Berge.

»Habt ihr den Leichnam in der vorgeschriebenen Art gewaschen?«

»Ja, wie du es gesagt hast: zweimal am Tag, besonders die empfindlichen Teile, die Stelle zwischen den Fingern, die Achselhöhlen, hinter den Ohren, die Nasenlöcher, Hals und Handgelenke.«

Tamogante hatte am Tag, nachdem der tote König hierher gebracht wurde, eigenhändig mitgeholfen, die Leiche auf flachen Steinen auszustrecken und die Eingeweide zu entnehmen. Jedesmal nach der Waschung wurde der Körper mit Ziegenbutter eingerieben und mit dem Harz des Drachenbaums, das zunächst farblos war, wenn es aus dem angeritzten Stamm trat, aber in der Luft zu einer klebrigen Masse trocknete. Blutrot wurde es, das Blut des Dragos, das unverwundbar machte und eine geheimnisvolle Kraft besaß.

»Dann bringt jetzt das Pulver aus Kiefernholz und Heidekraut und mischt es mit dem Bimsstein«, sagte Tamogante. »Sind die Ziegenfelle bereitgelegt?«

»Ja«, antworteten die Mädchen und beeilten sich, das Gewünschte herbeizuschaffen.

Jetzt mußte in den präparierten Leichnam das Pulver eingefüllt werden. Nur so gelang es, den Prozeß der Verwesung aufzuhalten. Später würden sie ihn in die Ziegenhäute wickeln und die Felle mit dem Harz des Drachenbaums verkleben. Schicht um Schicht mußte das gemacht werden, fünfzehn Mal, bis die Mumie ihre neue Haut besaß und die Reise ins Schattenreich antreten konnte. Danach, am dreißigsten Tag, würde sie zur Grabkammer gebracht, wo die anderen Ahnen des Stammes ruhten. Dort, auf ein Drachenholzbrett gebunden, mit dem Kopf nach Norden, den Füßen nach Süden, würde der tote König ruhen, bis die Zeit anbrach, in der die Ahnen zu neuem Leben erwachen und zum Stamm zurückkehren würden. Aber das konnte noch lange dauern, viele hundert Jahre oder mehr, vielleicht bis zu jenem Zeitpunkt, den die Mythen den ältesten und zugleich auch den jüngsten Tag nannten.

Viel hatte Tamogante von ihren Vorgängerinnen im Amt gelernt und an die Mädchen weitergegeben. Die meisten von ihnen blieben nur zwei, drei Sommer lang bei ihr in der Lehre und gingen dann in ihre Dörfer zurück, um als Medizinfrauen zu wirken. Oder sie heirateten tüchtige Krieger und brachten ihr Wissen als nicht hoch genug einzuschätzende Mitgift in die Ehe ein.

Aber es gab auch Harimaguadas, die länger im Bergkloster blieben, manche für immer. Wie Agora, die gute Seele. Sie war nicht mehr die Jüngste und besaß das zweite Gesicht: sie konnte die Gedanken anderer Menschen lesen. In Tamogantes Abwesenheit leitete sie das Kloster, eines Tages würde sie ihre Nachfolgerin werden.

Die alte Medizinfrau saß in der Abendsonne und lächelte still vor sich hin. Sie dachte an die vielen Jahre, die sie hier oben in der Bergeinsamkeit verbracht hatte, an die guten und auch an die schlechten Zeiten, wo es Vulkanausbrüche, Brände oder strenge Winter mit Schnee gegeben hatte, in denen die Vorräte knapp wurden und der Hunger ein ständiger Begleiter war. Als junges Mädchen war sie ins Kloster gekommen, um in die Geheimnisse des Heilens, des Orakelbefragens und Hellsehens und die Kunst des Mumifizierens eingeweiht zu werden. Den größten Teil ihres Lebens hatte sie damit verbracht, die Natur zu beobachten und darauf zu warten, daß Abona entstand. Wenn das Wirken von Tara, dem weiblichen Prinzip, und von Orahan, der männlichen Kraft, zusammentreffen, dann entsteht daraus etwas Neues, dann wird Abona, das Leben, geboren. Überall war die Anwesenheit von Tara, der großen Erdmutter, zu sehen, in jedem Stein, jeder Pflanze, jedem Tier und auch im Menschen. Orahans männliche Kraft dagegen war unsichtbar, nur zu spüren, durchwehte den Himmel, lebte im Wind, trieb das Wasser von der Quelle zu Tal und ins Meer. Wirkten beide zusammen, paarten sich Tara und Orahan, dann schufen sie Abona, das Leben. Und alles, was Abona besaß, war richtig und gut.

Abonas Gegenspieler war der Guayote, der Dämon aus dem Vulkan. Vor ihm mußte man sich in acht nehmen, seine vielfältigen Erscheinungen ständig im Auge behalten, denn der Guayote war schlau und gerissen. Er konnte sich tarnen und selbst in scheinbar harmlos aussehenden Situationen auftauchen, um Unheil zu stiften. Verkleidet kam er und leise, wie ein Dieb in der Nacht, um Abona zu stören. Ewig lagen Abona und der Guayote im Kampf.

Dies besonders, das Wirken der Prinzipien und wie sie in der Natur unterschiedliche Gestalt annahmen, galt es für die Harimaguadas zu lernen. Und Tamogante hatte lange beobachtet und studiert. Würde es nach ihr jemals wieder eine so erfahrene Heilfrau geben wie sie? Tamogante lachte. Natürlich! Agora zum Beispiel und andere der Mädchen besaßen gute Ansätze, die gleichen Fähigkeiten zu entwickeln. Sie war keine Ausnahme, kein besonderes Wesen, nur ein Teil des großen, ewig währenden Spiels, das formte, wuchs und verging, wieder und immer wieder in andere Gestalten schlüpfte. Ja, sie hatte nur ihre Pflicht getan, das Kloster befand sich in gutem Zustand, eigentlich konnte sie jederzeit fortgehen, um anderen Platz zu machen, die den großen Plan fortführen würden. Nein, noch nicht ganz . . . Zuvor galt es noch, einen Mann zu finden, der würdig genug war, um als Hochkönig über Benahoare zu wachen.

»Ich muß hinunter ins Tal«, sagte Tamogante zu Agora und den Mädchen, »die Häuptlinge sind im Tagoror von

Tixarafe versammelt, um eine wichtige Entscheidung zu treffen. Wie ich die Männer kenne, reden sie schon tagelang über die Sache, ohne eine Lösung zu finden. Möglicherweise streiten sie sogar schon, weil keiner von ihnen den richtigen Weg findet.«

»Kennst du ihn denn?« fragte Agora.

»Nein«, antwortete Tamogante lachend, »aber vielleicht kann ich dabei helfen, ihn zu sehen. Was würdest du an meiner Stelle tun?«

»Auch ich würde gehen«, antwortete Agora, »einfach gehen, nicht suchen, mehr spüren.«

Die beiden Frauen umarmten sich herzlich.

»Genau das werde ich tun«, sagte Tamogante, »und ich hoffe, es ist gut so. Nun muß ich aufbrechen, schon greifen die Schatten von den Bergen nach mir.«

Leichtfüßig, als habe ihr Körper sein hohes Alter vergessen, lief Tamogante ins Tal.

Aber sie lief nicht nach Tixarafe, sondern bog, einer plötzlichen Eingebung folgend, am alten Saumpfad nach Norden ab. Dieser Weg führte unterhalb des Kraterrandes entlang und lag noch im warmen Licht der Abendsonne. Eidechsen stoben vor ihren Füßen auf, ein neugieriger Falke folgte ihr, doch Tamogante achtete nicht darauf. Sie lief im Lauf der Kraft, mit vorgebeugtem Oberkörper und pendelnden Armen. Diese Art der Fortbewegung strengte am wenigsten an und führte rasch vorwärts. In dem Kiefernwald spürte sie die Schattenkühle nicht, dann stieg der Pfad langsam an. Unterhalb des Freundschaftsberges wich der Wald zurück und machte dorniger Buschweide Platz. Es gab viele Steine hier, ein Gewirr flechtenüberwachsener Felstrümmer, in dem man sich hoffnungslos verirren konnte, wenn man die spärlichen Zeichen am Boden nicht sah: abgeknickte Halme, trockener Ziegenkot und Hufspuren. Die Herden zogen hier entlang, und wohin ihre Wege führten, dort lag mit Sicherheit eine Wasserstelle.

Tamogante brauchte kaum auf den Boden zu achten. Ihr Körper lief automatisch, fand von selber den Weg. Jenseits der Hochweide fiel der Pfad spürbar ab und führte in jenes Tal hinein, in dem Zarzita, die heilige Dornbuschquelle, lag. Die Sonne stand inzwischen dicht über dem Meer und schickte sich an, in die orangeroten Wasser einzutauchen. Sie machte die langen Schatten noch länger, hüllte die Welt zusehends in Dunkelheit ein. Tamogante beeilte sich, um mit dem Verlöschen des letzten Sonnenstrahls die kleine Höhle an der Dornbuschquelle zu erreichen. Ziegenfelle lagen hier im Versteck bereit. Tamogante hüllte sich in sie, rollte sich zusammen und schlief sofort ein, traumlos und tief.

Ein vielstimmiges Vogelgezwitscher weckte sie auf. Von Leben erfüllt war die kleine Schlucht, jeder Grashalm, jedes Blatt schien sich in der Sonne zu räkeln, und bunte Schmetterlinge tanzten über den Blumen. Es war ein wunderschöner Morgen, Tamogante liebte diese Stunde besonders. Sie streckte sich ausgiebig, schlüpfte aus den Fellen, rollte sie zusammen und trat vor die Höhle. Es waren nur wenige Schritte bis zu dem Gehölz, das eine Senke umstand. Dort im grünen Dunkel des zitternden Blattwerks murmelte die Quelle und schickte ihr Naß ins Tal hinunter. Tamogante beugte sich darüber und schöpfte mit den Händen das Wasser. Es schmeckte erfrischend kühl. Sie wusch sich das Gesicht und die Arme. Danach richtete sie sich auf und betrachtete die graue, schrundige Felswand am Rande der Quelle.

Das Gestein war über und über mit eingekerbten Zeichen verziert, wie tätowiert sah der Fels aus. Spiralformen und konzentrische Kreise bildeten das Hauptmotiv, waren vielfältig miteinander verflochten und teilweise zu endlosen Mustern graviert. Aber es gab auch konkrete Darstellungen dazwischen – den Körper der großen Erdmutter Tara mit insektenartigem Kopf, hängenden Brüsten und einem wellenliniengeschmückten Glockenrock. Links von ihr befand sich der in den Stein gehauene Altar, daneben die Darstellung eines Labyrinths und rechts davon der Kopf eines Kriegers mit Halsschmuck und weitauslaufender Federhaube. Er stellte Orahan, die männliche Schöpferkraft, dar. Zunächst ging Tamogante zum Altar und rückte die Tonfigürchen zurecht, die in den einzelnen Nischen standen. Dann kniete sie nieder. Ihre Gedanken richteten sich an die große Erdmutter, lautlos formten sich ihre Lippen zum Gebet: »An der Dornbuschquelle bin ich bei den heiligen Zeichen, spüre die Rinnen im Stein. Sagt, Abona, Tara, Orahan, haben es eure Kinder recht getan, wer ist übrig, euch zu verstehen – der Wind, die Drachen des Tages, die Geckos, die weißen Brüder der Nacht? Sagt, gibt es noch einen, der Zeichen wie diese formt, den Muldensessel, die Steine im Kreis? Wenn ich die Wurzeln esse, die Beeren, zwischen Farn niederknie und trinke – nehmt ihr dies als Opfer an? Die Sprache der Menschen ist anders geworden, ihre Handlungen auch, ihre Körper verstehen oft schon den Sinn nicht mehr. In den Dörfern löscht die Erinnerung aus. Doch ich, Pflegerin des alten Wissens, will ich jemals zurück, kann ich noch gehen?

An der Dornbuschquelle bin ich, habe Wasser getrunken und Zeichen geformt . . .«

Tamogante stand auf. Für einen kurzen Augenblick spürte sie das Alter ihrer Knochen, Muskeln und Sehnen. Steif waren ihre Beine, Schmerz saß in den Knien. Wie ein Tier hockte ihr das Alter im Genick und beugte ihren Körper. Sie schüttelte das unbehagliche Gefühl ab und wandte sich ganz ihrem Dienst zu. Mit geschlossenen Augen tastete sie die Figuren im Fels ab. Ihre Fingerkuppen folgten den Rillen, suchten das Muster. Es ist Musik, dachte Tamogante. Eigentlich sind diese Bilder Gesang, aber einer, der lautlos klingt und innen im Körper entsteht. Es sind die uralten Lieder der Schöpfung . . .

Mit einem scharfkantigen Stein kratzte sie den Boden zu ihren Füßen auf, entnahm ihm rotbraune Erde, mischte sie mit dem Wasser der Quelle und strich den Farbbrei in die Rillenbahnen. Lange dauerte diese Prozedur. Die alte Heilfrau vollzog sie in schweigsamer Andacht. Dann trat sie einen Schritt zurück, um ihr Werk zu begutachten. Jetzt waren sie wieder deutlich zu sehen, die alten Bilder und Muster. Die rote Erde ließ sie aufflammen und ihre innere Musik lauter werden. Es war ein Gesang, der die Geräusche von Wind, rauschendem Blattwerk und dem Sprudeln der Quelle aufnahm und überhöhte, eine Melodie, die heller als die Stimmen der Zikaden und Vogelkehlen war, dunkler als das unheimliche Grummeln der Erde und rauschender als das Brüllen des Meeres.

Haben nicht früher die Menschen diese Lieder leicht verstanden und sie mitgesungen, dachte Tamogante. Waren damals nicht immer Bittsteller hier an der Quelle und legten Opfergaben an den Altar? Gab es nicht Feste, auf denen getanzt wurde, gelacht und gemeinsam gegessen? Wieso ist dies alles vergangen, wieso bleiben die Menschen in ihren

Dörfern und sind so weit weg von Tara, Orahan und Abona? Haben die Zeiten sich so sehr geändert?

Und als ob mit der Verehrung der Menschen die Kraft ausbliebe, wurden auch die Visionen und Gesichte rar. Hatten die Götter sich abgewandt, sprachen sie immer seltener und nur noch zu ganz wenigen Auserwählten?

Trauer erfaßte Tamogante. Sie hatte ein Zeichen erwartet, doch das Wunder blieb aus. Voller Demut kauerte sie sich vor die Felswand, konzentrierte sich ganz auf ihr Inneres, horchte in sich hinein. Ihre Finger ertasteten die Zeichen im Fels, fuhren die Spiralen und Kreisbahnen entlang. Ganz außen rechts und links hatte sie begonnen und Bewegungen vollzogen, die aussahen, als wäre sie ein Vogel und ihre Arme Flügel. Dann wurden die Kreisbahnen immer enger und steuerten den Mitten zu. Schließlich hielt sie inne. Sie war an beiden Endpunkten angelangt. Ihr Atem stockte.

Das ist es, spürte sie, ganz deutlich spürte sie es: Was wir brauchen, ist Ruhe und Harmonie. Einen König, der für den Zustand des Gleichgewichts sorgt nach innen und außen. Nach außen? Was sollte dies bedeuten? Gab es noch etwas außerhalb der Insel, das sie nicht kannte?

Eine fremde, unheimliche Macht griff plötzlich nach ihrem Herzen, preßte es und hielt es schmerzhaft umklammert. Tamogante verlor das Bewußtsein.

Als sie wieder zu sich kam, spürte sie ihr Herz noch immer brennen, aber dumpfer und weniger schmerzhaft. Sie lag vor den Felsen dicht bei der Quelle, und die Sonne stand hoch am Himmel. Mühsam richtete sich die alte Heilfrau auf. Dabei entdeckte sie vor dem Altar eine kleine weiße Flaumfeder, die vorher nicht dort gelegen hatte. Mit zittrigen Fingern nestelte sie ihren Kultbeutel auf und steckte die Feder hinein.

»Beschütze mich, Tara«, flüsterte sie, »gib mir Kraft, Orahan, laßt mich euer Werkzeug sein, um noch einmal Abona zu tun.«

An der Quelle trank sie vom heiligen Wasser, bedankte sich und machte sich dann auf den Rückweg. Langsam schritt sie voran, einen Fuß vor den anderen setzend. Der Lauf der Kraft wollte ihr nicht mehr gelingen. Erneut nahm sie den Saumpfad, bog aber diesmal kurz nach der Hochweide ab und stieg hinunter nach Tixarafe ins Tal.

Nachdem sich das Volk zerstreut hatte, die Stämme in ihre Gebiete abgezogen waren, blieben nur noch die Häuptlinge, die Feycans und die weisen Frauen im Tagoror zurück. Lange dauerte das Palaver, endlose Tage und Nächte. Und wie Tamogante vorausgesehen hatte, war der Ratskreis in unterschiedliche Lager zerfallen. Die Häuptlinge des Südens hatten sich auf die Seite von Ayucuahe geschlagen, die des Ostens schwankten zwischen Tanausu und Mayantigo, und für Atogmatoma sprachen nur Bediesta und Temiaba aus dem hohen Norden.

»Er wird ein würdiger Nachfolger Madangos sein«, sagte Bediesta, den sie auch *Felsenschulter* nannten, weil seine Ausdauer im Steineheben und -werfen sprichwörtlich war. »Der Feycan von Tixarafe hat beim Tanz die Stimme des Guayote gehört, wir alle spürten die Erde beben. Warum geschah das nur bei seinem Tanz, und danach nicht mehr, als unsere Feycans an der Reihe waren? Ist dies nicht ein deutliches Zeichen, daß der Stamm von Hiscaguan und Tixarafe erneut den Hochkönig stellen soll?«

»Du sprichst für Atogmatoma, als würde er nicht nur Häuptling seines, sondern bald auch deines Stammes sein«, höhnte Mayantigo aus dem Aridanetal. »Gibst du so rasch deinen Anspruch auf?«

»Unsinn«, antwortete Bediesta, »unsere Stämme leben seit langem in Frieden, tiefe Schluchten trennen unsere Gebiete und legen auf natürliche Weise die Grenzen fest. Von was redest du also? Nein, worauf es mir ankommt ist, daß der Beste von uns auf den Thron kommt, und das ist nach meiner unumstößlichen Meinung nun einmal Atogmatoma.«

»Man könnte es durch einen Wettkampf entscheiden«, sagte Mayantigo. »Ich glaube allerdings, daß viele dabei den kürzeren ziehen würden. Wann hast du das letzte Mal Steine gestemmt, Felsenschulter? Stimmt es nicht, daß es lange schon her ist, weil dich seit einiger Zeit die Gicht plagt?«

Bediesta verzog angewidert das Gesicht. Bevor er etwas antworten konnte, fiel Ugranfir, der Feycan aus dem Vulkankessel, der ein eifriger Fürsprecher Tanausus war, ein: »Alle Häuptlinge der Insel besitzen besondere Fähigkeiten, die sie auszeichnen und ehren, darüber besteht keine Frage. Ich gebe aber eines zu bedenken und wiederhole es mit großem Ernst: Nur im Krater steht der Idafe, der Heilige Berg der Guanchen, der beseelt ist und zu gewissen Zeiten mit den Menschen spricht. Wer anders als der Hüter des Berges, der mutige, furchtlose Tanausu, käme daher als König in Frage? Wenn du unbedingt einen Kampf willst, Mayantigo, dann miß dich mit ihm . . .«

»Ja, kämpfe mit ihm!« rief Gareagua von Tigalate. »In

früheren Zeiten wurde die Wahl des Hochkönigs stets durch einen Wettkampf entschieden.«

»Es gibt Dinge, die wichtiger als Kraft und Geschicklichkeit sind«, sagte Temiaba von Tagalguen, »zum Beispiel Klugheit und Gerechtigkeitssinn.«

»Willst du damit andeuten, daß wir dumm und ungerecht sind?« brauste Mayantigo auf. »Hüte deine Zunge, Mann aus dem Norden, der du ohnehin die besseren Weideflächen besitzest. Deine Ziegen und Schafe sind fett vom satten Grün deiner Berghänge, der Wind schickt dir reichlich Wolken und Regen ...«

»Und Stürme im Winter, die unberechenbar sind«, unterbrach Temiaba. »Nicht jeder lebt so geschützt wie dein Stamm im Aridanetal, das weder kalte Winter noch heiße Sommer kennt. In eurer Bucht fangen bereits die Kinder fette Fische, ohne sich anstrengen zu müssen, während das bei uns wegen der wilden See ein Wagnis darstellt. Gut reden hast du, reicher, sorgenloser Mayantigo. Wann hat dein Stamm jemals Hunger verspürt?«

»Beruhigt euch«, versuchte eine Heilfrau aus dem Süden zu beschwichtigen. »Mit bösen Worten kommen wir einfach nicht weiter. Was wir brauchen, ist ein deutliches Zeichen, das alle verstehen.«

»Und was schlägst du vor?« fragte Ugranfir.

»Abzuwarten, was uns Tamogante zu sagen hat.«

»Wo ist sie eigentlich?« riefen mehrere durcheinander. »Wo steckt sie? Man hat sie seit dem Tag des Totentanzes nicht mehr gesehen ...«

Die Heilfrau antwortete darauf nicht. Sie stand auf, trat aus dem Kreis und deutete statt dessen wortlos mit der Hand in Richtung der nördlichen Hänge. Alle sahen von dort die Gestalt einer alten Frau herankommen. Gebeugt schritt Tamogante, aber als sie näherkam, richtete sie sich auf. Stolz trat sie in den Kreis. Sie blickte sich um, als käme sie von sehr weit her und erkenne erst nach und nach die Gesichter im Tagoror. Dann ließ sie sich auf einem freien Steinsitz nieder.

Es war ruhig im Kreis, die Versammelten warteten darauf, daß sie sprach. Aber die alte Medizinfrau regte sich nicht, kein Wort kam von ihren Lippen. Sie saß starr und sah aus, als würde sie auf etwas lauschen, doch niemand außer ihr vernahm einen Ton.

Plötzlich erhob sie sich und entnahm dem Kultbeutel an ihrem Gürtel eine weiße Flaumfeder. Die hob sie hoch, hielt sie vor ihren Mund und blies sie an. Senkrecht stieg die Feder auf, wurde vom Wind erfaßt und über den Köpfen der Anwesenden zum Tanzen gebracht. Es ging alles sehr schnell. Die Feder tanzte in der Luft, dann wurde sie von einem Windstoß gepackt und zu Boden getrieben. Genau vor Atogmatomas Füßen blieb sie liegen.

»Heb sie auf«, sagte Tamogante.

Der zukünftige Häuptling von Tixarafe und Hochkönig der Insel starrte fassungslos auf die Feder. Zögernd bückte er sich nach ihr. Dann, als er sie in der Hand hielt, straffte sich seine Haltung merklich. Er richtete sich auf und zeigte allen die Feder. Ernst und Stolz lagen auf seinem Gesicht, als er sie sich ins Haar steckte.

»Ayiiieeeh!« schrie Bediesta gellend und sprang auf die Füße. Einige der Feycans und mehrere Häuptlinge folgten seinem Beispiel. Mayantigo, Ayucuahe, Tanausu und ihre Vertrauten blieben sitzen.

»Was ist?« fragte Tamogante. Streng blickte sie einen nach dem anderen an. Der Ausdruck ihres Gesichts duldete keinen Widerspruch. Sie war nur eine alte Frau, aber die ranghöchste aller Harimaguadas. Stets hatten sich die Häuptlinge ihrem Willen gebeugt.

Jetzt standen auch die auf, die bis zuletzt sitzen geblieben waren. Zögernd Mayantigo, widerstrebend Tanausu. Besonders ihm war anzusehen, daß er mit der Entscheidung alles andere als einverstanden war. Er stand auf, wie das Gesetz es befahl, aber er schwieg mit zusammengepreßtem Mund. In diesem Kreis würde kein einziges Wort mehr über seine Lippen kommen, schwor er sich. Er schätzte zwar die alte Heilfrau, aber sein Vertrauen in Atogmatoma war nicht sonderlich groß. Diesem Schwächling von Hochkönig würde er niemals den Treueid leisten, lieber würde er den Feierlichkeiten fernbleiben.

Tanausu verneigte sich kurz vor der alten Frau. Dann schritt er stumm aus dem Kreis. Ugranfir und die Vertrauten folgten ihm. Alle bekamen das mit, aber niemand wagte über den Mißklang zu sprechen. Auch Tamogante erwähnte den Vorfall später mit keinem Wort.

Sie war froh, daß das Orakel entschieden hatte, und über die Wahl Atogmatomas auch. Dennoch nagten Zweifel an ihr. Besonders eindrucksvoll war das Zeichen nun wirklich nicht zu nennen – eine weiche, schwache Flaumfeder hatte über das Schicksal der Insel entschieden . . .

Weit im Norden, in jenem fernen Land Spanien, bahnten sich zur gleichen Zeit Ereignisse von großer Tragweite an.

Man schrieb das Jahr des Herrn 1492. Das einst in viele Kleinstaaten zersplitterte und von langen Kämpfen gegen die Araber erschütterte Land war durch die Heirat Isabellas von Kastilien mit Ferdinand von Aragon als Staatswesen gefestigt worden, weshalb man die beiden nun die »Vereinigten Könige« nannte. Die christliche *Reconquista* hatte viel Land hinzugewonnen, die Mauren aus dem Süden endgültig vertrieben, ihre letzte Hochburg Granada genommen und sogar Teile von Nordafrika erobert. Das Glück war unbestreitbar den katholischen Königen hold, es ging aufwärts mit der Krone, Spanien reifte zur Weltmacht heran.

Isabella und Ferdinand weilten in diesem schicksalsschweren Jahr 1492 in ihrer Residenz Santa Fé. Vor kurzem hatte ein merkwürdiger Mann bei ihnen um Audienz ersucht und sie auch erhalten, ein gewisser Cristoforo Colombo, der von den Spaniern seines schwer aussprechbaren Namens wegen Cristóbal Colón genannt wurde. Ein Seefahrer und Abenteurer, ein Besessener, der, von missionarischem Eifer erfüllt, davon sprach, einen neuen, bisher nie gewagten Seeweg nach Indien finden zu wollen. Und was hatte er dem erlauchten Paar alles erzählt und versprochen: daß er dank seiner Studien in Florenz beim Kosmographen Toscanelli und seinem Lehrer, dem Kardinal Pierre d'Ailly, das *Imago mundi*, das Bild der Erde besser als jeder andere Sterbliche kenne, genaue Karten für seine Entdeckungsreise besäße und die Weltkugel in westlicher Richtung umrunden wolle, daß es dort in jenem unbekannten Teil Indiens unglaublichen Reichtum gäbe, Schätze, wie sie das Herrscherpaar niemals zuvor gesehen habe, und daß nur er allein, Cristóbal Colón, diese waghalsige Reise zu meistern imstande sei.

Schon viele Jahre war er mit diesem Plan hausieren gegangen, aber stets vom Königshaus abgewiesen worden. Andere, wichtigere Probleme galt es zu lösen. Nun endlich hatten Isabella und Ferdinand zugestimmt und ihm die Mittel für seine Expedition bewilligt, drei Schiffe, Seeleute, Soldaten und Waffen nebst der Zusicherung, er könne sich dort, sofern er die Überfahrt schaffe, Vizekönig von Spanien nennen. Mochte der lästige Mann seinen Willen haben, vielleicht stimmten seine Berechnungen ja doch und brachten der Krone unerwarteten Gewinn . . .

Wenige Wochen nachdem dieser Cristóbal Colón begeistert und freudestrahlend davongelaufen war, stand schon wieder ein Bittsteller vor der Tür. Diesmal aber kein unbekannter Spinner und Träumer, sondern ein Mann, den man ernst nehmen konnte, ein berühmter, hochdekorierter Soldat: der achtbare Alonso Fernández de Lugo, der Held von Gran Canaria und Kommandant der dortigen Festung Agaete. *Goberdador de la Conquista Adelantado mayor de Canarias* durfte er sich nennen, seit er zum Statthalter der besetzten Kanarischen Inseln aufgestiegen war. Was wußten die Katholischen Könige über ihn? Daß er in der armen Provinz Lugo in Galicien geboren war, aber inzwischen als geachteter Bürger der Stadt Sevilla galt, daß seine militärische Laufbahn mit dem Krieg um Granada und der Einnahme der Alhambra begonnen hatte und durch die Eroberung von Gran Canaria unter dem Befehl der Generäle Juan Rejón und de Vera ihren vorläufigen Höhepunkt erreicht hatte.

Seit auf Gran Canaria Ordnung herrschte und die unterworfenen Guanchen keinen Aufstand mehr wagten, verwaltete Alonso de Lugo die Ländereien, die man ihm bei der Verteilung des Landes zugesprochen hatte. Das Königspaar wußte nur zu gut: dieses ruhige Leben konnte einen Mann, der von frühester Jugend an den Umgang mit Waffen gewöhnt war, nicht lange befriedigen. In seinem Schloß hatte er immer wieder darüber nachgegrübelt, wie man die letzten beiden noch freien Kanareninseln, La Palma und Teneriffa, erobern und der Krone unterstellen konnte. Diese

Inseln und ihre Eingeborenen waren gefürchtet, weil sie sich jeglichem Zugriff entzogen. Alle Invasionsversuche waren bisher an dem heftigen Widerstand der Wilden gescheitert und hatten nur Verluste an Geld und Menschenleben eingebracht.

Aber in de Lugo brannte der Ehrgeiz, die rebellischen Inseln forderten ihn regelrecht heraus, sie stellten für einen Haudegen und Strategen wie ihn die richtige Aufgabe dar. Also brach er nach Santa Fé auf, um die Krone zu bitten, ihm den Oberbefehl für das geplante Unternehmen zu erteilen.

Alonso Fernández de Lugo war eine stattliche Erscheinung, stets in feinste Stoffe nach der neuesten Mode gekleidet und elegant in seinem Auftreten. Bei seinen Freunden galt er als Draufgänger, bei seinen Feinden als skrupelloser Frauenheld, Spieler und Intrigant. Auch die Königin mußte zugeben, daß sein Charme, seine hochgewachsene Gestalt, das dichte schwarze Haar und die dunklen, feurigen Augen nicht ohne Wirkung auf sie blieben. Besonders als er nun seinen Hut zog und mit Grandezza einen solchen Bogen zur Seidenschärpe damit beschrieb, daß die federgeschmückte Krempe fast den Boden berührte. Bei der Verbeugung mit dem angedeuteten Kniefall klirrte sein Degen hell gegen die Marmorkacheln.

Ferdinand spürte Isabellas gesteigerte Aufmerksamkeit sofort, ließ sich aber nichts anmerken. Ohnehin schätzte er seine Gemahlin nicht sonderlich, hatte sie nie geliebt, sondern lediglich dem Druck beider Familien und der Berater am Hofe nachgegeben und der nützlichen Zweckheirat zugestimmt. Was dieser tapfere Soldat aber zu berichten wußte, interessierte auch ihn.

Gleich nach der Zeremonie der langatmigen Begrüßungsfloskeln stellte er seine Fragen.

»So, La Palma wollt Ihr für die Krone erobern«, sagte er, während seine Finger spielerisch durch den Bart strichen. »Eine langweilige Insel, die bloß aus feuerspeienden Bergen, Lavawildnis und undurchdringlichem Dickicht besteht. Warum gerade dieses Ödland?«

»Oh, es ist reich an Trinkwasser, Holz und Früchten«, antwortete de Lugo beflissen, »die Insel könnte ein guter Stützpunkt für unsere Flotte sein, Ausgangspunkt für die weitere Eroberungspolitik der Krone, Majestät.«

»Hm, ich sehe, Ihr denkt vorausschauend und strategisch klug, aber dennoch bin ich nicht übermäßig entzückt ... Sagtet Ihr Trinkwasser, Holz und Früchte? Diese Gaben der Natur mögen für anspruchslose Seeleute ja gewiß ganz nützlich sein, als erstrebenswerte Schätze für die Krone allerdings würde ich sie eher erbärmlich nennen, meint Ihr nicht?«

De Lugo konnte ein hintergründiges Grinsen nicht unterdrücken. Diesen Einwand hatte er erwartet und war gründlich darauf vorbereitet.

»Ihr habt völlig recht, Majestät, Euer sprichwörtlicher Scharfsinn hat Euch sogleich die richtige Fährte erkennen lassen«, schmeichelte er. »Natürlich sind es nicht solche Dinge allein, die La Palma interessant machen ...« Er beugte sich vor und senkte seine Stimme zu einem beschwörenden Raunen. »Es soll dort auch Gold geben, kostbare Edelsteine in Hülle und Fülle, dazu mancherlei andere wertvolle Raritäten im Innern der Erde ...«

»Ach, wirklich?« fragte Ferdinand. Wie von de Lugo vorausgesehen, erwachte schlagartig das Interesse des Königs.

»O ja«, nickte de Lugo. »Gold und Silber ... wenn die Berichte stimmen, liegt auf der Insel ein unermeßlicher Reichtum herum, der nur darauf wartet, von uns eingesammelt zu werden.«

»Welche Berichte?«

»Es handelt sich um die mündliche Aussage des Verwandten eines Seemanns, der auf der Insel war.«

»Hm, reichlich vage, wie mir scheint.«

»Dennoch könnte es sich als lohnend erweisen, den Sachverhalt an Ort und Stelle zu überprüfen, zumal, wie bereits schon erwähnt, die Insel einen ausgezeichneten Stützpunkt für unsere Flotte darstellt . . .«

Der König nickte nachdenklich. Nach einer Weile des Schweigens räusperte er sich: »Geht nicht die Kunde von La Palma, daß die primitiven, gottlosen Wilden auf dieser Insel besonders kampflustig und gefährlich seien?«

»Wenn Ihr erlaubt, Majestät: nicht gefährlicher als die Mauren von Granada.«

»Aha, so schätzt Ihr die Lage ein . . . Andere vor Euch waren allerdings auch so optimistisch wie Ihr. Rüstete Peraza in Gomera nicht eine Expedition mit zweihundert spanischen Schützen aus, um La Palma zu besetzen – es müssen wohl gut vierzig Jahre her sein –, und ging das Heer damals nicht auf klägliche Weise zugrunde?«

»Das stimmt, Majestät«, antwortete de Lugo. »Soweit ich informiert bin, schien die Sache gut vorbereitet, wurde aber schlecht durchgeführt. Perazas Sohn, der das Kommando hatte, war noch jung und im Kriegshandwerk wenig erfahren. Das muß wohl der Grund sein, warum er mit fast all seinen Leuten umkam.«

»Oh, da tut Ihr dem jungen Helden herbes Unrecht an«, unterbrach Isabella. »Nachträglich schmälert Ihr das Ansehen seiner Familie und werft Schande auf die Ehre des Guillén Peraza! Wißt Ihr nicht, wie sein Totengesang lautete, der damals gesungen wurde und bis heute ein bekanntes, gern gehörtes Gedicht in der feinen Gesellschaft ist? Es ist ein Lied, das zu Herzen geht und die Seele anrührt.«

Und zu de Lugos größter Verwunderung rezitierte sie auswendig den Text:

»Weint, ihr Damen,
wenn ihr den Herrn verehrt.
Guillén Peraza
blieb auf La Palma,
die welke Blume
seines Antlitzes.
Du bist nicht La Palma,
die Siegespalme,
bist Ginster,
Zypresse
trauriger Gestalt;
du bist Unglück,
böses Unglück.
Traurige Vulkane sollen
dein Land zerstören,
nicht Freude, sondern
Leid sollst du sehen,
der Sand bedecke
deine Blumen.
Guillén Peraza!
Guillén Peraza!
Wo ist dein Schild?
Wo ist deine Lanze?
Alles beendet
das böse Schicksal.«

Nachdem sie geendet hatte, neigte de Lugo sein Haupt. Voll Bewunderung rief er aus: »Verzeiht meine Kühnheit, erlauchte Majestät. Diese tiefsinnigen Worte ergreifen selbst das Herz eines so rauhen Kriegers wie mich, so daß ich auszusprechen wage: Ihr seid nicht nur die anmutigste und schönste Blume des Reiches, sondern, wie ich staunend feststellen muß, auch über die Maßen gebildet! Ja, Ihr habt ganz recht mit dem, was Ihr sagt, meine verehrungswürdige Herrin: Die Seele berührt dieses Lied! Und doch soll kein Schatten der Besorgnis auf Euch fallen, denn ich kann Euch, was die Insel und die geplante Landung angeht, voll und ganz beruhigen. Mir und den Leuten in meiner Obhut wird ein solches Schicksal, wie es das Lied mit erschreckenden Bildern beschreibt, nicht zuteil werden. Gut durchdacht ist der Plan, bestens vorbereitet das Unternehmen, wir alle besitzen von Gran Canaria her reichlich Erfahrung im Umgang mit diesen verderbten Wilden. Laßt mich der Vulkan sein, der strafend über das Land fällt, die Lava, die seine Blumen bedeckt, und Rache will ich nehmen für Guillén Peraza!«

»Ihr sprecht mit dem Mut, den man von Euch gewohnt ist«, mischte sich König Ferdinand wieder ein, um die Unterhaltung nicht zum Dialog zwischen diesem Soldaten und seiner Gemahlin werden zu lassen. Schließlich hatte auch er vor dem Gespräch Erkundigungen eingezogen und wollte nun mit seinem Wissen glänzen.

»Ein gewisser Hernán Martel, Guillén Perazas Stellvertreter damals, der dem Blutbad mit dem Schiff nach Gomera entkam, brachte Kunde davon, daß die Eingeborenen auf La Palma zwar kein Metall kennen würden, also auch keine entsprechenden Waffen besäßen, schon gar keine Musketen, aber im Gelände durchaus überlegen seien. Besonders eine Schlucht erwähnt sein Bericht, wo sie von den Wilden mit Steinen und Holzlanzen angegriffen wurden. Glaubt Ihr denn, daß Ihr es schaffen werdet, in diesem schwierigen Terrain zurechtzukommen? Man sagte mir, es sei für Pferde beschwerlich, und an den Transport von Geschützen sei überhaupt nicht zu denken . . .«

»Durchaus«, antwortete de Lugo. Er blickte dem König fest ins Auge. »Eine Devise von mir lautet: niemals eine als nutzlos erkannte Taktik ein zweites Mal einsetzen. Ich darf Euch versichern, Majestät, wir haben im Krieg gegen die Guanchen auf Gran Canaria dazugelernt und werden entsprechend ans Werk gehen. Mit Überraschung und List und, wenn es sein muß, auch mit einer Portion Diplomatie.«

»Diplomatie bei Wilden? Heißt das nicht, man streut Perlen vor die Säue?«

»Nicht, wenn es Glasperlen sind, Majestät, und man damit echte Schätze gewinnt.«

König Ferdinand schmunzelte. Solche scharfzüngigen Antworten waren nach seinem Geschmack. Langsam begann er sich für den Plan zu erwärmen.

»Aber versprecht Ihr auch, den schändlichen Tod des jungen Peraza zu rächen?« fragte Isabella bohrend. De Lugos Beteuerungen erschienen ihr noch immer zu vage, sie wollte konkrete Zusagen hören.

»Ich gelobe es feierlich«, sagte de Lugo. »Die Insel und ihre Bewohner werden eine Lektion erteilt bekommen, die sie so leicht nicht vergessen. Ihren Anführer werde ich in Ketten legen lassen und Euch persönlich überbringen. Wenn Eure Majestät es wünschen, soll er als seltenes Haustier in Eurer Menagerie ausgestellt werden, damit sich Eure Gäste daran ergötzen können.«

»Wann wollt Ihr aufbrechen?« fragte Ferdinand dazwischen.

»Ich habe davon gehört, Majestät, daß Cristóbal Colón mit seinen Schiffen in Kürze ausläuft . . .«

Ferdinand winkte unwirsch ab. »Schweigt mir still von jenem weltfremden Phantasten. Ich möchte mich zu diesem fragwürdigen Unternehmen nicht weiter äußern. Soviel aber dennoch: Von dem werden wir wahrscheinlich lange nichts mehr hören. Dafür aber hoffentlich um so mehr Erfreuliches von Euch. Wann also wollt Ihr in See stechen?«

»Die Zustimmung Eurer Majestät macht mich überaus glücklich«, sagte de Lugo, »wenn es recht ist, noch vor Ablauf des September . . .«

König Ferdinand machte eine zustimmende Geste. Für ihn begann die Unterhaltung allmählich an Reiz zu verlieren. Dieser Mann verlangte doch auch bloß Geld, wie alle anderen. Nun gut, er sollte es bekommen und vernünftig einsetzen, dann würde schon von selbst ein Vielfaches zurück in die Schatzkammern fließen. Vor allem aber, und daran war ihm gelegen, konnte sich der Herrschaftsbereich der Krone ausdehnen. De Lugo erschien ihm der richtige Mann für das Unternehmen.

De Lugo bemerkte in seiner Euphorie das nachlassende Interesse des Herrscherpaares an seiner Anwesenheit nicht. »Übrigens befinde ich mich im Besitz einer weiteren Trumpfkarte«, wagte er zu äußern, um das Gespräch noch einmal zu beleben. »Es handelt sich um eine Frau, eine Wilde, die damals vor vierzig Jahren beim Angriff auf La Palma gefangengenommen wurde. Sie spricht die Sprache der Eingeborenen, kennt ihre Gewohnheiten genau, ebenso alle verborgenen Pfade und Wege. Sie kann uns als Kundschafterin und zum Dolmetschen dienen. Gazmira ist ihr Name . . .«

Ferdinand winkte müde ab. »Erspart mir weitere Einzelheiten, besprecht sie mit meinen Gefolgsleuten in Cadiz. Von ihnen wird Euch jede nur denkbare Unterstützung zuteil werden. Und nun lebt wohl und viel Glück.«

»Viel Glück«, sagte auch Isabella, »und vergeßt niemals das traurige Lied von Guillén Peraza.«

»Niemals, solange ich lebe«, antwortete de Lugo und verneigte sich tief.

Er verließ das königliche Lager mit dem beschwingten Schritt eines Mannes, der nichts anderes kennt als den Sieg und das Wissen, daß ihm die Welt zu Füßen liegt.

Die Audienz in Santa Fé öffnete ihm in der folgenden Zeit sämtliche Türen. Außer reichlichen Geldmitteln erhielt de Lugo auch den Befehl, in Cadiz die notwendigen Schiffe auszurüsten. Als er nach Gran Canaria zurückkehrte, schlossen sich die dort wohnenden einflußreichen Spanier seiner Expedition an.

Es galt nun, die Truppen durchzuorganisieren und auf die Invasion vorzubereiten. In den letzten Septembertagen des Jahres 1492 sollten zwei große Kriegsschiffe und eine Fregatte auslaufen. Ihr Ziel: die felsigen Küsten von La Palma.

Ein Korb übervoll mit Früchten war dieser Sommer, bis an den Rand mit Erlebnissen und Bildern gefüllt, die man niemals vergessen würde. Da waren zunächst die Feierlichkeiten zu Atogmatomas doppelter Berufung: zum Häuptling des Stammes Hiscaguan und zum Hochkönig von Benahoare. Wieder einmal versammelten sich im Tagoror von Tixarafe die Würdenträger der Insel, die Feycans und Heilfrauen der Stämme. Alle erschienen prächtig geschmückt, trugen Muschelketten und Federhauben, dazu ihre Kultbeutel mit Tarafigürchen und den geheimen Symbolen des Wissens. Es war auffallend, daß im Kreis lediglich Mayantigo und Tanausu fehlten. Beide ließen sich mit einem Vorwand entschuldigen und durch ihre Feycans vertreten. Im Grund überraschte das nach ihrem Verhalten bei Tamogantes Federorakel nicht. Der Stolz der beiden Häuptlinge hatte Schaden genommen, es würde eine Zeit dauern, bis sie den neuen Herrscher anerkannten.

Bencomo, der an den Feiern teilnehmen durfte, sah die bemalten Krieger mit ihren Waffen, er sah sie trommeln, singen und tanzen und spürte, welche Kraft von den Ritualen ausging. Der Geist des großen Orahan erfüllte die Anwesenden, ließ sie über die Stammesgrenzen hinweg zu einer Gemeinschaft verschmelzen. Er sah, daß Atogmatoma einen prachtvoll gefärbten Umhang über seiner Fellkleidung trug und als Zeichen der Würde das gebogene Krummholz hielt, den großen Bumerang, der im Flug eine summende Stimme besaß und stets zum Ausgangspunkt des Wurfes zurückkehrte. Erst wenige Male hatte Bencomo einen solchen Wurf gesehen und war jedesmal tief beeindruckt gewesen. Im Holz des Bumerangs, so sagte der Feycan, wohne Abona, das Leben. Warf er ihn nach Westen, dorthin, wo die toten Ahnen in ihren Höhlen ruhten, so trug er die Gedanken des ganzen Stammes mit sich. Kehrte er dann zurück und schwoll seine Stimme im Wind schwirrend an, so brachte er die Grüße der Ahnen an die Lebenden mit, die gesammelte Kraft aus dem Jenseits, aus jener mächtigen, unbekannten Welt, übertrug sich auf den Stamm.

Leider konnte Madangos Leiche nicht am Fest teilnehmen. Zwar war es durchaus üblich, daß man die Mumie eines verstorbenen Königs zu gewissen Anlässen in den Tagoror holte, aber oben in den Bergen war die Mumifizierung noch nicht abgeschlossen, der Leichnam mußte noch weiter präpariert werden und würde erst zum nächsten Vollmond seine endgültige Form erhalten. So blieben die Lebenden unter sich, das Fest verlief ausgelassener und fröhlicher als sonst, obgleich einige der alten Krieger gerade diesen Umstand kritisierten.

Zu den Feierlichkeiten gehörte auch der Zug des Hochkönigs zur Steinpyramide. Da man keine neue zu errichten brauchte, denn Atogmatoma würde die seines würdigen Vorgängers benutzen, führte die Prozession an mehreren Dörfern vorbei nach Norden. Bei Garafia lag sie, auf einer Hochfläche über dem Meer. Als der Zug der Gefolgsleute dort ankam, sah man die Pyramide schon von weitem aus der Ebene ragen. Große Steinquader, viele mit heiligen Zeichen bedeckt, waren in Rundform aufgetürmt und bildeten einen nach oben spitz zulaufenden Kegel. Am Fuße der Pyramide ließen sich die Menschen zum gemeinsamen Festmahl nieder. Die jungen Krieger liefen den Hang zu den Meerklippen hinab, um dort Lapas zu sammeln, während andere mitgeführte Ziegen schlachteten und Feuerstellen errichteten, um das Fleisch darüber zu braten.

Atogmatoma verneigte sich ehrerbietig vor den heiligen Zeichen, berührte mit den Fingerkuppen die große gravierte Spirale. Dieses Symbol verkörperte wie kein anderes Leben und Tod, überall in der Natur kam es vor: im Wasser wie in den windgeformten Wolken, die Krähen tanzten im Schwarm so und selbst die Haare auf dem Kopf eines Menschen bildeten den Wirbel. Die Spirale war Tara und Orahan zugleich, war ein Abbild von Abona, dem Leben – vom Zentrum ausgehend breitete sich die ihr innewohnende Kraft aus, und der umgekehrte Weg führte zur Ruhe des Todes. Deshalb war die Spirale auch ein Symbol für den Rhythmus des ewig wiederkehrenden Seins.

Er bückte sich, um ein paar Steine aufzuheben, die aus der Wand des Rundbaus herausgefallen waren. Sorgfältig fügte er sie an ihre Plätze zurück. Steine sind wie Erinnerung, dachte er. Ich hebe sie auf, schichte Mauern aus ihnen, Wälle gegen die Flut des Vergessens. Und doch bilden sie keine unüberwindbaren Mauern ... sie dienen den Träumen als Tritte auf dem Weg, beim Hinüberschreiten vom Gestern ins Heute. So entsteht langsam ein wandernder Garten, in dem ich Pflanze bin und Gärtner und Betrachter zugleich ...

Nach einer Zeit der Besinnung erhob sich Atogmatoma. Er streifte den kostbaren Umhang ab und erklomm den Steinkegel der Pyramide. Oben angelangt blickte er in die vier Richtungen des Himmels – und besonders lange nach Westen über das Meer. Die Strömung war hier bei Garafia stärker als sonstwo. Kräftig trieb der Passat die Wassermassen an den Felsriffen vorbei, färbte das Meer graublau und setzte den Wogen weiße Gischtkronen auf.

Atogmatoma stand auf der Pyramide im rüttelnden Wind. Trotz seiner Fellkleidung und obwohl es eigentlich immer noch Spätsommer war, fröstelte er. Er fror aber nicht nur auf der Haut, sondern auch innerlich. Tanausu und Mayantigo sind nicht zur Feier erschienen, dachte er. Das ist kein gutes Omen, es bedeutet, daß nicht alle Stämme hinter mir stehen. Ich bin nun zwar Hochkönig der Insel, aber die Aufgabe wird nicht leicht werden. Gegen den Willen dieser beiden mächtigen Männer kann ich nur schwer meine Beschlüsse durchsetzen. Besonders auf Tanausu hören die Leute, sein Wort gilt im Rat der Krieger viel, sein Mut imponiert ihnen, während meine Art des Nachdenkens und Zögerns sie weniger begeistert. Atogmatoma dachte an seine Kindheit zurück. Eigentlich hatte er sich stets so verhalten, wie das Gesetz und die Sitte des Stammes es befahlen. Nach der Mutprobe und Männerweihe war er eines Tages vor den Feycan getreten und hatte ihm anvertraut, daß er ein Adliger werden wolle und damit Anspruch auf die

Nachfolge als Häuptling erhebe. Der Feycan hatte ihm daraufhin Fragen gestellt und ihn lange geprüft.

»Hast du bisher stets die Worte des Königs, des Feycans und der Heilfrau geachtet?«

»Ja.«

»Und die heiligen Plätze in Andacht besucht, Taras und Orahans Werke in Liebe betrachtet?«

»Immer habe ich dies getan.«

»Niemals getötet, auch kein Tier?«

»Nein, denn ich weiß, daß man einen Menschen, außer im Krieg oder in Notwehr, nicht angreifen darf. Das gleiche gilt für die Tiere. Sie sind zwar für die Ernährung notwendig, aber mit eigener Hand habe ich niemals geschlachtet.«

»Wie ist es mit deinen Worten – hast du jemals wissentlich gelogen, schlecht über einen anderen Menschen gesprochen, obgleich du wußtest, daß es nicht stimmt?«

»Ich habe lange darüber nachgedacht, es fällt mir kein derartiger Vorfall ein ...«

»Hast du etwas an dich genommen, was dir nicht gehört?«

»Niemals.«

»Und dich ehrerbietig gegenüber Frauen verhalten?«

»Ja, denn ich weiß, daß sie von anderer Art als wir Männer sind und in ihnen ein Wissen ruht, das uns ein Leben lang verborgen bleiben wird.«

»Deine Antworten sind gut«, hatte der Feycan gesagt. »Und da ich dich schon lange beobachte, weiß ich, daß du die Wahrheit sprichst. Bleibe diesen Vorsätzen treu, Atogmatoma, und hüte sie in deinem weiteren Handeln. Nun aber, da du mir deinen Entschluß mitgeteilt hast, will ich ihn im Rat der Krieger vortragen. Wenn alle einverstanden sind, soll dir in der üblichen Weise das Haar kurz geschnitten werden, damit jeder erkennt, daß du fortan zum Adel gehörst und Anspruch darauf hast, einmal Häuptling zu werden. Solange unser König Madango lebt, wirst du ihm ein treuer Diener sein, auf den sich alle verlassen können.«

So hatte der Feycan damals gesprochen, und nun war Madango tot und er, Atogmatoma, nicht nur Häuptling von Hiscaguan, sondern sogar Hochkönig der Insel. Ein schweres Amt voller Verantwortung, das Wohl eines ganzen Volkes in den Händen zu halten. Aber er hatte diesen Weg selbst gewählt. Es konnte kein Zufall sein, daß die weiße Flaumfeder des Orakels ausgerechnet vor seinen Füßen gelandet war.

Atogmatomas Blick glitt träumend über das aufgewühlte Meer. Wie weit es war, schier endlos erstreckte es sich bis zur Wölbung des Horizonts. Ob es dort endete und in die Unterwelt stürzte oder noch tiefer, in Gefilde, die nie ein Mensch zu Gesicht bekommen hatte? Klein kam sich der König plötzlich vor, trotz aller Würde und Macht, unbedeutend angesichts der Weite des Meeres und der Tiefe des Himmels. So hatte er nachts die Sterne betrachtet und sie für Lagerfeuer der Ahnen gehalten. Den Vögeln gleich konnten sie fliegen und die Schwere der Erde zurücklassen. Nun war er ein solcher Stern des Tages unter den Menschen. Sie blickten zu ihm auf, schenkten ihm Ehrfurcht und Gehorsam und merkten nicht, wie einsam er sich in dieser Stunde fühlte.

Lange blieb Atogmatoma auf der Pyramide, bevor er sich entschloß, zurück zu seinen Gefolgsleuten zu gehen. Es waren jetzt viele versammelt, das Fest war in vollem Gang und der Augenblick günstig, die Spiele und Wettkämpfe, auf die alle warteten, zu eröffnen. Jeder von ihnen sollte sich beweisen können, auch die jungen Krieger und die, die noch nicht im Kreis aufgenommen waren, weil ihnen die Weihe fehlte.

»Das erste Stück des Bratens für ihn«, sagte Tamogante.

»Die erste Wabe der wilden Bienen, die erste Schale mit Milch.«

Mit diesen Worten überreichte sie dem neuen Hochkönig die Gaben.

Der erste Wettkampf war das Kräftemessen im Steinwurf. Auch Frauen und Kinder nahmen daran teil. Man suchte besonders große und schwere Felsbrocken aus, stemmte sie hoch und versuchte sie dann möglichst weit zu werfen. Dies war vor allem eine Frage der Kraft. Größere Geschicklichkeit verlangte dagegen das Schleudern. Hierfür kamen nur handtellergroße Steine in Frage, die nach bestimmten Zielen geworfen wurden. Jedes Guanchenkind übte sich von klein auf in diesem Sport, und es gab wahre Meister unter ihnen. Doch niemand erreichte die Leistungen einer Frau aus Garafia. Selbstbewußt schritt sie zur Plattform, die als Abwurfstelle bestimmt war, suchte sich ihre Ziele in der Umgebung und rief: »Seht ihr den Drachenbaum dort am Rande der Schlucht, die Felsnase auf der anderen Seite? Prägt euch die Maserung an der Wand dort drüben ein, ich meine den roten Fleck da zwischen den Büschen, und da, den Höhleneingang, der wie ein großer Pilz aussieht . . . genau dorthin werde ich jetzt werfen, und ich will nicht länger Tibinisca heißen, wenn ich nicht jedesmal treffe!«

Dann nahm sie vier Steine auf und schleuderte beinahe blindlings einen nach dem anderen ins angegebene Ziel.

Jeder Treffer wurde mit Beifallsrufen bedacht, zumal keiner vor ihr solche Distanzen geschafft hatte. Tibinisca genoß den Ruf, eine mutige Kriegerin ihres Stammes zu sein, die Männer achteten sie, vor allem als Späherin, denn es hieß, sie besäße die Augen eines Falken. Nach der Siegerehrung ging sie sofort wieder zu den Kindern, um mit ihnen das Werfen zu üben. Besonders den Mädchen widmete sie ihre Aufmerksamkeit. Voller Ehrgeiz war sie vor allem darum bemüht, aus ihren Reihen die kommenden Meister zu stellen.

Nun wurde das Stabspringen aufgerufen. Bei dieser Disziplin ging es darum, so geschickt mit den langen Holzlanzen zu laufen, daß man sich aus der Bewegung heraus abstoßen und nahezu fliegend größere Entfernungen, selbst meterhohe Terrassen, überwinden konnte. Es war faszinierend zu beobachten, wie die Teilnehmer und Teilnehmerinnen in ihrem kunstvollen Sport immer neue, überraschende Höchstleistungen erreichten. Sie nahmen Anlauf, hielten den Stab dabei rechtwinklig zum Körper, rammten die im Feuer gehärteten Spieße blitzschnell in den Boden, schwangen sich daran hoch und landeten weiter oben auf einer der nächsten Terrassenstufen.

Im Gebirge war ein solches Gerät von unerhörtem Nutzen, besonders wenn rasch und kräfteschonend große Höhenunterschiede zu überwinden waren. Die Wächter der Ziegenherden trugen den Stab stets bei sich, er galt als ihr Erkennungszeichen.

Den absoluten Höhepunkt der Wettkämpfe stellte aber der Ringkampf dar. Er wurde nach genau festgelegten Regeln durchgeführt. Jede teilnehmende Mannschaft bestand aus zehn Kämpfern. Im Halbkreis saßen sich die Mannschaften gegenüber und bildeten damit den Ring, in dem die Kämpfe stattfanden. Nach der Begrüßung wählte jede

Mannschaft einen Ringer aus, der zunächst gegen den Vertreter der anderen Seite antreten sollte. Die beiden gingen aufeinander zu, umkreisten einander, taxierten sich mit Blicken, täuschten Scheinangriffe vor, um den Gegner aus der Reserve zu locken. Dann folgte der rasche Griff zum Gürtel des anderen. Nur nach den Hüften, der Taille oder den Oberschenkeln durfte gegriffen werden. Mit vorgeneigtem Körper und Kopf, Schulter an Schulter drückend, versuchten sie nun, durch Kraft und Geschicklichkeit, mit Reißen und Stemmen, durch raffiniert eingesetzte Hebelwirkung der Beine, den anderen aus dem Gleichgewicht zu bringen. Als größter Triumph zählte ein rascher Schulterwurf, der allerdings innerhalb des mit Fellen ausgelegten Kreises stattfinden mußte. Das tat weh, und es war nicht ganz ungefährlich, auf solche Weise auf den Boden geworfen zu werden, obgleich der gepolsterte Untergrund den Aufprall etwas abfing. Dennoch konnte es Verletzungen geben, wobei blaue Flecken und Muskelzerrungen nur das geringste Übel darstellten.

Nach jedem Kampf wurde ein neues Paar bestimmt, das gegeneinander antreten mußte. Ein guter Ringer durfte auch mehrmals zum Einsatz kommen, darüber entschied die Mannschaft je nach Lage der Dinge. Allerdings war nach zehn Kämpfen endgültig Schluß, die Zahl der gewonnenen Kämpfe entschied über den Sieg der Gruppe. Auch an dieser Sportart nahmen Frauen und Kinder teil, wie überhaupt ihre Anwesenheit auf dem Fest keinerlei Einschränkung erfuhr. Die Unterschiede zwischen den einzelnen lagen ganz woanders. Keiner, der für das Schlachten von Tieren zuständig war, kam auf den Gedanken, sein Haar in der Art der Adligen zu tragen und sich zu ihnen in den Kreis zu setzen, keine Frau, die nicht zuvor bei den Harimaguadas im Kloster studiert hatte, würde als Heilfrau tätig werden, und ebenso maßte sich kein Kind an, den heiligen Handlungen beizuwohnen, bevor es nicht seine Mutprobe bestanden und die Weihe erhalten hatte.

So kam es, daß Mazo und Ica zwar am Festmahl teilnahmen, nicht aber im Kreis der königlichen Berater saßen, von denen man wußte, daß sie nun bestimmte Rituale vollziehen würden, um den Segen der guten Geister auf den Hochkönig zu lenken.

Erst am nächsten Tag, als das ganze Volk hinunter zur kleinen, windgeschützten Bucht zwischen den Klippen zog, durften sie sich Atogmatoma nähern.

In lärmender Ausgelassenheit ging es über die Hänge hinab zum Meer. Unten zogen sich alle aus und sprangen ins Wasser. Es gab hier durch vorgelagerte Felsen geschützte Bassins mit seichter Dünung und Löcher, in die das Meer gurgelnd spülte, um schäumend zu zerquirlen. Diese Stellen suchten die Kinder besonders gern auf, tobten und schrien vor Begeisterung, wenn eine Fontäne hochspritzte oder eine kräftige Woge hereinschwappte, sie überspülte und umwarf.

Nachdem sich alle ausgiebig erfrischt hatten, teilte sich das Volk auf: Eine Gruppe suchte am Ufer nach Euphorbienpflanzen, sammelte die dickfleischigen Stengel dieser Wolfsmilchgewächse und klopfte ihren zähen, weißen Saft aus. In Krügen und Schalen wurde er aufgefangen, während die andere Gruppe aufs offene Meer hinausschwamm. Männer, Frauen und Kinder machten dabei mit, das Meer bot keine Schrecken für sie, es war wie ein Garten, aus dem es galt, Früchte zu ernten. Denn nun ordneten sich die Schwimmer zum Halbkreis und trieben die Fische vor sich her in Richtung der Bucht. Ein ganzer Schwarm bewegte sich vor ihnen im Wasser, silbrige Schuppenleiber und Flossen. Einen Ausweg suchend und vor den großen, weißen

Körpern der Menschen flüchtend, schwammen sie direkt in die Bucht, während sich der Halbkreis hinter ihnen immer enger schloß.

Am Ufer aber standen bereits die anderen bereit, die zuvor den Inhalt ihrer Krüge und Schalen ins seichte Wasser geschüttet hatten. Der Euphorbiensaft löste und verteilte sich rasch. Er war ein schnell wirkendes Betäubungsmittel. Schon bald erlahmten die Flossenschläge der Fische, trieben die ersten seitlich liegend auf dem Wasser. Die Bewegung der Tiere verlangsamte sich. Jetzt kamen die Schwimmer heran und griffen die Fische mit bloßer Hand. Körbe wurden ins Wasser geworfen und rasch mit Beute gefüllt. Was sich immer noch bewegte, ließ sich speeren oder mit Keulen erschlagen.

Es stellte sich heraus, daß der Fang an diesem Tag besonders groß war. Er bot reichlich Nahrung für alle, und was man nicht essen konnte, warf man zurück ins Wasser. Die Betäubung der Fische hielt nicht lange an, zu gering war die Dosierung. Und am Geschmack des Fleisches änderte sich durch den Saft nichts.

Bencomo, Mazo und Ica gehörten zu den Schwimmern, die besonders viel Beute einholten. Sie zeigten stolz ihren Fang herum. Neben Barben, Seehechten und Rotfischen hatten sie auch einen Fisch gefangen, den man *die Alte des Meeres* nannte. Sie galt als Delikatesse. Insgesamt ergab sich ein beachtliches Mahl abends am Feuer, eines, an das man noch lange zurückdenken konnte und darüber reden, wenn einmal die Zeiten schlechter würden und die Beute geringer.

»Wir brauchen frisches Trinkwasser«, sagte Icas Mutter.

»Laß mich es holen«, bot sich Ica an. »Die Kinder von Garafia gehen auch gerade, sie kennen den Weg zur Quelle. Welchen Krug soll ich nehmen?«

»Am besten den ganz großen, es sind viele durstige Kehlen hier. Meinst du, du wirst es allein schaffen?«

»Es wird schon gehen«, antwortete Ica.

Sie war froh darüber, daß ihr die Feier des Königs die Möglichkeit gab, etwas vom Nordteil der Insel kennenzulernen. Und die Kinder von Garafia zeigten ihr viel: »Schau, dort unten liegt unser Dorf, und da drüben, an den Hängen des Freundschaftsberges, ist es immer feucht im Wald, da wächst viel Farn. Aus der Wurzel stellen wir Gofio her. Weißt du, wie man Gofio röstet?«

»Natürlich weiß ich das. Auch bei uns im Aridanetal wächst der Farn.«

»Aber bestimmt nicht so großer wie hier ... Siehst du den dunklen Berg dort aus dem Nebel ragen? Wir nennen ihn Rabenfelsen, weil sich auf ihm die Raben versammeln. Sie halten dann Rat, ähnlich wie die Menschen, wie wir es jetzt tun.«

Ica staunte, wie gänzlich anders das Wetter im Norden doch war. Zwar schien die Sonne, aber sie wärmte doch nicht richtig, weil beständig ein kühler Wind blies. Da wechselten sich Licht und Schatten rasend schnell durch die über den Himmel treibenden Wolken ab. Und es konnte sein, daß man eben noch im Sonnenschein ging und die Umgebung scharf und beinahe überdeutlich sah, um im nächsten Moment im diffusen Grau quellender Nebelbänke zu stecken. Besonders der Wald wirkte geradezu geisterhaft. Man sah stets nur einen kleinen Teil des Weges vor sich, dann wieder kaum die Hand vor den Augen, tappte fast blind durch milchigen Urwald, der voll von seltsamen Stimmen war. Es gluckste, raschelte und knackte im Dickicht, als seien große Tiere oder Unholde unterwegs.

Die Kinder von Garafia schienen diese Geräusche nicht wahrzunehmen. Oder sie ignorierten sie, jedenfalls liefen sie fröhlich plappernd durch den Wald, manche sangen sogar.

Schließlich gelangten sie zum Eingang einer geräumigen Höhle. Der Platz davor und die Öffnung im Fels lagen in der Sonne, deshalb konnte man sich im Inneren einigermaßen gut orientieren. Der Boden der Höhle war glitschig, die Wände efeuüberwachsen, und an der Rückwand sprudelte die steingefaßte Wasserstelle. Die Kinder stellten hier ihre mitgebrachten Gefäße ab und ließen sie vollaufen.

»Du siehst aus wie eine Harimaguada«, sprach ein kleines Mädchen Ica an. »Kommst du aus dem Kloster?«

»Nein«, lachte Ica. »Aber ich habe vor, eines Tages dorthin zu gehen.«

»Warum nicht gleich?« fragte das Mädchen neugierig weiter. »Bist du nicht alt genug dafür?«

»Schon. Aber man braucht mich im Dorf noch. Meine Mutter und ich haben eine große Familie zu versorgen.«

»Und dein Vater?«

»Ist tot«, antwortete Ica und wurde, obgleich sie es längst überwunden glaubte, wieder einmal traurig. »Er kam beim Fischen um, weit draußen auf See, wo er nachts Tintenfische angeln wollte. Plötzlich raste ein Sturm heran und zerschlug sein Boot. Wir haben die Reste davon später am Strand gefunden . . .«

»Weißt du übrigens, wie man Tintenfische fängt?« lenkte sie sich selbst ab. »Nachts bei Mondschein steigen sie auf und treiben dicht unter der Wasseroberfläche. Ist kein Mond da, so entzündet man Feuer im Boot, das lockt sie an . . .«

Sie unterhielt sich noch eine Weile mit dem Mädchen, bis die anderen Kinder zum Aufbruch drängten. Schwer war der gefüllte Tonkrug nun, fast zu schwer für Ica. Aber sie biß die Zähne zusammen, schleppte ihn auf die rechte Hüfte gestemmt und ließ sich nichts anmerken.

Unterwegs fragte das Mädchen aus Garafia: »Wenn du nun eine Harimaguada wirst und ins Kloster gehst . . . dann darfst du wohl niemals heiraten?«

Ica lachte. »Warum denn nicht? Viele der Heilfrauen leben mit einem Mann zusammen, haben Familie und Kinder. Und längst nicht alle, die das Kloster besuchten, werden später Heilfrauen . . . Nimm zum Beispiel die Familie des Königs: auch Atogmatomas Frau war eine Harimaguada, so erzählen sich die Leute. Sie übt den Beruf der Heilfrau nicht aus, weil sie mehr Spaß daran findet, Tongefäße und Tarafiguren zu formen.«

»Da bin ich aber beruhigt«, sagte das Mädchen aus Garafia, »denn ich will auch eine Harimaguada werden, habe bloß noch mit niemandem darüber gesprochen. Du bist der erste Mensch, der es erfährt. Hast du denn einen Freund?«

Icas Herz klopfte plötzlich schneller. An Bencomo mußte sie denken, daran, wie gern sie sich in seiner Nähe aufhielt und wie es ihre Sinne durcheinanderbrachte, wenn er sie ansah.

»Ich weiß es nicht«, antwortete sie zögernd.

»Was, du weißt nicht, ob du einen Freund hast oder nicht?« rief das Mädchen. »Wie seltsam, mir könnte das nicht passieren!« Und sie begann die Namen aller Jungen aus Garafia aufzuzählen, von denen sie glaubte, sie könnten sich eventuell für sie interessieren und zukünftige Bewerber abgeben.

Ica hörte nicht mehr zu. Ihre Gedanken kreisten um Bencomo. Schade, daß die Feierlichkeiten nun allmählich zu Ende gingen und sie sich wieder trennen mußten, ohne sich wirklich und vor allem einmal unbeobachtet nähergekommen zu sein. Bencomo würde ein richtiger Freund sein, das spürte sie deutlich. Niemand anders als Bencomo.

Sie war so sehr in diesen Gedanken versunken, daß sie dem schlüpfrigen Pfad nicht mehr genügend Beachtung schenkte. Plötzlich glitten ihre nackten Füße auf einem bemoosten Stein aus. Sie hielt krampfhaft den schweren Tonkrug umklammert, wollte ihn mit ihrem Körper schützend abfangen. Aber zu spät, das Gefäß schlug hart auf, zerbarst in viele Scherben. Ica mußte zuschauen, wie das kostbare Trinkwasser im Boden versickerte.

Sie schämte sich. Dergleichen war ihr schon lange nicht mehr passiert. Außerdem handelte es sich um einen besonders großen und schönen Krug mit reicher Verzierung. Der Verlust wog schwer, und Ica fühlte sich dafür verantwortlich. Als sie ohne ihn im Lager ankam, gestand sie ihr Mißgeschick ohne Ausflüchte ein.

»Und was sollen wir jetzt ohne Wasser anfangen?« schimpfte Icas Mutter. »Leih dir einen anderen Krug aus und geh sofort wieder los!«

»Aber ich kenne mich doch hier in der Gegend nicht aus«, jammerte Ica, »allein finde ich niemals die Stelle wieder.«

Bencomo, der alles mitbekommen hatte, trat nun dazu und mischte sich ein.

»Nimm den Krug meiner Familie. Er ist noch größer als der, der dir zerbrochen ist, Ica. Und laß uns zusammen zur Quelle gehen. Hin führe ich dich, und zurück tragen wir gemeinsam das Wasser.«

Icas Mutter musterte aufmerksam den jungen Mann, äußerte sich aber nicht zu seinem Vorschlag. Ica selbst hielt den Kopf gesenkt und schwieg.

»Komm«, sagte Bencomo, indem er sie bei der Hand faßte und mit sich zog. So kam es, daß Ica noch einmal durch den verzauberten Nebelwald gehen mußte. Diesmal schreckten sie die Geräusche nicht mehr. Viel zu fasziniert war sie von den schnell wechselnden Bildern, von den wuchtigen, knorrigen Bäumen, die aus dem Nichts aufzutauchen schienen und ihre Äste wie Arme durch den Dunstschleier streckten.

Den ganzen Weg über schwiegen Ica und Bencomo. Sie liefen dicht nebeneinander, hörten den Atem des anderen, spürten die Nähe. So vertraut kam ihm das vor, als seien sie schon immer auf diese Art unterwegs gewesen. Er wagte nicht, den Zauber mit belanglosen Worten zu brechen. Auch Icas Herz klopfte, mehrmals blickte sie verstohlen zur Seite. Bencomo war wirklich ein schöner Mann, groß, kräftig und ausdauernd in seinen Bewegungen. Er strahlte Sicherheit aus, an seiner Seite brauchte sie sich auch im Nebelwald nicht zu fürchten. Natürlich hatte sie bemerkt, daß er bei der Feier des Königs und auch bei den Wettkämpfen ihre Nähe gesucht hatte. Und die heimlichen Blicke am Lagerfeuer! Sie konnte noch immer nicht recht glauben, daß sie beide nun tatsächlich allein unterwegs waren. Und so nah – wie sehr hatte sie sich das gewünscht . . .

Als sie schließlich bei der Feuchthöhle ankamen, stellten sie den Krug so ab, daß er vollaufen konnte. In stillem Einverständnis setzten sie sich auf einen aus der Wand gebrochenen Felsquader. Der Höhleneingang lag noch immer im Sonnenschein. Überhaupt schien es allmählich aufzuklaren. Wind trieb die Wolken auseinander, rüttelte in den Baumkronen, zerfetzte die Nebelbänke. Man konnte dicht zusammenstehende Gruppen von Drachenbäumen zwischen den Kiefern erkennen, ein paar kreisende Krähen darüber.

Dann brach Bencomo das Schweigen.

»Heute nacht wird mein kleiner Bruder Mazo mit zwei anderen aufbrechen, um die Mutprobe zu bestehen.«

»Worin besteht sie?«

»Das weiß niemand außer dem Feycan. Er gibt das Ziel erst unmittelbar vor dem Aufbruch bekannt.«

»Wird er die Mutprobe bestehen?«

»Davon bin ich überzeugt. Mazo ist ein tüchtiger Junge und fürchtet sich nicht. Ich kann das beurteilen, ich bin oft genug mit ihm unterwegs in den Bergen gewesen.«

»Hm. Es ist seltsam, daß Jungen und Mädchen so unterschiedliche Prüfungen bestehen müssen, bevor sie vom Stamm als Erwachsene aufgenommen werden«, sagte Ica nachdenklich.

»Sie sind ja auch von Natur aus unterschiedlich«, antwortete Bencomo. »Gewiß, eine Frau kann am Ringkampf teilnehmen oder Steine werfen, sie kann sogar Kriegerin werden, aber niemals Häuptling oder gar König. Dafür bleiben uns Männern andere Dinge verschlossen, zum Beispiel das Kloster. Nie erfahren wir, was die Harimaguadas in den Bergen tun, und keiner von uns wird jemals ein Heiler werden. Dieses Wissen bleibt den Frauen vorbehalten.«

»Auch ich will zu den Harimaguadas gehen und ihre Fertigkeiten erlernen«, sagte Ica. »Allerdings wird mir das reichlich schwer gemacht . . .«

»Warum?«

»Meine Mutter will mich nicht fortlassen. Sie sagt das zwar nicht direkt, aber ich spüre ihre Gedanken dennoch. Sie braucht mich, um die Familie zu versorgen. Ich habe vier kleinere Geschwister, und die Arbeit ist manchmal schwer.«

Bencomo dachte nach. Sein Verstand reagierte plötzlich ganz anders als sonst. Gedanken schossen ihm durch den Kopf, die neu und unerhört weitreichend waren.

»Ich könnte mich um sie kümmern«, sagte er.

Ica blickte überrascht auf. »Das würdest du wirklich tun?« fragte sie erstaunt. »Obwohl wir zu einem anderen Stamm gehören?«

»Ja, das stört mich nicht. Wenn ich den Feycan frage, wäre er damit bestimmt einverstanden. Was heißt schon *ein anderer Stamm* . . . wir sind doch alle Guanchen. Ihr könntet ganz zu uns nach Tixarafe ziehen, es gibt Platz und Nahrung genug für alle. Ich habe davon gehört, daß das Meer deinen Vater geholt hat. Ist das nicht ein Hinweis, die Küste von Taxacorte zu verlassen und zu uns zu kommen?«

Ica konnte ihre Gefühle nicht länger unter Kontrolle halten. Impulsiv schmiegte sie sich an. Bencomo legte behutsam seinen Arm um ihre Schulter.

»Selbst wenn das ginge, selbst wenn Mutter einverstanden wäre«, flüsterte sie, »gibt es da noch einen Grund, der mich zweifeln läßt, ob ich jemals Harimaguada werden kann . . .«

»Und der wäre?«

»Eine Harimaguada muß rein in die Berge gehen«, antwortete Ica errötend. »Nur so kann sie das Wirken von Tara und Orahan erfahren, Abona erleben. Sie darf sich zuvor keinem Mann hingegeben haben . . .«

Unendlich langsam erfaßte Bencomo die volle Bedeutung ihrer Worte. Sein Herz pochte heftig, das Blut pulste in seinen Adern, als er allmählich verstand. »Du willst . . .?«

»Ja«, gab Ica zu und war selbst überrascht von ihrem Mut, es auszusprechen, »ich wollte es schon von dem Tag an, als wir uns das erste Mal am Strand trafen und uns gegenüberstanden.«

»Aber . . .«, stotterte Bencomo.

»Manchmal ist es erforderlich, sich zwischen zwei Wegen zu entscheiden, wenn sie sich gabeln.«

»Und du hast dich bereits entschieden?«

»Ja«, flüsterte Ica, »entscheide du dich nun auch.«

Bencomos Griff an Icas Schulter wurde fester. Er zog sie zu sich heran. Sie glitten von dem Felsquader auf den moosigen Waldboden. Eng umschlungen lagen sie da, streichelten sich und benetzten die Haut des anderen mit Küssen. Nie zuvor hatte Bencomo so etwas getan. Aber er brauchte nicht lange nachzudenken, sein fiebernder Körper fand auch so den Weg zu ihr. Sehr zärtlich, fast schüchtern ging er dabei vor, spürte Icas Verlangen nach mehr. Ihr schlanker Leib lockte ihn, ihre Arme zogen ihn näher. Bencomo versank in einem nie vorher gekannten Gefühl. Es war wie ein Rausch, eine starke, alles ringsum auslöschende Macht, die Besitz von ihm ergriff. Sein Denken verging, er wehrte sich nicht länger dagegen, wurde völlig eins mit seinem Körper, suchte und fand den einzig richtigen Weg zu ihr. So sollte es sein, so war es vom Schicksal wohl für die beiden vorbestimmt. Ica und Bencomo verschmolzen in der Umarmung.

Aber dann geschah etwas in seinem Kopf. Eine Vision kam über ihn, blitzte kurz auf und zeigt ihm ein Bild. Er sah Ica in weißer Kleidung durch die Berge schreiten. Andere Mädchen begleiteten sie, sie sangen ein Lied, das ihn seltsam berührte. Vorsichtig löste er sich aus der Umarmung.

»Es geht nicht«, flüsterte er heiser, »noch nicht, laß uns warten.«

»Aber warum?« Mit großen, erstaunten Augen blickte sie ihn an. Wie reines Bergwasser waren sie, wie die Quelle eines klaren Flusses.

»Ich möchte nicht, daß du die Möglichkeit verlierst, eine Harimaguada zu werden«, sagte Bencomo. Es war fast übermenschlich, es war schwer, das auszusprechen, aber er sagte es trotzdem. »Der Weg gabelt sich zwar, aber er trennt uns nicht, wenn wir beide unserer Bestimmung folgen, denn er führt, auch wenn wir das im Moment nicht sehen, wieder zusammen. Wir beide haben ein gemeinsames Ziel.«

Wie im Traum nahm Ica seine Worte auf, ihr war, als würde sie schweben.

»Ich liebe dich, Ica«, sagte Bencomo, »ich will dich als Frau, und ich werde dir ein guter Mann sein, das verspreche ich.«

»Ich liebe dich auch, Bencomo«, flüsterte sie. »Ich werde auf dich warten, und ich freue mich auf den Tag, an dem ich mich dir schenken kann.«

Erneut fanden sich ihre Lippen zum Kuß. Doch ihre Bewegungen waren diesmal viel vorsichtiger und zärtlicher als zuvor.

Der Rückweg durch den Wald dauerte lange, und das lag nicht allein an dem schweren Krug.

»Sie holen den gelben Staub!«

Diese Nachricht wurde geflüstert, pflanzte sich fort.

»Was, den gelben Staub aus der Höhle von Taxodeque?« fragte Bencomo.

Adargoma nickte. Sie wußten beide, was diese Mutprobe bedeutete: eine unerhörte Herausforderung, ein Wagnis, das noch nicht viele bisher eingegangen waren. Der Alte legte beruhigend seine Hand auf Bencomos Schulter. »Machst du dir Sorgen um deinen Bruder?«

Der junge Krieger schluckte. »Ja . . .«, gab er schließlich widerstrebend zu. »Mazo ist mutig, er fürchtet sich so leicht vor nichts. Aber jeder weiß, wo die Höhle von Taxodeque liegt – auf einem schmalen Grat am inneren Rand des Kraters, in den steilen Felswänden unterhalb des Freundschaftsberges. Das Gestein dort ist bröckelig und der Wind böse und unberechenbar. Jeder meidet den Ort.«

»Ich weiß«, schmunzelte Adargoma. »Vor vielen, vielen Jahren, die schon so weit zurückliegen, daß ich mich kaum noch daran erinnern kann, bestimmte das Los, daß ich zur Höhle klettern mußte. Meine Mutprobe, die mich zum Krieger machte. Wir waren damals zu viert, und wir alle kamen heil zurück und brachten den gelben Staub mit.«

»Erzähle mir mehr darüber«, bat Bencomo.

Der Alte strich sich mit dem Handrücken über das verwitterte Gesicht. Die Erinnerung überkam ihn, ließ seine Gestalt sich noch einmal aufrichten. Doch dann schüttelte er den Kopf.

»Es geht nicht«, sagte er. »Eine Mutprobe ist eine geheime Angelegenheit, die nur den Schüler und den Feycan etwas angeht. Sie fordert alles, es geht um Leben und Tod dabei, man bewegt sich in jenem Grenzbereich, wo nur noch der Guayote Zeuge ist, und darüber darf man nicht reden. Du sprichst ja auch nicht über den Tag, an dem du durch den Schlund ins Innere der Erde gingst. Warum nicht?«

»Weil . . . es gefährlich und unheimlich war, weil ich Angst hatte und Glück, weil dabei Dinge geschehen, die sich nicht recht beschreiben lassen. Und selbst wenn – keiner würde sie glauben.«

»Siehst du, genau das ist der Grund, warum auch ich schweige. Und glaube mir, ebenso wird sich auch dein Bruder Mazo verhalten. Du wirst niemals aus seinem Munde erfahren, was er tatsächlich erlebte.«

»Ich bin sicher, daß er es schafft«, sagte Bencomo mit fester Stimme. Aber die heimliche Sorge in seinem Inneren nagte weiter. Er sprach mit Ica darüber. Sie hörte ihm aufmerksam zu und strahlte eine Zuversicht aus, die ansteckend und beruhigend wirkte. Die beiden hatten sich, seit sie von der Quelle zurückgekehrt waren, nicht mehr getrennt, und es störte sie herzlich wenig, ob die anderen dies mitbekamen oder nicht. Ohnehin mischten sich Fremde, Bekannte und selbst die Eltern nie sonderlich in die Angelegenheiten der jungen Leute ein. Diese mußten schon selbst wissen, was sie taten. »Sie haben zusammen einen Krug Wasser getragen«, tuschelten ein paar ältere Frauen. Aber es blieb offen, ob sie das abfällig oder zustimmend meinten.

In dieser Nacht wurde viel an den Lagerfeuern erzählt, von alten Zeiten und von Ereignissen, an die man sich gerne oder aber nur mit Schaudern zurückerinnerte. Ica und Bencomo saßen etwas abseits. Ihnen gab der Mond genug Licht, und anstelle der fehlenden Wärme des Feuers zogen sie es vor, sich in Felle zu hüllen. Der Himmel war klar und sternenübersät. In verwirrender Vielfalt standen die fernen Feuerflecken zusammen, bildeten Linien und Muster, und gelegentlich löste sich einer von ihnen und raste als Fackel über das schwarze Weltendach.

Auch Mazo und seine beiden Freunde saßen nicht mehr am Feuer. Völlig unbemerkt von den anderen und ohne Abschied war ihr Aufbruch geschehen. Jetzt liefen sie durch die Nacht, sich ausschließlich am Stand des Mondes und der Sterne orientierend, in Richtung des Freundschaftsberges.

Nach ihrer Seite hin fiel der Kraterrand weniger steil ab als sonst, weshalb die Hänge auch gern als Hochalmen genutzt wurden. Es war nicht schwer, die natürlichen Terrassen zu erklimmen. Erst nach dem Hochwald und der kahlen, von Felsbrocken und Buschwerk durchsetzten Zone am oberen Rand würde der Weg schwieriger werden.

Mazo, Tenot und Agando liefen mit der leichtfüßigen Behendigkeit junger Hunde. Bis auf den Lendengürtel waren sie nackt, trugen auch keine Bastschuhe. So sollte der Guayote sie sehen: verletzlich und ohne Schutz. Der Wind streifte kühl über ihre Haut, doch sie spürten ihn nicht, im Gegenteil, der Körper wurde warm, wenn man sich so ausdauernd bewegte. Sie liefen im Lauf der Kraft, mit gleichmäßigen Bewegungen und kontrolliertem Atem. Den ganzen Weg über sprach niemand. Jeder war mit seinen Gedanken allein und mußte sich nur davor hüten, daß sie ihm zu wichtig wurden. Denken ließ den Körper unsicher werden, es brachte ihn aus dem Takt. Besser war, sich völlig leer zu machen und nur noch Rhythmus zu sein. Und seltsamerweise schien die Zeit dabei stillzustehen. Nur das Jetzt zählte, der Atem, der Lauf.

Mazo, der vorauslief, spürte als erster den Morgen, der sich noch nicht sehen, aber plötzlich fühlen ließ. Kein Tageslicht, keine Veränderung der Umgebung, nur dieses Gefühl. Er ließ sich aus dem Lauf heraus zu Boden fallen. Sein Körper dampfte und bebte unter dem Schleier von Schweiß. Der Boden war glatt und kühl, vom Nachttau benetzt. Er spürte jetzt deutlich den Fels unter sich, auch er schien wie ein lebender Organismus zu beben. Und dann tastete sich zaghaft eine Ahnung von Licht heran, wurde schärfer, ließ die Konturen ringsum deutlicher werden. Die Morgendämmerung über dem Kraterrand.

Mit ihr tauchten die Farben auf: ein ganz helles Grün,

ein schmaler Streifen nadeliger Äste schälte sich aus dem Dunst, rostbraun geädertes Holz, ein Stück Wand, rötlich mit silbrigen Rinnen und cremeweißen Flecken, ein Fetzen Himmelsblau. Dies alles kam so erstaunlich schnell und so überdeutlich, als wäre es noch nie dagewesen, als entstände es zum allerersten Mal. Die Welt schuf sich aus dem Nichts.

Mazo hörte jetzt den Atem der Freunde, aber er konnte sich nicht umdrehen. Was er sah, war so unglaublich schön, daß er unmöglich den Blick davon lösen konnte. Erst nach längerer Zeit gelang es ihm. Er betrachtete kurz die Gesichter der Gefährten. Sie waren ernst, wirkten irgendwie ohne Alter.

Sie lagen dicht am Rande des Kraters und sahen in den Kessel hinein. Weithin erstreckte sich der Urwald, sein dichtes, grünes Dach überdeckte alles, verriet nicht, daß da unten mehrere Flußläufe zusammentrafen, mächtige Wasserfälle zu Tal stürzten, daß dort Höhlen lagen, ein Dorf, daß ein ganzer Stamm unter dem endlosen grünen Baumdach lebte, der Stamm Tanausus, des Herrschers von Acero. Nur ein paar rotbraune Bergspitzen ragten baumlos aus dem Grün heraus. Auch der kahle Idafe, der wie ein vornübergeneigter Riese aussah – oder wie ein aufgerichtetes männliches Glied. An seinem Sockel mündete der gelbe Bach in den Taburientefluß, dort mußte der bunte Wasserfall sein, oberhalb davon der große Tagoror und das Hochplateau mit den verborgenen Höhlen.

Von hier, vom Kraterrand aus, ließ sich nichts davon erkennen. Auch der vorspringende Grat von Taxodeque nicht, ihr Ziel, obgleich es nur einige hundert Meter unter ihnen liegen mußte.

Agando stand auf und ging ein paar Schritte die Felskante entlang. Er betrachtete aufmerksam den Boden vor sich. Mazo und Tedot taten es ihm gleich, schlugen aber die entgegengesetzte Richtung ein. Eine Weile suchten sie so das Gelände ab, fanden aber nicht die geringsten Anzeichen einer Trittspur. Die Felskante brach beinahe senkrecht zum Krater hin ab. Schwindel erregte der Blick in die Tiefe. Mehrmals wandte sich Mazo nach Agando um, erkannte aber jedesmal an der Körperhaltung des Jungen, daß auch er noch nichts entdeckt hatte. Allmählich entfernten sie sich immer mehr voneinander.

Plötzlich vernahm Mazo einen schrillen Pfiff. Er dachte zuerst an einen Falken oder Adler. Seine Augen suchten den Himmel ab. Tatsächlich schwebte dort ein einzelner großer Raubvogel. Aber das Tier flog viel zu weit von ihnen entfernt, als daß sie seinen Ruf hätten hören können. Als sich Mazo umdrehte, sah er Agando in gehörigem Abstand auf einer Bodenerhöhung stehen. Der Pfiff wiederholte sich, und erst jetzt wurde er gewahr, daß Agando die Arme schwenkte. Es sah aus, als rudere der Freund in der Luft und würde sich im nächsten Moment in den Abgrund stürzen.

»Nein«, schrie Mazo. Er rannte los. Beim Näherkommen merkte er, daß Agando keineswegs Anstalten machte, in den Krater zu springen. Er schwenkte nur aufgeregt mit den Armen und wies auf etwas hin, das Mazo noch nicht zu erkennen vermochte.

»Da!« rief Agando und deutete mit dem Zeigefinger nach unten. Mazo kniff die Augen zusammen. Zunächst unterschied er nichts im Gewirr der Felsvorsprünge und Kanten. Dann sah er, ganz tief unter ihnen, etwa in halber Höhe der Steilwand, einen spitz in den Kraterkessel hineinragenden Grat. Er lief schmal und scharf, kaum für das Auge erkennbar, auf einen kahlen, runden Vorsprung zu.

»Das ist es?« fragte Tedot erstaunt.

»Das ist es, so hat es der Feycan beschrieben, dort muß die Höhle von Taxodeque sein!«

»Und der Weg? Es ist nirgends ein Abstieg zu erkennen«, sagte Tedot.

Ihm grauste bei dem Gedanken, die steile Felswand hinabklettern zu müssen. Auch Mazo sprang die Angst an. Es war nirgends ein Vorsprung zu entdecken, der den Füßen Halt bieten konnte.

»Aber wir sind richtig, dort ist es«, wiederholte Agando stur.

»Ich gehe nicht, es ist aussichtslos«, sagte Tedot leise.

Mazos banges Gefühl wurde größer. Seine Sinne kreisten, in seinem Kopf rauschte es. Er versuchte verzweifelt, darüber Herr zu werden. Mit einem Mal merkte er, daß seine Angst weniger dem Abstieg als vielmehr Tedot galt. Es war selbstverständlich, daß er hinabkletten würde, irgendwo und irgendwie. Und Agando auch. Aber Tedot? Der Freund durfte nicht zögern, was auch geschah, er mußte einfach mit ihnen gehen. Er ging auf Tedot zu, blieb vor ihm stehen, ballte die Faust, als wolle er zuschlagen.

In diesem Augenblick heulte langgezogen und klagend ein Hund. Vielfach schallte das schaurige Echo aus den Bergen zurück. Das konnte unmöglich ein normaler Hund sein . . . seine Stimme war viel zu laut. Und sie waren weit entfernt von allen menschlichen Ansiedlungen. Außerdem schien das Geheul nicht aus dem Kraterkessel, sondern aus der Luft über ihnen zu kommen. Sie sahen zum Himmel. Dort schwebte immer noch der große Vogel. Machte er das Geheul?

»Der Guayote . . .«, wisperte Tedot. »Er ist direkt über uns, seine Stimme ist schrecklich . . .«

»Ich sehe nur den Adler«, sagte Mazo.

»Nein, es ist der Guayote«, beharrte Tedot.

»Seit wann heulen Adler wie Hunde?«

»Der Guayote kann jede Gestalt annehmen, mit jeder

Stimme sprechen . . . Er beobachtet uns, er riecht unsere Angst . . .«

»Hast du denn Angst?« fragte Mazo.

»Nein . . .«, antwortete Tedot zögernd. Er konnte unmöglich zugeben, daß das Gegenteil der Fall war.

Wieder heulte es in der Luft. Tedot begann zu zittern. Auch Agando war blaß geworden. Er blickte Mazo ratsuchend an. Mazo merkte, daß nun alles weitgehend von ihm abhing. Er mußte eine Lösung finden, irgend etwas tun, egal was, die Hauptsache war, jetzt schnell zu handeln.

»Ich versuche, den Abstieg zu finden«, sagte er.

Er ging einfach, ohne nachzudenken, los. Er suchte auch nicht, er wollte nur finden. Ein kurzes Stück streifte er an der Felskante entlang. Der Wind pfiff und heulte vom Freundschaftsberg heran, er griff nach Mazo und betastete mit eiskalten Spinnenfingern seine Haut. Dann war es plötzlich still. Mazo blieb stehen. Ein Lächeln glitt über sein Gesicht, als er unmittelbar vor sich die bröcklige Trittspur erkannte. Er bückte sich, ließ sich über ein scharfes Felsstück hinabgleiten, bekam Halt unter den Füßen, tastete weiter. Dann sah er nur noch mit den Augen einer Bergziege.

Einen Weg konnte man das unmöglich nennen, es war mehr eine Andeutung davon, eine vage Chance, weiterzukommen, aber es ging. Mazo hielt inne, steckte zwei Finger in den Mund und ahmte den Schrei eines Falken nach. Er wartete auf Antwort und bekam sie in Form von Geräuschen, die nackte Füße auf Stein verursachen. Kleine Geröllstückchen lösten sich und rieselten über ihn weg. Als er hochblickte, sah er die beiden Freunde sich vorsichtig zu ihm heranarbeiten. Tedot zuerst und dann Agando. Das beruhigte ihn. Von nun an lag die ganze Verantwortung bei ihm, er mußte den Führer spielen. Er konnte die beiden über ihm im Fels sicher nach Taxodeque oder ins Verderben geleiten.

Noch nie hatte Mazo am Berg Unsicherheit verspürt, auch jetzt nicht, obgleich die Wand unter ihm viele hundert Meter senkrecht abfiel und jeder Fehltritt unweigerlich den Tod bedeuten mußte. Tritt für Tritt kletterte er vor, oft sich nur mit Füßen oder Händen vorwärtstastend. Das war anstrengend und trieb den Schweiß aus allen Poren. Doch der Wind kühlte ihn. Stunde um Stunde ging das so, über bröcklige Felskanten, durch rutschiges Geröll und durch einen senkrechten, glatten Kamin.

Inzwischen erreichte die Sonne den halben Weg bis zur Himmelsmitte, nahm dem Wind seine Kälte. Sie befanden sich nun am Rand des waagerecht verlaufenden Grats, den sie von oben gesehen hatten. Er war scharfkantig und schmaler als eine Fußbreite, rechts und links von ihnen fielen die sandigen Flanken steil und keinerlei Halt bietend in die Tiefe ab. Der Grat lief in einer breiten, fast runden Felsnase aus, in deren Zentrum ein gelber Steinrücken aufragte. Das mußte es sein, dort mußte sich irgendwo der Eingang zur Höhle von Taxodeque befinden.

Mazo versuchte die Entfernung bis zum Steinrücken zu schätzen. Ein kurzer Weg eigentlich, wenn man aufrecht gehen konnte, aber diese Möglichkeit schied völlig aus. Man konnte nur kriechen, bäuchlings auf dem Grat vorrobben bis zur Plattform, so mochte es gehen. Er atmete tief durch. Ein süßlich-fauler Geruch stieg ihm in die Nase. Nach kurzem Suchen entdeckte er die Ursache dafür. Auf halber Strecke lag rechts am Kamm ein bräunlicher Körper in seltsam verrenkter Haltung. Was mochte das sein?

»Los jetzt«, gab sich Mazo selbst den Befehl zum Vorwärtskriechen. Er kniff die Augen zusammen, um nicht in die Abgründe links und rechts blicken zu müssen. Nur die

Überwindung des Grates zählte, unendlich langsam ging es voran. Und dann kam er an die Stelle, wo der Körper lag.

Ein Ziegenbock mit zerschmetterten Gliedern, das Tier mußte erst vor kurzem abgestürzt sein, der Körper ging langsam in Verwesung über. Ekelerregend und bedrohlich zugleich war dieser Anblick.

Und es stank erbärmlich. Mazo würgte es in der Kehle, er mußte gegen den Brechreiz ankämpfen, als er den Kadaver aus der Nähe sah. Raubvögel hatten Fleischbrocken aus dem Körper des Tieres gerissen, Maden wimmelten darin, fette Fliegen stiegen summend auf. Aber es half nichts, man mußte daran vorbei. Endlich erreichte er die Plattform und konnte sich wieder aufrichten. Ein paar Atemzüge lang glaubte er sich völlig allein auf der Welt. Kein Geräusch, kaum ein Lufthauch. Wo waren die Freunde? Dann rempelte ihn etwas an – Tedot, und kurz danach tauchte Agando auf, bleich beide, keiner von ihnen sprach, sogar ihre Blicke mieden einander.

Sie kletterten um den Steinrücken herum und fanden am westlichen Hang den Eingang zur Höhle, ein schlauchartiges Loch, das nur kriechend passierbar war. Der Felsdurchschlupf wies stark verwitterte Ritzzeichnungen auf, Spiralen, konzentrische Kreise, Symbole einer kaum noch zu entziffernden Bilderschrift.

Mazo zwängte sich als erster durch das Loch. Innen war die Höhle geräumiger, aber nicht sonderlich groß. Und dann schrak er zusammen: Mit dem Oberkörper an die Höhlenrückwand gelehnt, hockte aufgerichtet die Mumie eines Mannes. Unter den zusammengeklebten Fellen und der verrutschten Kopfhaube grinste ein Gesicht wie aus gegerbtem Leder. Zum Glück waren die Augen geschlossen, dennoch wirkte die Gestalt wie eine schreckliche Geistererscheinung.

Mazo rückte beiseite, um die Freunde durchzulassen, barg sich in den äußersten Winkel der Höhle. Er sah, daß der grausige Anblick auch die beiden anderen lähmte.

»Der Staub«, flüsterte Agando mit heiserer Stimme, »wir müssen den gelben Staub einsammeln.« Stück für Stück, die Mumie nicht aus den Augen lassend, schob er sich auf dem Boden vor bis dicht an den Toten heran. Erst jetzt wurde ihm bewußt, daß sie kein Gefäß, nicht einmal Beutel am Gürtel zum Transport bei sich trugen. Dann entdeckte er neben der Mumie mehrere Ledersäcke, genau drei, für jeden von ihnen einen. Vorsichtig zog er einen davon zu sich her, öffnete ihn und füllte den Staub des Höhlenbodens hinein. Die anderen folgten seinem Beispiel.

Plötzlich zuckte Tedot zusammen. »Er hat genickt«, wisperte er, »ich habe es deutlich gesehen: Der Tote hat den Kopf in unsere Richtung bewegt.«

»Schweig still«, befahl Agando. »Tu so, als wäre nichts geschehen, und mach weiter!«

Die drei rissen sich zusammen, kratzten schneller den Staub vom Boden, hatten endlich die Ledersäcke gefüllt und knoteten sie hastig zu. Agando verließ als erster die Höhle. Draußen angekommen, war ihm, als träfe ihn ein Faustschlag mitten ins Gesicht. Es war völlig schwarz ringsum, dichte Nacht ohne Sterne und Mond.

»Das gibt es nicht, das darf einfach nicht wahr sein«, stammelte er fassungslos. »So lange können wir unmöglich in der Höhle gewesen sein . . .«

Tedot klapperte laut mit den Zähnen, auch Mazo wurde urplötzlich von der Angst gepackt.

»Ich verstehe einfach nicht, wo der Tag geblieben ist«, sagte Agando. »Begreift ihr, was hier los ist?«

Mazo schüttelte den Kopf.

»Der Tote da drinnen hat uns verhext«, flüsterte Tedot,

»er hat unsere Seelen gefangen und uns den Verstand geraubt . . .«

»Schweig still, ich bitte dich, schweig!« sagte Mazo gereizt. In seinem Kopf rauschte es, die Schläfen pochten, und er fühlte sich schwindlig.

»Vielleicht sind wir auch blind geworden«, jammerte Tedot weiter, »ja, so muß es sein: draußen ist Tag, aber wir sind blind. Wir . . .« – er begriff plötzlich die volle Tragweite seines Gedankens –, ». . . wir finden niemals mehr zurück . . .«

Das Schwindelgefühl in Mazo wurde immer stärker. Außerdem trug der Wind den Verwesungsgeruch des Ziegenbocks heran. Er erbrach sich so heftig, daß Agando seinen sich aufbäumenden Körper festhalten mußte. Mazo japste und keuchte vor Anstrengung.

»Es bleibt keine andere Möglichkeit, als die Morgendämmerung abzuwarten«, sagte Agando im verzweifelten Bemühen, wenigstens etwas Ordnung in die Verwirrung zu bringen.

Die Schwärze der Nacht schien noch mehr zuzunehmen, mit ihr kroch auch die Kälte heran. Die drei rückten enger zusammen, kauerten sich an den Fels. Mazo überkam das Gefühl, ein junger Vogel zu sein, der soeben dem Ei entschlüpft war und blind vor Angst über seine Flugunfähigkeit im Nest hockte. Wo waren die Eltern? Er sah nichts, wagte aber auch nicht, die Augen zu schließen. Hellwach, besorgt auf jedes, selbst das entfernteste Geräusch lauschend, kauerten sie auf der Plattform. Stunde um Stunde warteten sie auf den Anbruch des Tages. Würde das Licht der Sonne jemals wieder erscheinen – oder blieb alles in Ewigkeit so, waren sie am Ende gar tot, erstarrt wie die schreckliche Mumie im Innern der Höhle?

Finsternis fraß an der Welt, ließ sie kleiner und kleiner

werden. Mazo kam es so vor, als würde auch die Plattform, auf der sie kauerten, langsam schwinden. Er wagte weder das zu überprüfen noch sich überhaupt zu bewegen. Eine Handbreit entfernt gähnte der Abgrund, auf eine Handbreit nah war auch der Himmel gerückt, schwer lastend und schwarz. Nur der Fels in ihrem Rücken existierte noch. Aber der war hohl, und in seinem Innern hockte ein Toter mit einem schrecklichen Ledergesicht, vielleicht der Tod selbst, und wartete darauf, daß sie aufgaben und zu ihm zurückkehrten.

Etwas Unsichtbares flog dicht an ihm vorbei, streifte fast sein Gesicht. Mazo fuhr mit der Hand schützend vor die Augen, spähte hindurch. Nichts. Doch – jetzt kam es zurück, glitt dicht vorüber. Ein kalter Lufthauch streifte ihn. Ein Vogel, redete er sich ein, eine Eule. Wären nur nicht diese unerklärlichen Stimmen im Wind gewesen! Ein leises Heulen, das anschwoll und wieder verebbte, ein Rascheln und Wispern, ein Schnarren wie von sich ablösender Borke, als spräche ein Baum aus hölzerner Kehle. Manchmal kamen diese Laute von sehr weit her, aus der Tiefe des Kraterkessels, aus dem Zentrum des Urwalds, dann schwappte und zischelte es heran, fuhr dicht an den Ohren vorbei. Und dann wieder schienen die Geräusche überhaupt nicht von außen zu kommen, sondern in Mazo selbst ihren Ursprung zu haben. Sein Magen kollerte, es klang wie ein Erdrutsch, sein Blut rauschte, als ströme die Brandung des Meeres heran . . .

Aber die anderen Laute, die Stimmen dicht an der Hörgrenze, sie konnten kaum von ihm oder den beiden Freunden verursacht werden! Er konzentrierte sich auf sie, versuchte den Sinn des Gesprochenen zu verstehen. Für einen kurzen Moment lang glaubte er, Gesang zu vernehmen, den Klang von Mutters Stimme, ganz schwach, er wurde von tieferen Tönen überdeckt. Dazwischen pfiff, heulte und winselte es.

Der Guayote, fuhr es Mazo durch den Sinn. Er foppt, er narrt mich, er spielt mit mir und meiner Angst, vielleicht bläst er schon auf meinen Knochen, benutzt sie als Flöte. Er wagte nicht, die anderen danach zu fragen, ob auch sie die Geräusche hörten. Noch mehr kauerte er sich zusammen, versuchte sich klein und unangreifbar zu machen.

Aber wenn es nun gar nicht der Guayote war, sondern der Tote im Fels, der diese Töne erzeugte? Wieder schwebte etwas Großes, Unsichtbares an seinem Gesicht vorbei. Und plötzlich wußte Mazo: Es waren die Seelenvögel, die Geister der Ahnen. Sie streiften durch die Nacht. Das Schattenreich war so mächtig geworden, daß es alles erfaßte. Und in ihm fühlten sie sich zu Hause, nahmen Form an, füllten die Dunkelheit mit ihren Gestalten aus. Die drei aber, Mazo, Tedot und Agando, waren Eindringlinge in dieser Welt, lebendige Gäste des Jenseits.

Diese Erkenntnis beruhigte Mazo ungemein, sie war klar und ordnete die Ungewißheit der Gedanken, der kreisenden Zweifel. Sie schloß die Möglichkeit aus, daß der Tote im Fels etwas Grauenvolles mit ihnen vorhatte. Nein, diese Stimmen draußen – das war die Traumzeit der Ahnen, das einzig Beständige überhaupt, die große, bedeutungsvolle Wirklichkeit, die sie leichtsinnig und gedankenlos verlassen hatten. Und die Stimmen innen, sie waren ein Teil davon, denn auch sie, Mazo, Tedot und Agando, gehörten dieser Wirklichkeit an, stammten von ihr ab und würden eines Tages in sie zurückkehren.

Mazo hörte Tedot leise wimmern, spürte das Zittern seines Körpers. Er legte den Arm um den Freund, streichelte ihn und merkte, wie seine Angst langsam nachließ. Obgleich noch immer nichts zu sehen war, kam es jetzt darauf an, die Augen offenzuhalten. Ich muß abwarten, dachte Mazo, bereit sein, darf nichts versäumen. Die Welt erschuf sich immer wieder aus dem Nichts, und genau das, diesen gewaltigen, unfaßbaren Zauber, sollten sie bewußt erleben. Agando atmete ruhig, auch er fühlte das Nahen des Tages ebenso deutlich wie Mazo.

Schlagartig, aus den Tiefen des Universums und des Denkens kommend, brach die Morgendämmerung herein. Sofort sprang Mazo auf die Beine, reckte seinen nackten, kalten Körper dem aufkommenden Licht entgegen.

»Ayiiiih!« schrie er.

»Ayiiiih! Ayiiiih!« gellten die Stimmen von Agando und Tedot, durchschnitten den Kraterkessel, brachen sich an den fernen Felswänden und schallten mit vielfachem Echo zurück.

Die Jungvögel breiteten ihre Schwingen aus und begannen zu fliegen.

2. Teil
Conquista

An Bord der Fregatte *Alegranza*, die zusammen mit den beiden Kriegsschiffen von Gran Canaria aus in See stach, befanden sich außer Matrosen, Soldaten und Handwerkern auch drei in schwarze Kutten gehüllte Männer. Der eine von ihnen hieß mit vollem Namen Angel Hernández Martin, wurde aber von allen nur Pater Angel genannt. Er war etwa sechzig Jahre alt und stammte aus Valladolid. Das dortige Kloster hatte ihn als befähigt angesehen, die Eingeborenen der Kanarischen Inseln zu missionieren, und ihn nach Gran Canaria entsandt, wo er den Anweisungen von Pater Innozenz unterstellt sein sollte. Um Pater Angels Gesundheit stand es nicht zum besten. Dies war mit ein Grund für ihn gewesen, den Auftrag willig anzunehmen. Es hieß, daß das Klima auf den Inseln sehr mild sei, beinahe das ganze Jahr über frühlingshaft. Er versprach sich davon eine wohltuende Wirkung auf seine gebrechlichen Glieder, vielleicht sogar völlige Genesung, zumindest aber eine spürbare Verbesserung seines Zustands. Pater Angels Haltung war gebeugt, sein Gesicht aber klar, besonders die Augen. Sie leuchteten, konnten mitunter Funken sprühen, wenn er diskutierte, denn in dem alten, hinfälligen Körper wohnte ein junger, hellwacher Geist.

Pater Angel war erst vor kurzem auf Gran Canaria angekommen, war gleich der Missionsleitung unterstellt worden und hatte daher noch reichlich wenig von der Insel gesehen. Auch eine Gelegenheit, sich mit Pater Innozenz, seinem Vorgesetzten, auszutauschen, hatte sich bisher noch nicht ergeben. Er wußte nur, daß dieser wesentlich jünger als er war, um die Vierzig herum, und als energisch, scharfzüngig und erfolgreich galt. Innozenz hatte sich, ähnlich dem Oberbefehlshaber des Unternehmens, General de Lugo, nur auf einem ganz anderen Gebiet, erste Anerkennung beim Kampf um Granada erworben. Während die Truppen der Katholischen Könige Spaniens dort zum letzten Sturm auf die Festungen der Mauren, die Alcazaba und die Alhambra, ansetzten, bemühte sich Innozenz in der Stadt Granada selbst um die Zustimmung der Bevölkerung zu den Maßnahmen der Krone. Viel Versäumtes galt es nachzuholen, denn die Menschen dort hatten lange Zeit unter dem Einfluß der heidnischen Mauren gelebt, Christen, Juden und Mohammedaner nebeneinander, was zu übergroßer Toleranz in Glaubensfragen geführt hatte, zu einer Verweichlichung und Auflösung der Sitten, zu Zweifeln, Häresie und Chaos.

Wenn Innozenz etwas nicht ausstehen konnte, so waren es Unordnung und Unentschlossenheit. Und Ordnung hatte er in Granada wiederherzustellen gewußt, entschlossen und mit eiserner Hand. So war es nun mal: Die Worte des HERRN waren klar und verständlich, alles, was es über die Welt und das Leben in ihr zu wissen galt, stand unzweideutig in der Heiligen Schrift aufgezeichnet, und Zweifler sollten getrost auch die daraus resultierenden Konsequenzen tragen. Furchtbar strafte der HERR die Sünder, wo sie sein Arm, die Kirche, traf, und zittern sollten ihre Gegner davor. »Die Rache ist mein«, sprach der HERR durch Pater Innozenz und meinte dabei besonders jene, die sich der ausübenden Amtsgewalt seiner Diener widersetzten: Juden, Freidenker, Mauren, kurzum alle Heiden, die den Ruhm des wahren Glaubens schmähten. Dazu zählten natürlich auch jene trostlosen Kreaturen auf den Kanarischen Inseln, die sich selbst *Guanchen* – in ihre Sprache übersetzt *Menschen* – nannten.

Vor Empörung schnaubend, dachte Innozenz besonders an diese Blasphemie. Diese Wilden nahmen in ihrer dummen, grenzenlosen Selbstüberschätzung doch tatsächlich an, vollwertige Menschen wie alle anderen zu sein, dabei vegetierten sie doch, wie jeder wußte und beurteilen konnte, der ihre primitive Roheit erlebte, noch auf dem Niveau von Tieren! Menschen könnten sie erst werden, wenn sie von ihrer schändlichen Barbarei abließen, den Götzen abschworen, sich anständig kleideten und gesittet niederließen und vor allem – und dies war der wirklich entscheidende Gradmesser – sich taufen ließen. Und selbst dann, mit ihren neuen Namen, die sich im Unterschied zu ihren vorigen endlich aussprechen ließen, waren sie noch wie Kinder. Unartige Kinder, die eine strenge Hand brauchten, eine scharfe Überwachung der Regeln und ebensolche Bestrafung, wenn es erforderlich schien.

Pater Angel traf erst auf dem Schiff mit Innozenz zu einer längeren Unterredung zusammen. Er betrachtete aufmerksam seinen um so viel jüngeren Vorgesetzten. Ebenmäßig und schön war dessen Gesicht, fast zu schön für das eines Mannes. Glattes schwarzes Haar umrahmte seinen Kopf, scharf gezeichnet sprangen die hohe Stirn und die Nase vor, auch das Kinn reckte sich und verriet viel von der Energie und der Durchsetzungskraft seines Besitzers. Nur der Mund paßte nicht so recht in dieses schöne, edel geschnittene Gesicht – Innozenz' Lippen waren blaß und zum waagerechten Strich zusammengepreßt, was den Anschein machte, als hielte er Worte zurück, verbiete sich, Dinge auszusprechen, die ihm womöglich Schaden bringen könnten. Dieser Mund schien stets unter Spannung zu stehen, wie eine geladene Muskete, und wenn man genau hinsah, zitterte die schmale Oberlippe immer ein wenig.

Innozenz stand im Ruf, ein ausgezeichneter Redner und Prediger zu sein. Wortgewandt und listig war er, wenn es galt, Bilder zu erschaffen, die seiner Predigt Nachdruck verleihen konnten. Es war kaum möglich, sich ihm zu entziehen, wenn er erst einmal sprach. Jeden zog er mit seinen Worten in Bann. Ohne Zweifel besaß Innozenz dadurch ein starkes Machtmittel und war sich dessen auch sehr wohl bewußt. Dagegen kam sich Pater Angel, obgleich klaren Verstandes und eigentlich wenig schüchtern, wie ein zaghafter Bauerntölpel vor. So jedenfalls war sein erstes Gefühl, und es sollte ihn, solange sie zusammen waren, nicht mehr verlassen.

Der dritte der in schwarze Kutten gehüllten Männer war eigentlich keiner, sondern eher ein halbwüchsiger Jüngling. Domingo war fünfzehn, stammte aus Burgos im Baskenland, war dort eine Zeitlang zur Klosterschule gegangen, um Lesen und Schreiben zu lernen, und wegen seiner besonderen Fähigkeiten darin als Sekretär zu den Missionaren nach Gran Canaria geschickt worden. Am gleichen Tag wie Pater Angel kam er an und fand sich nun mit den beiden Priestern an Bord der *Alegranza* wieder. Wie sehr hatte er dieses Zusammentreffen herbeigesehnt! Er empfand es als ein besonderes Glück, unter vielen Bewerbern für das Unternehmen ausgewählt worden zu sein, noch dazu, da es galt, als Diener und Schreiber für zwei so würdige Geistliche in besonderer Mission tätig zu werden. Domingo war eine stille, nachdenkliche Natur, er nahm alles, was er sah und was ihm widerfuhr, ernst und versuchte, einen tieferen Sinn hinter gewissen Zufälligkeiten zu erkennen. Dies bedeutete keineswegs ein Zweifeln an Gottes unergründlichem Ratschluß. Seine Allmacht erkannte er ohne jede Einschränkung an, sein Glaube stand auf einem festen Fundament. Und, so sagte er sich bisweilen, der menschliche Geist ist unvollkommen und neigt gerne zur Kurzsichtigkeit – wie sollte, wie konnte er da das Wirken der Allmacht überhaupt jemals erkennen? Aber bestand nicht zugleich auch der Auftrag, den Geist zum Lobe des HERRN zu benutzen, ihn einzusetzen, um zu verstehen, welche Absichten Gott mit seiner Schöpfung verband? Diese Frage war knifflig und äußerst schwierig zu beantworten, sie stellte eine Zwickmühle dar, die Herausforderung, einen Ausweg zu finden. Ob ihm dies gelingen würde, womöglich mit Hilfe der beiden Meister, die um so vieles älter und erfahrener waren als er, der stille Junge aus Burgos?

»Die *Reconquista* stellt einen Kreuzzug gegen das Böse dar«, hörte er Innozenz gerade sagen. »Wir erleben den Endkampf im Krieg der Heiligen Kirche gegen den Teufel, und ich sage Euch, der Sieg ist noch nicht errungen. Wie ich wißt auch Ihr nur zu gut, daß Satan vielerlei Gestalt annehmen kann und immer neue Wege sucht, um seiner Strafe zu entkommen. Er bedient sich dabei willfähriger Helfer, die dumm und gewissenlos genug sind, sich ihm anzubieten. Die Insel La Palma wimmelt davon, ihre Bewohner sind allesamt Werkzeuge des Teufels. Unsere Aufgabe läßt ihnen gegenüber keinerlei Nachsicht zu. Wir befinden uns im Krieg, und wir beide haben dabei unsere Pflicht zu tun, wie man es von Streitern für das Wort des HERRN erwartet.«

Die drei standen auf der hölzernen Plattform am Bug des Schiffes. Eine leichte, beständig aus Nordost wehende Brise griff in die Segel, blähte sie und zerrte auch an den Kutten der Männer. Wie mild das Wetter doch ist, dachte Domingo. In Burgos ist es nur im Hochsommer so, und dabei schreiben wir bereits Ende September. Ob die Insel keine Winterstürme kannte, Eis und Schnee und frierende Menschen?

»Der Geist der Heiden fristet ein Dasein in ewiger Finsternis«, fuhr Innozenz in seiner Betrachtung fort. »Ihre Seele ist schwarz, oft so dunkel wie ihre Haut.«

»Verzeiht, wenn ich an dieser Stelle zum besseren Verständnis nachfrage«, unterbrach Pater Angel. »Wenn Ihr die Mauren und andere Heiden der südlichen Zonen meint, so mag dies ja durchaus zutreffend sein. Bei den Eingeborenen der Kanarischen Inseln indes, soweit ich bisher welche zu Gesicht bekam, schien mir die Haut eher hell zu sein. Ich traf blonde und braunhaarige Menschen mit blauen Augen, ihre Körper waren weiß und von den unsrigen gar nicht so unterschieden ...«

Innozenz musterte den alten Pater aus Valladolid aufmerksam. Ein ironisches Lächeln zuckte über sein Gesicht. Tat dieser gebrechliche Alte nur einfältig, und würde er sich am Ende gar als störrisch und aufmüpfig herausstellen wie ein widerspenstiger Esel? Das konnte die Mission gefährden, zumindest ihr erheblich hinderlich sein. Er nahm sich vor, dem Kerl gleich zu Anfang seine Grenzen zu zeigen.

»Man hat mir vor Eurem Eintreffen gesagt, daß Ihr ein naiver, rechtschaffener Mann seid, ein wenig zaghaft und weichherzig vielleicht, aber durchdrungen vom Wissen um die Wichtigkeit unseres Auftrages ... Wenn ich das Bild von der Finsternis und Schwärze benutzte, so habe ich es natürlich symbolisch gemeint ...« Er grinste ein kaltes Lächeln. »Aber Menschen würde ich die Wilden der Inseln nun doch nicht nennen wollen. Gewiß, einige von ihnen sehen vielleicht so aus, doch ihr Äußeres ist trügerischer Schein. In ihrem Innern befindet sich eine dunkle Leere, die fruchtbaren Boden für das Werk des Teufels bietet. Diesen fauligen Schlamm in ihnen müssen wir abschöpfen und sie zuallererst reinigen von allen Giften. Eine schwere Aufgabe, die Mut und Geschicklichkeit erfordert. Gelingt das nicht, so bleibt nur noch die Vernichtung mit Feuer und Schwert.«

»Verzeiht, daß ich noch einmal widerspreche«, sagte Pater Angel ruhig. »Ihr wollt sie nicht als menschliche Wesen bezeichnen, rühmt Euch an anderer Stelle aber doch, die Heiden von Gran Canaria zum Beispiel zum Glauben bekehrt zu haben. Wie paßt das zusammen? Waren sie vorher keine, und dann plötzlich doch? Denn wer dem Wort des

HERRN folgt, ist doch ein Christenmensch wie andere Christenmenschen auch – oder seht Ihr das anders?«

»Keineswegs«, antwortete Innozenz gewandt, »Ihr habt völlig recht mit dem, was Ihr über die Gleichheit der Christen sagt, obwohl ich auch da noch genauer differenzieren würde. Was ich meine, ist folgendes: Diese Wilden sind keine Menschen, sondern Kreaturen niedrigster Art. Und so ist es doch auch in der gesamten Natur – alles was niedrig ist und schwach, ist besonders anfällig für das Böse. Es gleicht schwarzen Gefäßen, in die kein Licht von außen dringt, also auch niemals die Worte des HERRN. Tiere sind diese Wilden allerdings auch nicht, denn sie benutzen, wenn auch begrenzt, ihre Schädel zum Denken. Was sind sie also dann? Ich sage es Euch: Es sind Geschöpfe eines Zwischenreiches, die auf uns warten, weil wir ihre einzige Hoffnung auf ein besseres Leben sind. Menschen werden sie erst allmählich, wenn wir ihnen den Teufel aus dem Leib gejagt, sie von allem Unrat gereinigt haben, bis sie leere Gefäße sind. Diese leeren Gefäße gilt es, mit den Worten des HERRN zu füllen, auf daß in ihnen die Bereitschaft zum Glauben entsteht. All diese einzelnen Schritte müssen genauestens eingehalten werden, und kein zweiter darf vor dem ersten gemacht werden. Seht sie als Gefäße an und niemals als Menschen, dann irrt Ihr Euch nie. Glaubt mir, Angel, ich besitze genügend Erfahrung im Umgang mit ihnen. Seid Ihr unvorsichtig und zu milde mit ihnen, dann schlüpfen die Bestien aus den Gefäßen heraus. Eine wahre Teufelsbrut, die man besser gleich vernichtet, bevor sie Unheil anrichten kann . . .«

»Ich gebe zu, daß ich in vielem, was die Missionsarbeit anbelangt, noch völlig unerfahren bin«, sagte Pater Angel und verzog das Gesicht, da er wieder einmal Schmerzen in seinen Gelenken verspürte. Das Alter klopfte deutlich bei ihm an, diese Tatsache ließ sich einfach nicht leugnen, und auch nicht das Gefühl, daß er sich in der Nähe des bekannten und berühmten Paters Innozenz klein und unbedeutend vorkam. »Vieles von dem, was die Heiden tun, kommt mir unverständlich und wie eine Lästerung Gottes vor. Ich habe sie noch nicht aus nächster Nähe erlebt, bin auf Berichte angewiesen, aber das, was ich hörte und nun auch aus Eurem Mund bestätigt finde, erschreckt mich und bereitet mir große Sorge. Allerdings will ich auch nicht den Fehler machen, vorschnell zu beurteilen, was ich bislang nur bruchstückhaft erfasse. Seid nachsichtig mit mir und gebt mir Zeit, diesen Mangel durch eigene Erfahrung wettzumachen.«

»Dazu werdet Ihr auf La Palma noch reichlich Gelegenheit finden«, antwortete Innozenz. »Ich bin sicher: Wenn Ihr erst einmal den schändlichen Götzenkult dieser Teufelsanbeter erlebt habt, werdet Ihr nicht mehr anders darüber denken als ich.«

In dieser Art ging die Unterhaltung zwischen ihnen weiter, nur von Zitaten weiser Kirchenväter unterbrochen, die Innozenz geschickt zur Untermauerung seiner Thesen einzuflechten verstand. Sehr lehrreich war für Domingo dieses Gespräch. Besonders die drastischen Beschreibungen des Teufels und seiner Gefolgschaft, die Meister Innozenz gab und mit fürchterlichen Gesten und entsprechendem Mienenspiel unterstrich, verfehlten nicht ihre Wirkung auf ihn. So hatten nicht einmal die Mönche im Kloster gesprochen, obgleich man auch dort wortgewaltige Redner kannte, die ihre Predigten ausgiebig zur Schilderung der Hölle und ihrer Qualen nutzten. Es war gewiß eine Ehre, einem so eifrigen Priester wie Innozenz dienen zu dürfen.

»Eine ungeheure Verantwortung lastet auf unseren Schultern«, sagte Innozenz gerade. »Wir sind nur drei, um das Werk zu vollbringen. Unser Glaube muß daher stark sein, um Berge zu versetzen, die Teufelsberge von La Palma, die direkt mit der Hölle in Verbindung stehen. Aus ihnen, so heißt es, quellen mitunter Feuer und Schwefel, eine grauenvolle Glut, die vom Teufel eigenhändig angefacht wird. Doch wir werden, da bin ich ganz sicher, widerstehen, der furchtbaren Gegend wie den noch schrecklicheren Götzenanbetern.«

Domingo erschrak heftig, als er das hörte. Wir sind nur drei, dachte er, allein am Rand der Hölle gegen eine Übermacht von Feinden. Drei Männer, von denen einer krank und schwach ist und einer noch fast ein Kind. Wir drei führen allein einen Kreuzzug!

Er blickte sich um, sah auf Deck Soldaten dösen oder zusammengerollt schlafen, sah sie in Gruppen sitzen, rauh lachend, trinkend und würfelnd. Er dachte an die vielen Waffen unter Deck und auf den anderen beiden Schiffen, die in Sichtweite fuhren. Heilige Mutter Gottes, hab Erbarmen mit uns Sündern, betete er lautlos. Gib uns Kraft, aller Unbill zu widerstehen, und schenk uns den Glauben, der Berge versetzen kann. O Herr, wie schwach wir doch sind, daß uns so viele Soldaten und Waffen beschützen müssen! Wenn ich dieses waghalsige Abenteuer lebend überstehen und vielleicht sogar zu ein wenig Ansehen und Reichtum dabei gelangen sollte, Heilige Mutter Gottes, will ich in meiner Heimatstadt Burgos eine Kapelle dir zu Ehren errichten. Beschütze mich, Jungfrau Maria, denn sieh: Wir sind nur drei gegen die Hölle . . .

An diesem Morgen erwachte Tanausu sehr früh aus einem schrecklichen Traum. Benommen rappelte er sich auf. Spärliches Licht fiel durch den Eingang der Wohnhöhle und tauchte sie in diffuses Halbdunkel. Er sah Nesfete neben sich, seine Frau. Sie lag noch in tiefem Schlaf auf dem Lager. Wegen der Wärme der Nacht hatten sie auf die Felldecke verzichtet. Ihr nackter Körper streckte sich quer über das mit Farnkraut gefütterte Bettpolster. Sie räkelte sich wohlig, als sie Tanausus Bewegungen spürte, seufzte leise und schlief sofort wieder ein. Er betrachtete sie. Wie schön sie war! Drei Kinder hatte sie ihm geschenkt und besaß noch immer den schlanken Körper eines jungen Mädchens, sie schien einfach nicht älter zu werden. Es war still, von den Kindern, die zusammengekuschelt in der Seitenkammer lagen, kam kein Laut, auch sie schliefen wohl noch. Tanausu rieb sich die Stirn. Was war das nur für ein seltsamer Traum gewesen, und was bedeutete er? Er versuchte, sich an die Einzelheiten zu erinnern . . .

Da war Nacht, eine warme Nacht mit zahllosen Sternen und Stimmen. Die Zikaden zirpten wie besessen, von fern heulten umherstreichende Hunde. Er saß allein auf einem Bergrücken und lauschte. Alles war wie immer, und doch schwang in den Lauten ein bedrohlicher Unterton mit, etwas, das nicht recht zu der milden und friedlichen Stimmung passen wollte. Tanausu lauschte in die Richtung des Freundschaftsberges, zum Time, zur Cumbre, zum Nambroque, zum Teneguia hin. Nichts, die Vulkane ruhten, kein Anzeichen deutete darauf hin, daß von ihnen eine Gefahr ausging. Der Guayote schlief, er lag zusammengerollt im Innern der Erde und rührte sich nicht. Auch der Himmel war klar, keine Sturmwolken, kein Wind, der Dürre und Trockenheit verhieß, kein Gewitter, das mit gewaltigem Donner und rauschenden Wassermassen über der Insel niedergehen würde. Was war es, das ihn so unruhig werden ließ und ihn mit dunklen Ahnungen verfolgte?

Plötzlich wußte er es: Es war das Meer, das Meer rührte sich aus tiefem Schlaf, reckte sich, zog sich zusammen, breitete sich aus. Aber nicht gleichmäßig wie sonst, sondern so, als spüre es Schmerzen und winde den gequälten Körper stöhnend hin und her . . .

Tanausu stand auf, begann ziellos zu laufen. Nicht zum Strand hinab lief er, sondern tiefer in die Berge hinein, immer steiler und höher.

Unterwegs traf er eine Gestalt, die gleich ihm zuvor auf einem Bergrücken saß und wartend lauschte. Es war Atogmatoma, der neue Hochkönig der Insel, und er war kaum als solcher zu erkennen: Statt seines Festgewandes und der Federhaube trug er einen schwarzen Umhang, der einfach und trist aussah. Der ganze Mann, seine Haltung und seine Kleidung, drückten Trauer und Wehmut aus. Auch blickte er nicht auf, als Tanausu zu ihm trat, bot ihm keinen Platz an seiner Seite an, sprach kein Wort. Er hockte nur da, mit gesenktem Kopf, ließ die Arme unter dem Umhang hängen und wirkte wie eine einsame Krähe, die den Anschluß an ihren Schwarm verloren hat.

»Hörst du es auch?« fragte Tanausu. »Spürst du, wie das Meer sich unruhig hin und her wirft, wie es stöhnt und leidet? Ich weiß nicht, warum es so tut, als wolle es eine schwere Last von den Schultern werfen, aber es macht mir Sorgen. Laß uns hinauf in die Berge steigen, Atogmatoma, um von dort Ausschau zu halten. Es muß bald hell werden, vielleicht sehen wir dann mehr.«

Doch Atogmatoma rührte sich nicht vom Fleck.

»Komm mit mir auf den Freundschaftsberg«, sagte Tanausu, »laß uns Lieder singen, damit unsere Herzen wieder froh werden wie in alten Zeiten. Erinnerst du dich noch, als wir miteinander rangen und unsere Kräfte maßen? Einmal siegtest du, einmal ich. Und wie haben wir gefeiert, als Madango noch lebte und als König über Benahoare wachte. Komm, laß uns die alten Lieder singen!«

Atogmatoma bewegte sich noch immer nicht, sprach auch nicht, hielt nur den Kopf gesenkt.

Da packte Tanausu mit einem Mal eine unerklärliche Wut. Er faßte den König an der Schulter, rüttelte ihn. Doch seine Hände griffen ins Nichts, hielten nur einen schwarzen Umhang, der über einer leeren Hülle schwebte. Atogmatoma war eine Mumie, die bei der ersten Berührung zu Staub zerfiel.

Große Angst sprang Tanausu an. Er rannte los, lief weg, lief in Richtung des Freundschaftsberges und spürte beim Laufen, daß er zugleich auch um sein eigenes Leben rannte. Er wagte den Kopf nicht zu wenden, wagte nicht stehenzubleiben.

Ein nie zuvor vernommenes Geräusch vom Meer her folgte ihm nach, war ihm dicht auf den Fersen, ein Rauschen, Brüllen und Gurgeln. Tanausu lief weiter, immer höher in die Berge hinein. Er erreichte den Freundschaftsberg, lief bis zum Gipfel hinauf und blieb erst ganz oben erschöpft stehen. Er blickte sich um und erschrak bis ins Mark hinein: Aus der Schlucht der Todesängste, dem einzigen Zugang zum Kraterkessel, kam lautlos eine riesige schwarze Wand heran, das Meer, viele hundert Meter hoch, eine ungeheure, alles vernichtende Woge. Tanausu wollte schreien, er riß den Mund auf, doch kein Laut entwich seiner Kehle. Er stürzte auf die Knie, streckte die Arme beschwörend der herannahenden Schwärze entgegen, da prallte die Wand mit voller Wucht gegen ihn, begrub ihn unter sich. So wachte er auf.

Erneut rieb sich Tanausu die Stirn. Die Einzelheiten des

Traumes hockten immer noch dort, krallten sich in seinem Kopf fest, die schreckliche Last wollte nicht von ihm weichen.

Vorsichtig, mit verlangsamten Bewegungen, jedes Geräusch vermeidend, erhob er sich vom Lager. Nesfete und die Kinder schliefen fest. Er tappte durch das Halbdunkel der Höhle und trat nach draußen. Ein schwaches Dämmerlicht brach durch das Geäst der Bäume. Noch hatte die Sonne den östlichen Kraterrand nicht überschritten, doch sie stand dicht davor und würde bald schlagartig den Urwald erhellen. Aus den versteckt liegenden Hütten des Dorfes war kein Laut zu vernehmen. Nur zwei junge Hunde tollten umher und balgten sich am Rand einer Feuerstelle um einen Knochen. Durch eine Lücke der Baumkronen sah er lautlos einen Adler kreisen.

Tanausu streckte sich, dann lief er los. Nach kurzer Zeit hörte er durch das Buschwerk die Wasser des Taburienteflusses murmeln. Er sprang über die ausgelegten Trittsteine bis zur Waschmulde. Er warf sich auf den Boden und steckte seinen Kopf in die Flut. Herrlich frisch schmeckte das Flußwasser, kühl und angenehm belebte es die Haut. Er schöpfte es mit der Hand über Hals und Brust. Das war im ersten Moment kalt, aber es machte wach.

Tanausu richtete sich auf und betrachtete den von vielen Steinen und Felsbrocken unterbrochenen Flußlauf. Der Taburiente schlängelte sich durch die Ebene, umspülte Sandbänke und ließ das Buschwerk an seinen Ufern besonders üppig ergrünen. Jetzt trafen die ersten Sonnenstrahlen auf die westliche Felswand, der Freundschaftsberg, der von hier aus gut zu sehen war, glitzerte bereits im leuchtenden Tag. Am blauen Himmel graste eine Herde kleiner Wolken, deren durchscheinendes Weiß an zerfließende Milch erinnerte.

Er atmete tief durch, sog die Luft ein, schmeckte sie auf

der Zunge. Gut war das Leben hier im Reich Acero, im Zentrum des schützenden Kraters, einfach und angenehm. An einen Vulkan erinnerte der gewaltige Kessel eigentlich nicht mehr, er mußte vor unvorstellbar weit zurückliegenden Zeiten erloschen sein, als der Guayote sich zur Cumbre zurückzog, um fortan dort in den Feuerbergen zu leben. Seitdem blieb der Krater ruhig, wurde kalt, Urwald wuchs über ihn und bot den Menschen alles, was sie brauchten. Schon immer fühlten sich die Mitglieder des Stammes Acero daher vor allen anderen begünstigt. An der Küste hätte Tanausu niemals leben wollen. Das Zentrum der Insel war nun einmal der große Krater, hier ragte der Idafe auf und stützte den Himmel, hier lebte der Große Geist, der Benahoare zusammenhielt.

Tanausu wußte mit einem Mal, wohin er nach diesem Traum in der Nacht zu gehen hatte – der Idafe rief mit lautloser Stimme. Ja, der Traum war ein Zeichen gewesen, eines, das nur der Geist im Berg ihm erklären konnte. Er durchquerte, über die Trittsteine springend, den Taburiente, drang am anderen Ufer ins Dickicht ein. Ein kurzes Stück mußte man dort weiter über Felsen springen, denn Seitenarme des Taburiente, dünne Rinnsale im Schatten der Bäume, schlängelten sich durch den Wald, machten den Boden trügerisch. Jenseits davon stieg der Hang an und führte zu einem Platz unter uralten Lorbeerbäumen und Zedernwacholder, der von mächtigen Farnwiesen umgrenzt war. Hier traf sich der Stamm an gewissen Tagen zum gemeinsamen Essen. Gute Erinnerungen hafteten an diesem Platz: Hier waren sich Tanausu und Nesfete beim Farnwurzelsammeln zum ersten Mal nahegekommen, hatten den Bund geschlossen und die Feste zur Geburt ihrer Kinder gefeiert. Hier hatte der Stamm ihn schließlich auch zum Häuptling gewählt.

Tanausu überquerte nachdenklich den Platz, war ganz in Gedanken versunken und schrak zusammen, als plötzlich aus dem Gebüsch ein Rabe aufstieg. Das große Tier flog dicht an ihm vorbei, schwerfällig hoben und senkten sich seine Flügel, streiften fast sein Gesicht. Tanausu blickte dem Raben nach, sah, daß er sich auf dem Ast eines Baumes niederlassen wollte, sich von dort aber gleich wieder erhob, als störe ihn etwas. Zugleich bemerkte Tanausu eine Bewegung im Buschwerk unter dem Baum. Es knackte leise und Blätter bewegten sich, obgleich kein Lufthauch ging. Augenblicklich duckte er sich, pirschte in der Haltung eines Jägers an den Busch heran. Als er nahe war, schoben sich die Zweige auseinander und ein Gesicht blickte ihn an. Es war Ugranfir, der Feycan. Er mußte dort gelegen und ihn beobachtet haben.

Nun richtete sich der Mann auf und trat aus dem Gebüsch. Ihm folgte der junge Turceto, der schon längere Zeit als Gehilfe bei ihm tätig war. Die beiden wirkten überrascht, sie hatten wohl um diese frühe Stunde keinen Besucher erwartet. Ugranfir trug einen schweren Lederbeutel über der Schulter, Turceto schleppte einen Korb mit sich.

»Was treibt ihr im Wald, warum tut ihr so geheimnisvoll?« fragte Tanausu.

Der Feycan blickte ernst drein. »Wir sind unterwegs zum Idafe. Ein seltsamer Traum ist mir heute nacht zugeflogen . . .«

Tanausu horchte auf, fragte aber nicht weiter. »Dann laß uns gemeinsam gehen«, sagte er. »Auch ich hatte einen Traum, und ich hoffe, daß mir der Berg Antwort darauf geben wird.«

Jetzt stutzte auch der Feycan, blickte noch finsterer aus seinen tiefliegenden Augen. Er kratzte sich nachdenklich am Kopf, brummte etwas Unverständliches, nickte dann mehrmals. Schweigend machten sie sich auf den Weg.

Der schmale Trampelpfad führte durch den Wald, jenseits der Anhöhe, dann durch freies Gelände an einer steil aufragenden Felswand vorbei und schließlich in Serpentinen abfallend in die Tiefe einer gewaltigen Schlucht. Sie hieß *Tal des murmelnden Wassers*, denn weit unten zwängte sich ein Seitenarm des Taburiente zwischen den Bergen hindurch, lief über etliche Fallstufen und vereinigte seinen Wasserlauf schließlich mit dem Gelben Bach. Aus dem gegenüberliegenden Bergmassiv ragte, stellenweise sehr gut sichtbar, der rotbraune Steilzahn des Idafe. Nahezu an jeder Biegung präsentierte er sich in anderer Gestalt, einmal als aufgerichtetes Glied, dann wieder als der gigantische Zahn eines Tieres, als Figurengruppe zusammenkauernder Zauberwesen, zuletzt in der Form eines vornübergeneigten Mannes.

Etwa zwei Stunden folgten Tanausu, Ugranfir und Turceto dem geröllbedeckten Saumpfad, beständig vom Murmeln des Wassers im Talgrund begleitet, bis ihr Weg kurz vor dem Idafe abknickte und scharf nach unten führte. Sie trafen dort auf die Stelle, wo der Taburiente und der Gelbe Bach zusammenstießen. *Zwei Wasser* hieß sie, und auch der Gelbe Bach trug seinen Namen zu Recht, denn sein Wasser war schwefelhaltig, und hellgelb bis orange leuchteten Algen und Flechten darin, die wie fransige Haare in der Strömung trieben.

Links davon bildeten die Felsen ein natürliches Becken unter dem Wasserfall. Es war ein stiller, versteckter Platz, bestens geeignet zum Ausruhen und Essen. Die drei Männer ließen sich auf Felsbrocken nieder. Nachdem sie getrunken hatten, öffnete Ugranfir den Beutel und verteilte aus Gofio gebackenes Fladenbrot und getrocknete Wurzeln. Sie schmeckten ein wenig bitter, erwiesen sich aber als nahrhaft und gut gegen den Durst. Die Sonne prallte inzwischen auf die baumlose Felswildnis, wärmte die Steine und malte Schatten auf den Faltenwurf der Berge. Die Zikaden stimmten ihr schrilles Konzert an, übertönten das Murmeln des Wassers.

Die Männer waren nun eigentlich für die Fortsetzung ihrer Wanderung gestärkt, aber Ugranfir verteilte noch etwas aus seinem Beutel: kleine schwarze Beeren, die beim Zerkauen zunächst zu einem süßlichen Brei im Mund wurden, später jedoch einen galligen Nachgeschmack hinterließen. Es handelte sich um Früchte, nach deren Genuß man die Stimmen der Tiere verstand.

»Wir werden sie brauchen«, sagte Ugranfir. Und Tanausu begriff sehr gut, was er meinte. Auch der Feycan wollte mit dem Großen Geist des Berges sprechen.

»Und dies«, ergänzte der Feycan, indem er Tanausu den Beutel mit dem Rest der getrockneten Beeren reichte, »nimm erst später zu dir. Es wird die Kraft der Zauberbeeren verstärken.«

Ihr Weg führte nun direkt durch das Bett des Gelben Baches. Es ging langsamer voran, denn stellenweise rückten die Wände der Schlucht eng zusammen und stauten das Wasser, so daß sie hindurchwaten oder die tieferen Stellen durch Sprünge von Felsen zu Felsen überwinden mußten. Massen von kleinen Fröschen stoben dann auf, retteten sich in den Schutz der Wasserpflanzen. Dem Bachlauf folgend, stießen sie nach einer scharfen Biegung auf den bunten Wasserfall. In allen Farben glitzerte er, grün und gelb, rot und violett, blau, gelb und orange. Das kam vom Schwefel und Eisen im Wasser und von den vielen Algen, Moosen und Flechten.

Am äußersten rechten Rand des Falls kletterten sie über vorspringende Felskanten hinauf, jeden Schritt mit äußerster Vorsicht setzend, denn das Gestein war moosüberzogen und glitschig. Oben floß der Gelbe Bach über eine steinige Hochebene. Da er um diese Jahreszeit wenig Wasser zu Tal führte, war sein Bett stellenweise ausgetrocknet und ließ sich leicht durchqueren. Kurz dahinter lag auf einer abgeflachten Anhöhe der Tagoror. Der Steinkreis war groß und bestand aus schweren, naturgeformten Felsbrocken zum Sitzen, der Boden war innen festgestampft und mit weißen Flußkieseln ausgelegt.

Der Feycan ging in die Mitte des Kreises und legte an einer Markierung seinen Lederbeutel ab. Seinen Gehilfen ließ er mit dem Tragekorb das gleiche tun. Während Tanausu und Turceto im Mittelpunkt hockten, begann Ugranfir zu singen und sie mit tanzenden Schritten zu umkreisen. Spiralförmig zog er immer weiter nach außen führende Bahnen um sie, bis er die Sitzsteine erreichte, sie abtanzend berührte, ihre Namen ausrief und wieder, unsichtbaren Kreislinien folgend, zum Zentrum zurückkehrte.

»Tara, Orahan«, sang er, »sieh, deine Diener sind zum heiligen Platz gekommen, um Abona zu tun. Höre, Guayote, Dämon aus dem Vulkan, der du die Kräfte des Feuers beherrschst, was dieses alte Lied bedeutet. Nah sind wir dem sprechenden Berg, dem Großen Geist, der mit seinen Schultern den Himmel abstützt. Ergeben grüßen wir dich, mächtiger Weltenwächter Idafe, der du älter als alles andere sonst bist. Opfer tragen wir zu deinem Altar und breiten sie vor dir und den Ahnen unseres Volkes aus . . .«

Der Gesang des Feycan wollte nicht enden, eintönig und einschläfernd wirkte seine Stimme. Tanausu fiel bald in jenen Zustand, den die Guanchen den *halben Schlaf* nannten. In ihm war der Körper wach, aber der Geist müde, man bekam vieles noch mit, hörte aber irgendwann mit dem Denken auf.

Turceto rüttelte ihn sanft an der Schulter. »Wir müssen jetzt aufbrechen«, sagte er, »der Geist des Berges wartet auf uns.«

Hastig gingen sie los, Ugranfir zuerst, dann Turceto mit dem Korb und danach erst Tanausu. Steil stieg der Sockel des Idafe an, das Klettern über das schrundige Gestein bereitete Mühe. Trotz der Anstrengung sang der junge Gehilfe: »Wirst du fallen, Idafe?«

Der Feycan antwortete ihm: »Gib ihm, was du bei dir trägst, und er wird nicht fallen!«

»Wird es reichen für den großen, allmächtigen Geist des Berges?« sang Turceto fragend.

Und Ugranfirs Stimme gab Antwort: »Gib ihm reichlich zu essen, und er wird sicher stehen und fest und mit seinen Schultern die Last des Himmels tragen!«

Dieses Frage- und Antwortspiel wurde bis zum Opferplatz im Singsang wiederholt. Dort öffnete der Feycan den Korb und breitete die mitgebrachten Gaben in der Mulde am rotbraunen Steilzahn des Idafe aus: Milch und Butter aus versiegelten Tongefäßen, einen Beutel Gofio und die in Bast und Blätter gewickelten Eingeweide von Tieren. Nahm der Idafe diese Geschenke an, so würden sie bald von seinen Boten, den Seelenvögeln, abgeholt werden. Ein gutes Zeichen bedeutete es, wenn die Raben, Krähen und Geier oder sogar ein stolzer Adler das Dargebotene an Ort und Stelle verzehrten. Auf ein solches Zeichen warteten Ugranfir und Turceto. Um die Seelenvögel nicht durch ihre Anwesenheit zu stören, zogen sie sich in ein Gebüsch zurück und legten sich dort auf Lauer. Tanausu kam bei der Zeremonie keine Rolle zu. Statt dessen begann er, den rotbraunen Felsen zu erklimmen. Dies gelang selbst dem besten Kletterer nur bis zu einem Vorsprung unterhalb des Gipfels. Aber hier war man dem Himmel so nah wie an keiner Stelle der Insel sonst. Tanausu schaffte es mit viel Mühe. Er hockte sich auf die Knie und verneigte sich in die vier Richtungen des Windes. Dann hob er beide Arme zum Gruß und legte den Kopf in den Nacken zurück.

Mit geschlossenen Augen und geschlossenem Mund betete er in der Sprache des Herzens: »Lange schon war ich nicht mehr bei dir, großer Idafe, der du, den Himmel stützend, von den Wolken herab auf die Erde schaust und tief in die Seelen der Menschen blickst. Seit langem hast du mich nicht mehr gerufen, um mit mir zu sprechen, erst heute nacht wieder in jenem seltsamen Traum, dessen Bedeutung ich nicht verstehe. Was ist geschehen seitdem, was hat mich so verändert, daß ich weit von dir war und nicht würdig, deinen Rat zu erfahren . . . ?

Ja, Atogmatoma, der gewählte Häuptling von Hiscaguan, ist König über die Insel geworden. Eine kleine, weiße Flaumfeder entschied unser Schicksal und übersah mich, den Herrscher von Acero, der dein Diener ist. Bedeutet dies, daß ich nicht würdig genug bin, die Geschicke von Benahoare zu lenken? Hast du mir deine Gunst entzogen und einen anderen an meiner Stelle berufen, obgleich er so weit weg von dir wohnt und dich noch niemals besucht hat?

Nicht an dir zweifele ich, großer Idafe, denn du bist gerecht und irrst dich nie. Aber an mir zweifele ich, denn mein Sinn ist beschränkt und versteht die Bedeutung der Träume nicht mehr. Willst du gnädig zu mir sein, großer Idafe, so schenk mir die Antwort, die ich erflehe . . .«

Der gallige Nachgeschmack der Beeren brannte noch immer in Tanausus Mund, ihre Wirkung begann sich nun langsam zu entfalten. Er hörte die Stimmen der Falken und Krähen oben am Himmel, verstand, was sich die Raben im Flug zuriefen. Sie sprachen davon, daß bald das Wetter umschlagen würde, daß Sturm herankäme und Regen, die Vorboten des Winters. Alles Belebte in der Natur sprach, auch die Bäume, der Wind, das Wasser, der Sand und die Steine, und was sie sagten, besaß Bedeutung für sie, war von Belang. Nur für ihn, für den Menschen Tanausu, gab es keine Antwort auf seine Fragen.

Er löste den Beutel, den Ugranfir ihm gegeben hatte, vom Gürtel, öffnete ihn und schüttelte den Inhalt in seine hohle Hand. Es waren fünf schwarze getrocknete Zauberbeeren, und sie brannten noch stärker im Mund als zuvor die am Rastplatz.

Kaum hatte er sie zerkaut und den galligen Sud mit Speichel vermischt geschluckt, da veränderte sich schlagartig die Welt um ihn herum.

Das Grün der Bäume begann zu flimmern und im Rhythmus des Zikadengesangs zu zittern. Zugleich bildete sich um ihre Kronen und um die Gipfel der Berge ein pulsierender Lichtschein. Die ganze Erde, selbst der Idafe, der doch die Weltensäule war und als ewiger Wächter den Himmel stützte, schien leicht zu vibrieren. Ein Wind kam auf, warm wie der hechelnde Atem eines Tieres, und sprang an die Felsen, leckte dem Idafe die Füße, leckte auch hinauf zu dem Vorsprung, auf dem Tanausu saß.

Schweiß brach ihm aus allen Poren, sein ganzer Körper begann zu zittern. Die Sonne stand nun nicht mehr wie sonst an ihrem Fleck, sondern zitterte ebenfalls, huschte unruhig hin und her, war manchmal doppelt zu sehen, als spähe sie mit brennendem Augenpaar auf die Erde. Tanausus Mund trocknete aus, sein Atem ging schwer. Er hielt sich mit beiden Händen am Gestein fest, um nicht von den Windböen vom Felsen gerissen zu werden. Eine sonst nie gekannte Angst nahm von ihm Besitz. »Ugranfir!« schrie er, »Ugranfir!« schrie Tanausu verzweifelt.

Da flog etwas Großes, Undefinierbares aus den Büschen zu ihm heran, landete dicht oberhalb von ihm auf einem spitzen Felsvorsprung. Tanausu glaubte seinen Augen nicht zu trauen, als er den Feycan erkannte. »Ugranfir«, stammelte er tonlos, »was ist passiert? Sag mir, wie ist das möglich?«

»Es ist leicht für einen Adler, zu fliegen, es liegt ihm in der Natur«, antwortete der Feycan. Es war zweifelsfrei seine Stimme und doch auch nicht, denn sie schien zugleich aus dem Innern des Idafe zu kommen. Der starke kreisförmige Lichtschein um seinen Kopf herum blendete so stark, daß Tanausu die Augen schließen mußte. Als er sie wieder öffnete, saß an der gleichen Stelle statt eines Mannes ein mächtiger Adler. Tanausu erbebte vor Furcht, wagte aber nicht die Augen zu schließen.

»Großer Geist des Berges, allmächtiger Idafe«, flüsterte Tanausu, »sprich mit mir, gib mir eine Antwort auf meine Fragen . . .«

Der Adler plusterte sich auf, wandte seinen Hals im Gefieder, begann sich zu putzen. Dabei ließ der stechende Blick seiner Augen keinen Moment lang von Tanausu ab.

Schließlich streckte er die Schwingen weit aus und öffnete den Schnabel. Seine Stimme war die von Ugranfir, die des Berges und des Windes zugleich. Sie kam aus dem Zentrum der Erde, aus den Weiten des Himmels, formte sich aus dem Murmeln des Taburiente und dem schrillen Gesang der Zikaden, sie kam mit den Wolken von Norden, Süden, Osten und Westen, und sie entstammte auch Tanausus eigener Brust. Sie klang wie stürzendes Geröll, wie das Summen der Fliegen und wie der Atem eines Menschen, der dem Unfaßbaren lauscht.

»Halte dich bereit, Herrscher von Acero«, sagte sie, »denn große Veränderungen bahnen sich an. Sie betreffen alles und jeden, und danach wird nichts mehr sein wie zuvor. Dir aber, Tanausu, steht eine große Aufgabe bevor. Nutze deine Möglichkeiten gut! Verhältst du dich richtig, wie die sich wandelnde Zeit es verlangt, so wird dein Name leuchten und für immer mit der Insel verbunden bleiben, während die Erinnerung an fast alles andere im Denken der Menschen verblassen wird. Halte dich bereit, Tanausu, gib alles, was du hast, für das Wohl deines Volkes hin, vom heutigen Tag an bis zum letzten Atemzug deines Lebens.«

»Wann wird das sein?« flüsterte Tanausu tonlos, denn er fühlte sich so schwach, als müßte er jeden Moment von der Felskante stürzen. Leicht wie eine Feder fühlte sich sein Körper an, der kleinste Lufthauch könnte ihn hinwegblasen, und er würde vergehen, vergehen . . .

Der Adler reckte majestätisch den Hals aus den ausgebreiteten Schwingen. Seine riesigen Flügel verdunkelten den Himmel.

»Diese Frage wird immer von den Menschen gestellt«, antwortete die Stimme, die von überall zugleich herkam. »Immer wieder und in der gleichen Form, als drehe sich das Leben um nichts anderes als um diese Frage. Sie ist deiner nicht würdig, Tanausu, denn was bedeutet sie schon? Ihr seid alle sterblich, solange ihr vom Großen Geist abgetrennt seid, bis zu jenem Tag, an dem ihr zu ihm zurückfindet. So ist der Zeitpunkt des Todes ohne Bedeutung, aber jeder Augenblick des Handelns davor, denn er entscheidet darüber, ob ihr auf dem richtigen Weg bleibt, der euch sicher zum Ziel führt – der Vereinigung mit dem ewig lebenden Großen Geist.«

»Was verlangst du von mir, was soll ich tun, Idafe?«

»Bleibe bei deinem Volk, Tanausu, und beschütze es gut. Gehorche niemandem als deiner inneren Stimme und strebe nicht danach, mehr zu besitzen, als du bereits hast.

An dem Tag aber, an dem du aufbrichst, um zu gehen, wisse: an diesem Tag gehst du für immer.

Gehe dann so, daß man später gut über dich denkt und sich deiner mit Liebe erinnert. Bist du dazu bereit?«

Tanausu starrte wie gebannt auf die Erscheinung. Sein Herz raste und pumpte mächtig das Blut durch die Adern. Völlig gefühllos war sein Körper nun, bestand nur aus schwebendem Geist.

»Ich bin bereit«, flüsterte Tanausu.

»Dann ist es gut«, raunte der Adler, der Berg, der Feycan, die Welt. »Wisse auch, daß du der letzte bist, zu dem ich spreche. Für lange Zeit werde ich mich von nun an in Schweigen hüllen und mich erst wieder zu Wort melden, wenn Menschen zu mir kommen werden, die mit dem Herzen reden statt mit dem Mund. Wann das sein wird, kann ich nicht sagen, auch nicht, ob es überhaupt jemals wieder dazu kommen wird. Geh nun also, Tanausu, und trage meine Worte in dir, sie sind mein Vermächtnis. Es liegt an dir, was weiter geschieht . . .«

Die letzten Worte gingen im Heulen und Pfeifen einer Windbö unter, die plötzlich um die Felskante sprang. Der große Adler verschwand so plötzlich, wie er erschienen war, und ließ den Idafe verstummen. Schweigen breitete sich über dem Urwald aus. Erst nach und nach fanden die natürlichen Dinge zu ihren gewohnten Stimmen zurück . . .

Es gelang Bencomo nicht, Icas Mutter davon zu überzeugen, mit den Kindern in Tixarafe zu bleiben, obgleich er das Leben in Hiscaguan in den herrlichsten Farben ausmalte und seine Eltern ihn dabei unterstützten, denn sie hatten sich mittlerweile mit der Frau angefreundet.

»Nein, nein«, winkte sie ab, »einen alten Baum pflanzt man nicht um. Meine Wurzeln sind nun mal im Aridanetal, ich bin in Taxacorte geboren und will dort auch sterben.«

»Du solltest aber auch an die Zukunft von Ica denken«, sagte Zuguiro, Bencomos Vater. »Soll sie nun eine Harimaguada werden oder nicht? Wenn ja, dann am besten hier. Tamogante ist die beste Heilfrau der Insel und eine große Seherin dazu, viel Gutes hört man von ihrem Kloster in den Bergen. Bencomo hat recht mit seinem Vorschlag. Wir nehmen dich gerne auf, eine Hütte für dich und die Kinder ist schnell erbaut, wenn alle mithelfen. Also, was zögerst du noch? Findest du es nicht schön bei uns?«

»Doch, doch«, mußte Icas Mutter zugeben, kramte dann aber doch wieder allerlei Einwände hervor.

Bencomo nahm sich vor, in dieser Angelegenheit hartnäckig zu bleiben und weiter zu bohren. Da trat überraschend ein Ereignis ein, mit dem niemand rechnen konnte.

Längst waren die Stämme nach den Feierlichkeiten zurück in ihre Gebiete gezogen, auch die Leute von Hiscaguan wanderten nach Hause, und da es sich so ergab, gingen Bencomos und Icas Familien miteinander. Kurz vor Tixarafe kam Bencomos Mutter auf die Idee, die Höhlen in der Schlucht von Jorada aufzusuchen.

»Dort liegen Vorräte, die wir für den Winter unbedingt brauchen«, sagte sie, »außerdem ein Krug, den ich Ica als Geschenk mitgeben möchte.«

Also stiegen sie alle miteinander in die Schlucht hinab. Für die Kinder war dies eine willkommene Abwechslung, zumal sich Bencomo und Mazo bereit erklärt hatten, mit ihnen Kaninchen zu jagen.

»Wir nehmen dazu Wurfholz und Schleudersteine«, sagte Mazo.

»Mal sehen, wer von euch am besten trifft und den dicksten Braten erwischt.«

Sie jagten den ganzen Nachmittag lang und erlegten vier Kaninchen. Mit Gofio, Frischkräutern und einer Soße aus dem Saft scharfer Pflanzenstengel versprach das ein kleines Festmahl am Abend zu werden.

Mazo kletterte gerade mit den Kindern an der bröckligen Seitenwand der Schlucht entlang, als die kleine Idaira den Halt unter den Füßen verlor und mit Getöse abrutschte. Allen verschlug es vor Entsetzen den Atem, als sie ein ganzes Stück weiter unterhalb aufschlug und reglos liegenblieb.

Als erster erreichte sie Mazo. Er sah gleich das Blut und wußte, daß sie mit dem Kopf aufgeprallt war. Vorsichtig hob er sie hoch. Idaira stöhnte, öffnete aber nicht die Augen. Er begann, sich heftige Vorwürfe zu machen.

»Ich bin an allem schuld«, klagte er, »warum mußte ich auch mit den Kindern ausgerechnet diesen Weg nehmen . . . Ich habe die Gefahr völlig unterschätzt!«

Ica schob ihn energisch beiseite. »Laß mich sehen«, sagte sie und tastete die kleine Schwester gründlich ab. Die Untersuchung verlief zu ihrer Zufriedenheit, dennoch war ihr Blick ernst, als sie aufstand und die um sie Versammelten ansah.

»Gebrochen ist zum Glück nichts. Nur eine Platzwunde am Kopf, das Blut trocknet bereits. Aber ihr Geist ist nicht da, sie hat das Bewußtsein verloren.«

Sofort machten sich Mazo und Bencomo daran, aus frischen Baumtrieben und Geäst, die sie mit Pflanzenbast verbanden, eine Trage zu bauen. Zuguiro legte Ziegenfelle als

Unterlage auf das Gestell, Ica ging zur Quelle, um Wasser zu holen, mit dem sie die Wunde auswaschen konnte, während die beiden Mütter mit den Kindern zur Talsohle der Schlucht hinabstiegen. Dort wuchsen Heilkräuter, und es kam darauf an, sie frisch aufzulegen, während bestimmte andere Arten einen lindernden Tee ergaben. Schachtelhalm zum Beispiel eignete sich gut dafür, vermischt mit dem Sud gepreßter Steinbeeren, die um diese Jahreszeit reichlich vorkamen.

So endete der fröhlich begonnene Ausflug mit Mißklang und stiller Besorgnis. Mazo und Bencomo trugen Idaira die Schlucht hinauf und den ganzen Weg bis Tixarafe, ohne sich ablösen zu lassen. Sie strengten sich an, die Trage möglichst ruhig auf ihren Schultern zu balancieren, damit das Mädchen die Erschütterungen nicht spürte. Man konnte ja schließlich nicht wissen, ob der Schädelknochen nicht doch bei dem Aufprall gesplittert war und wie stark sie Schmerzen fühlte. Ihr Bewußtsein blieb weiter getrübt, sie schlug nicht einmal die Augen auf.

Erst am Abend, im Haus von Bencomos und Mazos Eltern, als die Heilfrau des Dorfes kam und die Kleine mit speziellen Mitteln behandelte, kam Idairas Geist wieder zum Körper zurück. Sie stöhnte und rieb sich benommen den Kopf.

»Ihr habt sie gut versorgt«, sagte die Heilfrau zu Ica, »es war richtig, die Kräuter und Beeren zu nehmen, und auch der Verband wurde so angelegt, wie man es besser nicht tun kann. Mit Hilfe meiner Medizin wird sie nun bald genesen.«

»Darf sie ins Aridanetal?« fragte Mazo.

»Natürlich«, antwortete die Heilfrau, »nur weder heute noch morgen, nicht liegend und schon gar nicht zu Fuß. Am besten bleibt sie bis zum nächsten Mondwechsel im Haus und verläßt nicht das Bett.«

So kam es, daß alle in Tixarafe blieben, und abgesehen davon, daß dies Ica und Bencomo sehr gefiel, sollte sich dieser Umstand im nachhinein noch als äußerst glücklich erweisen.

General de Lugo stand mit dem Kapitän des Flaggschiffes, einem schweigsamen und mürrischen Seemann baskischer Abstammung, auf der Brücke und starrte auf die stürmische See hinaus. Das anfänglich so warme Spätsommerwetter war umgeschlagen. Der Wind hatte an Stärke zugenommen. Er blies nun beinahe ununterbrochen aus nördlicher Richtung, was erforderlich machte, daß das Schiff kreuzen mußte, um auf dem errechneten Kurs zu bleiben.

Sie hatten die Südroute gewählt, um auf La Gomera eine kurze Zwischenstation einzulegen, die der Auffrischung der Trinkwasser- und Lebensmittelvorräte dienen sollte. Bei denkbar schlechter Sicht fuhren sie an der Südküste Teneriffas entlang und konnten kaum Land ausmachen. Nur die Spitze des gewaltigen Vulkanbergs Teide ragte wie eine Geistererscheinung aus den tiefhängenden Wolken und bot eine Orientierung.

Plötzlich ließen schreckliche Geräusche und zugleich eine fürchterliche Explosion die Männer erstarren. Angst fiel wie der Schatten eines mächtigen Dämons über die Schiffe: Der Teide brach aus!

Auf Anweisung von Pater Innozenz versuchte der Schreibsekretär Domingo später die Ereignisse in einer genauen Beschreibung festzuhalten und, soweit dies möglich war, die Einzelheiten exakt und chronologisch zu notieren. Domingo schrieb:

»Wir segelten an jener unerforschten Insel vorbei, die wegen ihrer wilden, zerklüfteten Gebirge Teno-Riff oder auch Teneriffa heißt. Dort gibt es einen besonders großen, weithin sichtbaren Berg. Die Eingeborenen der anderen Inseln nennen ihn *Teide*, was in unserer Sprache *Höllenberg* heißt, und behaupten, der Teufel hätte sich in seinem Inneren einquartiert. Und so muß es wohl auch sein, denn kaum näherten sich unsere Schiffe der Insel – unser Flaggschiff führt bekanntlich das Kreuzzeichen im Segel –, da begann der Höllenfürst auch schon zu rasen und zu wüten. Große Mengen an Rauch stiegen aus der Spitze des Berges. Zugleich flogen mit dem Grollen aus dem Inneren der Erde solche Ballen von Rauch und Staub zum Himmel, daß sie ringsum die Berge verdunkelten.

Nach kurzer Zeit hörte dies auf, und als sich der Staub etwas verzogen hatte, sah man, daß der Berg von zusammengestürzten Massen ringsum wie von einem Mantel bedeckt war. Rauch drang an vielen Stellen heraus, am meisten aber aus dem Schlund an der Spitze. Riesige Flammen mußten da drinnen wüten, die diesen Brand verursachten. Der Berg mußte einen riesigen Hohlraum besitzen, der wie ein Ofen war, von einem gewaltigen Brande erfüllt. Denn wie die Flammen sich drehten, ohne irgendwo richtig herauszukommen, ließen sie erkennen, daß sie von anderen, viel stärkeren Flammen nach oben getrieben wurden. Weithin bis aufs Meer spürte man starken Gestank von Schwefel und Salpeter. Das wurde wohl verursacht durch die Gewalt der Flammen, die den Gestank mit dem Rauch emportrugen, worauf er vom Wind nach allen entferntesten Richtungen verstreut wurde.

Dies aber war erst das Vorspiel der satanischen Schrekken, die von solch gefährlicher Schönheit waren, wie sie der Geist eines Menschen kaum erdenken und beschreiben kann. Denn nun brüllte die Erde, und die ganze Insel schien zu zittern und zu beben wie ein wütiges Tier. Und erneut spie die Hölle ihr Innerstes aus: Den Himmel konnte man, so weit das Auge reichte, von ganz dunklem Nebel bedeckt sehen, der aus dem Schlund dieses Teufelsberges hervorkam, und außer daß er durch seinen Umfang und seine Dichte der Erde so viel Licht nahm, daß es am Mittag wie am dunkelsten Abend war, regneten aus ihm auch so schwarze Aschemengen und ein Hagel von kleinen Steinen, daß sie Meer und Land bedeckten, so weit der Horizont reichte.

Auf der Insel selbst muß es am schlimmsten gewesen sein. Weil die Asche alle Pflanzen begrub, verlor das weidende Vieh sein Leben und die fliegenden Vögel, vom giftigen Rauch und den Steinen getroffen, stürzten tot zur Erde. Unter den Menschen aber muß sich Angst und Wahnsinn verbreitet haben.

Der schauerliche und fürchterliche Berg aber flammte unter der verderblichen Kraft der beschriebenen Dinge von Stunde zu Stunde in größerer und lebendigerer Glut mit verschiedenen Farben des Rauches auf, der sich ständig veränderte, bald schwarz, bald weiß, bald gelb, bald blau erschien, so daß es war, als würden alle Planeten hier die Vorherrschaft ihrer Eigenschaften und Einflüsse zeigen.

Plötzlich hatte der Berg einen so starken Ausbruch und stieß solche Töne, Blitze und unerhörte Kreischlaute aus, daß es allen wie der Jüngste Tag der Erde erschien. Die Nacht war erleuchtet von so hohen Flammen, daß es, wie sie nacheinander aufstiegen, den Eindruck erweckte, als ob Luft und Meer in Brand stünden. Das erregte zugleich mit dem infernalischen Lärm höchstes Entsetzen auf unseren

Schiffen. Der Höllenschlund aber, der sich mit einem Bruch im Berg auftat, stieß einen hohen und breiten Strom riesiger Steine aus, die, teils ganz rollend, so wie sie aus der Tiefe des Schlundes kamen, teils durch die Kraft des Feuers verflüssigt, sich mit langsamer und schrecklicher Bewegung auf der Erde ausbreiteten, Täler erfüllend, Berge überdekkend, jeden Ort, wo er vorbeikam, verändernd, bis er das Meer erreichte.

Als er ins Meer trat, begannen durch den Gegensatz der Wasserkälte die Erschütterungen mit schrecklichem Kochen unter seiner Oberfläche, so daß das Meer mit seiner natürlichen Unruhe, ohne zu wogen, erbebte und sich schüttelte wie das Land. Mit immer neuen Ausbrüchen und Erschütterungen des Berges bis ins Meer hinein wuchs und verstärkte sich der Kampf zwischen Wasser, Feuer, Luft und Erde so sehr, daß man hier den wahren Kampf des Heißen mit dem Kalten und des Feuchten mit dem Trockenen sah.

Schwärme toter Fische, die durch die Hitze gekocht waren, bedeckten die Oberfläche des Meeres, und wären wir dichter an die Schreckensküste herangesegelt, so wäre es uns wohl ähnlich ergangen, denn das Meer war am Ufer so heiß, daß es nicht nur das Pech der Barken zum Schmelzen gebracht hätte.

Das Wüten an Land ging indes unvermindert weiter. Die feurigen Aushauchungen des Berges erschienen in dem riesigen Glanz, der die Nacht zum Tag machte, wie miteinander kämpfende Geschwader in scheußlichen Formen und Gestalten von Mondhöfen, Schlangen, Balken, Lanzen und springenden Ziegen, daß, wieviel an erschrecklichen und wunderbaren Feuern im Luftkreis auch entstehen können, alle zur Bedrohung dieser Insel hier vereinigt erschienen. Wir waren, obgleich vom Anblick gebannt und in unseren

Sinnen gelähmt, heilfroh, dem höllischen Pandämonium unversehrt entkommen zu können.«

Allen Unbilden zum Trotz gelang es ihnen, unbeschadet den Hafen von San Sebastián auf Gomera zu erreichen. Am Fuße schroff abfallender Felsen öffnete sich die schützende Bucht mit der kleinen Mole. Schon beim Einlaufen wurde das Auge auf ein Bauwerk gelenkt, das sich, strategisch günstig gelegen, aus dem Zentrum der Bucht erhob und einen wehrhaft-trutzigen Eindruck vermittelte. De Lugo kannte es gut und wußte um seine Bedeutung: Es handelte sich um den im Grundriß rechteckig angelegten Torre del Conde, den Hernán Peraza mit mächtigen, fast zwei Meter dicken Befestigungsmauern erbauen ließ. Wie wohlbedacht die Konstruktion des Wehrbaus war, erwies sich bei der Rebellion der Wilden vor vier Jahren, als seine Gemahlin mit ihren Kindern und einigen wenigen Getreuen in den Turm fliehen mußte.

De Lugo kannte die Chronologie der sich damals überstürzenden Ereignisse genau. Jeder kannte sie, der mit den Kanarischen Inseln und ihrer Eroberung zu tun hatte. Die Soldaten sangen bereits Lieder darüber: Hernán Peraza, der seit längerem ein heimliches Verhältnis zu der Guanchenprinzessin Yballa unterhielt, wurde beim Verlassen des Liebesnestes von dem eifersüchtigen Prinzen Huatacuperche mit der Lanze durchbohrt. Dies war das Zeichen für den allgemeinen Aufstand der Insulaner. Unter Huatacuperches Führung schlossen sie Perazas Witwe, die schöne Beatriz de Bobadilla, und alle Spanier, die dem Volkszorn entkommen konnten, im Torre del Conde ein.

Zwei Soldaten zeichneten sich in der verzweifelten Lage dabei besonders aus: Alonso de Ocampo und Antonio de la Peña, die von der Turmzinne aus sechzehn Metern Höhe den Anführer der Guanchen mit einem Pfeilschuß töteten. Außerdem konnte ein spanischer Segler entkommen, brachte die Nachricht nach Gran Canaria, woraufhin der ruhmreiche Feldherr Pedro de Vera mit Schiffen und vierhundert Mann von dort zu Hilfe eilte.

Unglaublich blutig soll er auf Anweisung von Beatriz de Bobadilla den Aufstand niedergeschlagen und die Inselbewohner bestraft haben, gleichgültig, ob sie nun an der Rebellion teilgenommen hatten oder nicht. Die Leute wurden einzeln vorgeführt und mit Ausnahme der Kinder unter fünfzehn Jahren zum Tode verurteilt. Die Todesarten waren sehr verschieden und hingen, so erzählte man sich, ganz von der Laune der Doña Beatriz ab: Entweder wurden die Eingeborenen erhängt, gepfählt, zu Tode geschleift oder lebendig mit Gewichten um den Hals ins Meer geworfen. Auch erhielt nicht jeder sogleich die Gnade eines raschen Todes – vielen wurde, besonders wenn beim Verhör ihr Blick frech und ihre Stimme aufmüpfig erschien, zuvor die Hände oder Füße oder beides abgehackt.

De Lugo lächelte nachdenklich vor sich hin. Einen unglaublichen Zauber mußte die schöne Beatriz de Bobadilla auf den Soldaten und alten Haudegen Pedro de Vera ausgeübt haben, daß er sich zu solchen Grausamkeiten hinreißen ließ. Ja, eine Hexe war sie sicher, und alle Männer fielen ihren Reizen zum Opfer. Wie vor Pedro de Vera dieser Hernán Peraza, und davor soll sie gar die Mätresse des Königs gewesen sein. Rötlich schimmerte ihr Haar und katzengrün war die Farbe ihrer Augen ... De Lugos Herz klopfte heftiger, wenn er an sie dachte.

Und die Geschichte, wie sie überhaupt nach La Gomera gekommen war, erzählte man sich in allen Hafenkneipen von Barcelona bis Cadiz: Hernán Peraza, der Fronherr von Gomera, ließ sich eines Tages aus Eifersucht zu einer Bluttat hinreißen. Nach dem Essen geschah es, da erdolchte er rücklings seinen Gast. Und der war kein Geringerer als Juan Rejón, der ruhmreiche Eroberer von Gran Canaria. Auf diese Weise glaubte er seinen ärgsten Konkurrenten ausgeschaltet zu haben. Aber die Mordtat ließ sich nicht verheimlichen, und so mußte Peraza sich in Madrid vor dem königlichen Tribunal verantworten, wo er sich wortreich und geschickt zu verteidigen wußte. Er erwirkte sogar einen Freispruch für sich. Gänzlich ungeschoren allerdings ließ man ihn dennoch nicht ziehen. Die Auflage, die er zu erfüllen hatte, bestand darin, besagte Beatriz de Bobadilla zu heiraten und mit ihr auf die ferne Kanareninsel Gomera zu verschwinden.

Das hatte Isabella von Kastilien durchgesetzt, um sich an der Mätresse ihres Mannes zu rächen und die Nebenbuhlerin aus der Schlafkammer des Königs zu vertreiben. So kam die Hexe nach Gomera . . .

Und nun war Hernán Peraza tot, am Morgen nach der Liebesnacht durchbohrte ihn die Lanze des jungen Guanchen . . . Und dem Pedro de Vera hatte sein Hängen und Pfählen, sein Peitschen und Schleifen und die Tatsache, daß er alle Knaben und Mädchen nach Gutdünken Freunden schenkte oder sie als Sklaven an entsprechende Händler verkaufte, wie Beatriz es wollte, all diese Willfährigkeit der Dame gegenüber hatte ihm nichts genutzt. Sie erhörte ihn nicht, forderte immer tollere Liebesbeweise von ihm, lachte ihn aus und weinte nicht, als er bei der Krone in Ungnade fiel.

Ein übereifriger Bischof, Miguel Lopez de la Cerna, hatte sich bei Hofe beschwert und die Absetzung de Veras erreicht. Francisco de Maldonado übernahm kurzfristig sein Amt auf Gran Canaria und von ihm schließlich er selbst, Alonso Fernández de Lugo, General und *Goberdador de la Conquista Adelantado mayor de Canarias*.

Und Pedro de Vera? Der tat sich noch ein wenig bei der Einnahme von Granada hervor, wurde daraufhin von den Katholischen Königen freigesprochen und nachträglich völlig rehabilitiert. Er bereitete sogar seine Rückkehr auf die Kanarischen Inseln vor. Dazu aber kam es nicht mehr. Er starb, in Amt und Ehren versteht sich, auf dem Festland, bevor sein Schiff auslaufen konnte.

Beatriz de Bobadilla aber, die stolze, herrliche Hexe, die schöne, begehrenswerte Witwe mit den grünen Augen – nun erwartete sie ihn, Alonso Fernández de Lugo. Er und kein anderer, so hatte er sich geschworen, würde bald in ihren Armen liegen, um den Tempel ihrer Lust zu erstürmen.

Gewiß, sie war tyrannisch und grausam, eine Jägerin, die vor nichts zurückschreckte, wenn es um Macht und Reichtum ging. Aber war seine Natur nicht ähnlich, der ihren an Skrupellosigkeit sogar noch um einiges überlegen? Er würde um sie kämpfen und letztendlich siegen – schon manche wilde Stute entpuppte sich schließlich als folgsam, wenn sie nur gehörig zugeritten wurde.

Drei Dinge vor allem werde ich erobern, frohlockte de Lugo dankbar über die neuen Herausforderungen: La Palma, die schöne Beatriz und den Posten eines Statthalters von Gomera. San Sebastián war von daher eine willkommene Etappe bei der Durchführung seines Plans. Er nahm sich vor, den Aufenthalt hier nach allen Kräften zu seinem Vorteil zu nutzen.

Sie empfing ihren Gast nicht, wie er erwartet hatte, im Torre del Conde, sondern im nahegelegenen Gästehaus. Die Zeiten waren nach der blutigen Niederschlagung des Guanchenaufstands spürbar ruhiger geworden, man konnte jetzt auch wieder außerhalb der Wehrmauern leben, und San Sebastián war zu einem schmucken Städtchen aufgeblüht. Es gab viele neue Häuser und richtig gepflasterte Straßen, eine kleine Kapelle und eine eigene Münzpräge. Die Steinhäuser mit ihren hölzernen Balkons prunkten in frischem Kalkanstrich und trugen als Verzierung bemalte Schilder aus gebranntem Ton mit den Namen ihrer Besitzer. Gomeras Wohlstand war nicht zu übersehen, und vor allem: der seiner Herrin, denn Beatriz de Bobadilla bestimmte nun als alleinige Verwalterin über die Insel, und nach dem Tod ihres Gemahls hatte sich ihr Reichtum nicht unerheblich vermehrt.

Ein einheimischer Diener führte de Lugo durch das wuchtige, ein wenig abweisend wirkende Holztor ins Innere des Hauses. Der Gang lag im Halbdunkel, und rasche Seitenblicke in die beiderseits abzweigenden Zimmer ließen den Gast gewahr werden, daß es auch innerhalb der Räume nicht wesentlich heller war. Man hatte wegen der Hitze die Holzläden vor den kleinen Fenstern geschlossen. Nur durch wenige Spalte fiel Tageslicht herein und ließ Muster auf den Steinfliesen des Bodens entstehen.

Aber der Diener führte ihn in keines der Zimmer hinein, sondern weiter den Gang entlang bis zum offenen, lichtüberfluteten Innenhof des Gebäudes. Dort angekommen, blieb de Lugo überrascht stehen. Weniger wegen der plötzlich blendenden Sonne, sondern mehr, weil er eine solche Pracht nicht erwartet hatte. Ein wahrer Urwald üppiger Grünpflanzen wucherte im gepflegten Geviert empor, bildete zum Ausruhen einladende Schatteninseln, umrahmte die Türen und den Aufgang zur Treppe, überdachte an der Stirnseite des Hofs eine hölzerne Pergola. Seltsame, von ihm nie zuvor gesehene Blumen blühten hier, mit gelben Blütenkelchen, groß wie aufgesperrte Schlangenmäuler, und solche in Rot, Purpur und Violett, die einen betörenden Duft verströmten. Der Hof war erfüllt vom Plätschern des runden Brunnens in seiner Mitte und vom Gesang der Vögel, die in zahlreichen zwischen dem Buschwerk aufgehängten Holzkäfigen flatterten.

An Granada fühlte sich de Lugo erinnert, an den grazilen Liebreiz der kühlen Innenhöfe der Alhambra, die Gärten des Generalife, die die Mauren als Nachbild des Paradieses angelegt hatten. Kein Zweifel, dieser so bedacht gestaltete Garten trug deutlich die Handschrift einer Frau. Mehr noch, er verriet, daß die Gebieterin über Blüten, Düfte und Vogelstimmen, bar irgendwelcher anderer Sorgen, sich nahezu ausschließlich seiner Pflege widmen konnte.

Erst jetzt, nachdem sich seine Augen an der faszinierenden Pracht sattgesehen hatten, entdeckte de Lugo die schöne Beatriz de Bobadilla. Sie lagerte entspannt auf einer Art gepolsterten Ruhebank und mußte den Gast wohl bereits eine geraume Weile beobachtet und den Eindruck, den der Garten auf ihn machte, mit Genugtuung wahrgenommen haben. Jedenfalls winkte sie ihn nun zu sich heran. Der Diener entfernte sich mit einer diskreten Verbeugung.

»Kommt näher, General«, sagte Beatriz. Ihre Stimme klang dunkel und lockend zugleich. Sie bildete einen eigenartigen Kontrast zu ihrem makellos geschnittenen Gesicht mit den grünschillernden Augen. Kupferrot umspielten die Locken Hals und Schultern. Sie trug ein türkisfarbenes Kleid nach der allerletzten Mode, hauchzart, mit edlem Faltenwurf und raffiniertem Dekolleté. De Lugo stockte der

Atem vor ihrer Schönheit. Dieser Anblick übertraf seine Erinnerungen und heimlichen Erwartungen bei weitem.

»Ihr kommt spät, ich habe Euch schon seit Tagen erwartet. Gab es Schwierigkeiten bei Hof?«

»O nein, ganz und gar nicht«, beeilte sich de Lugo zu sagen. »Ein mächtiger Vulkanausbruch bei Teneriffa behinderte uns, aber es ging glimpflich ab für die Schiffe. Und dann wurden wir in Gran Canaria aufgehalten. Die Proviantaufnahme und das Anheuern der Mannschaft dauerten länger als vorgesehen. Ihr wißt schon, wie umständlich mitunter die kleinen Beamten der Behörden ihre Arbeit versehen.«

Beatriz lachte und zog ihn an der Hand näher zu sich heran. De Lugo bedeckte ihren zarten, weißen Handrücken mit Küssen und ließ sich auf dem Sitzpolster zu ihren Füßen nieder. Sie duftete wunderbar, besser noch als die schönsten Blumen des Gartens.

»Ja, ja, die kleinen Beamten«, lachte Beatriz, »Kriecher und Bauerntölpel, die man zu Amtsträgern gemacht hat, allesamt. Ich kenne diese Sorte von Menschen. Es gibt sie auch hier auf La Gomera. Jedoch belasten sie mich wenig. Ich habe sie selber ausgesucht und eingesetzt, sie folgen bedingungslos meinen Befehlen. Wußtet Ihr, daß man auf La Gomera nur mit *einem* Kopf denkt und mit *einer* Zunge spricht? Mein Wort gilt hier als Gesetz.«

»Ich habe davon gehört«, sagte de Lugo. »Man erzählt sich, daß Eure Position auf der Insel nach dem Tode Eures Gatten und der Zerschlagung des Aufstands unanfechtbar ist, so gefestigt und sicher wie niemals zuvor.«

»Das stimmt, ich gab mir Mühe, damit sich alles zu meiner Zufriedenheit fügte.«

»Und die Eingeborenen?«

»Sind zahmer als jemals zuvor, sie fressen uns sozusagen

aus der Hand«, lachte Beatriz. »Wir haben ein Exempel an ihnen statuiert, das sie so schnell nicht vergessen werden. Die öffentlichen Hinrichtungen haben ihre Wirkung gezeigt. Nun wagt niemand mehr, sich meinem Willen zu widersetzen.«

»Eurem Willen und dem der Krone ...«

Beatriz zog belustigt die Augenbrauen hoch und machte eine abfällige Geste. »Spanien und die Krone sind weit«, sagte sie. »Wenn ich es recht bedenke, habe ich den Hof eigentlich schon vergessen.«

»Auch König Ferdinand?« fragte de Lugo mit einem herausfordernden Lächeln.

»Den vor allem. Und ebenso die traurige Episode mit meinem verblichenen Gemahl, Gott hab ihn selig. Eigentlich erinnern mich nur noch die Kinder an ihn. Ich sehe sie übrigens selten, denn ich habe ihre Erziehung einer geeigneten Person übertragen. Die Rolle der Mutter liegt mir nicht besonders, eigentlich habe ich nie Kinder gewollt.«

»Ein trauriges Kapitel, gewiß«, stimmte de Lugo zu. »Zudem eines, das Geschichte gemacht hat: der Name Peraza besitzt in gewissen Kreisen noch immer seinen Klang.«

»In gewissen Kreisen ...«, wiederholte Beatriz die Worte. Ihre Stimme klang mit einem Mal hart, und ihr Gesichtsausdruck wurde es auch. »Ihr könnt mir glauben, daß jene Kreise, von denen Ihr sprecht, meine Welt auf La Gomera nicht mehr berühren ...« Sie lachte unvermittelt auf, und die Spannung wich aus ihrem Gesicht. »Das Leben ist kurz, General, und die Augenblicke des Jetzt viel zu schön, um sie von Schatten der Vergangenheit trüben zu lassen. Heute leben wir und sollten die Zeit nutzen, sie zu genießen.«

»Wie recht Ihr habt, meine Teuerste«, seufzte de Lugo. Erneut spürte er überdeutlich ihre Nähe, eine Welle von

Duft erreichte ihn. Er roch ihre Haut und sah mit Behagen die Anmut ihrer Körperformen unter dem dünnen Kleid. Leidenschaftliche Begierde, diese Frau zu besitzen, regte sich in ihm.

Beatriz war nicht verborgen geblieben, welche Wirkung sie auf ihn ausübte. Sie genoß es, auf solche Weise von einem Mann begehrt zu werden, und kannte sich bestens aus im Wechselspiel des Anbietens und Verwehrens. Dieser Mann reizte sie, aber sich ihm jetzt schon hinzugeben, wäre verfrüht gewesen. Noch galt es, seine Triebe anzustacheln, bis an den Rand des Wahnsinns und womöglich darüber hinaus.

Sie beugte sich vor, scheinbar um nach dem auf dem Boden bereitstehenden Weinkrug und dem Becher zu greifen, tatsächlich aber bot sie ihm mehrere endlose Sekunden lang den Anblick ihrer Brüste.

»Trinkt auf unser Wohl und genießt, General«, sagte sie mit einem tiefen, bedeutungsvollen Blick in seine Augen, während sie de Lugo den gefüllten Becher überreichte. Sie hatte das irrlichternde Glitzern in seinen Pupillen bemerkt, das kurze Anhalten seines Atems. Sie war mit der erzielten Wirkung durchaus zufrieden.

»Wie wunderschön Ihr seid, in Eurem verzauberten Garten die herrlichste aller Blüten . . .«

»Das hat Christóbal Colón auch gesagt«, warf sie rasch dazwischen, »jener Mann, der vor Euch da war, Ihr wißt schon, wen ich meine . . .«

»Christóbal Colón . . .«, stammelte de Lugo wie aus den Tiefen einer anderen Welt auftauchend.

»Ja, dieser Admiral mit den drei Schiffen, der von der Idee besessen ist, den Seeweg westlich nach Cipangu zu entdecken.«

»Pah! Ein einfältiger Mann mit dem ungehobelten Gesicht eines Bauernlümmels: feiste Wangen, Doppelkinn und hervorquellende Augen«, schnaubte de Lugo verächtlich.

»Aber ein durchaus interessanter Mann, der energisch seine Ziele verfolgt. Vizekönig in Indien will er werden, und es soll dort unglaubliche Schätze geben, vielleicht mehr, als Ihr jemals auf La Palma finden werdet!«

»Alles Gerede. Es gibt keinen westlichen Weg. Ein Phantast und Träumer ist dieser Christóbal Colón, einer, der Ammenmärchen glaubt und betrunkenen Spielern. Wie kann man auf so einen Kerl nur hereinfallen? Wahrscheinlich seid Ihr die letzte, die ihn lebend gesehen hat, und man hört nie wieder von ihm.«

»Ihr seid doch nicht etwa eifersüchtig, Alonso?« fragte Beatriz neckend.

»Auf so einen? Niemals! Es ist nur schade um die Schiffe, die ihm die Krone leichtsinnigerweise anvertraute. Ich hätte sie für meine Unternehmung wesentlich besser gebrauchen können.«

»Ihr tut ihm unrecht«, foppte Beatriz spöttisch weiter. »Immerhin soll er ein frommer, gottesfürchtiger Mann sein, der durchaus sittsam auf den Pfaden der Tugend wandelt. In Las Palmas, so erfuhr ich von Pedro de Vera, sei er jeden Morgen in aller Frühe aufgestanden, um in der Kapelle San Antonio Abad zu beten, und hier in San Sebastián soll er unsere kleine Kapelle auch mehrmals aufgesucht haben.«

»Soll ... Ihr wart also nicht dabei?«

»Ich betrete nie die Kapelle, sie ist mir zu klein und zu eng. Außerdem mag ich es nicht, wenn der Pöbel mich anstarrt und mir zu nah ist.«

»Ein Standpunkt, den ich durchaus nachvollziehen kann«, antwortete de Lugo, froh darüber, daß die Unterhaltung weg von jenem lästigen Nebenbuhler in anderes Fahrwasser geriet. »Auch ein Seemann atmet auf, wenn er draußen auf See sein kann und über sich nichts als den freien Himmel verspürt.«

»Wo wir schon so intim plaudern ... erlaubt mir eine offene Frage, die einer ebensolchen Antwort bedarf«, bat Beatriz. »Was ist Euch auf dem Meer von größerer Wichtigkeit: das Logbuch oder die Bibel?« Sie betrachtete gespannt sein Gesicht. Ihm dämmerte allmählich, daß seine Antwort auf diese so leicht hingeworfene Frage für sie von Wichtigkeit war. Wollte sie bloß seinen Geist, Witz, seine Schlagfertigkeit prüfen? Oder ging es ihr um mehr, um die Frage vielleicht, wie ernst er es mit dem Glauben nahm?

»Beide Bücher sind für einen Seefahrer von gleich großer Wichtigkeit«, sagte er zögernd. »In das eine versucht man, die Wahrheit hineinzuschreiben, in dem anderen steht sie möglicherweise schon drin.«

Doña Beatriz lachte und klatschte in die Hände dabei. Fast hätte sie durch die Zähne gepfiffen. Sie entsann sich aber im letzten Moment, daß ein solches Verhalten einer Dame unwürdig war, und unterließ es.

»Im übrigen überlasse ich es Eurem Scharfsinn, festzustellen, welches ich mit dem einen und welches ich mit dem anderen Buch meine«, fügte de Lugo hinzu.

Beatriz war erleichtert. Einen übermäßig bibeltreuen Mann, das war wirklich das letzte, was sie sich wünschte. So einer war nicht einmal im Bett so recht zu gebrauchen. Aber dieser de Lugo ... Sie atmete auf.

»Eine kluge, eine raffinierte Antwort«, sagte sie. »Zudem eine, die mehr verdeckt als enthüllt. Erstaunlich für einen, der sich vorgenommen hat, als Entdecker und Eroberer die letzten Geheimnisse zu entschleiern ...«

Sie beugte sich vor, um seinen Becher nachzufüllen, und

ließ erneut ihr freizügiges Dekolleté auf ihn wirken. Trotz der Kühle im Schatten der Pergola brach de Lugo der Schweiß aus. Die Schwüle an diesem Nachmittag nahm deutlich zu. Draußen brannte die Sonne und schickte ihren warmen Atem durch die Ritzen der Türen und Fenster, durchflutete den Hof und legte sich betörend auf alle Sinne.

»Es wird wohl immer Geheimnisse geben. Das macht für mich gerade den Reiz aus«, sagte er schwach.

»Ein Weiser soll einmal geäußert haben: Das größte Geheimnis auf Erden ist und bleibt für immer das Weib ... Würdet Ihr dem zustimmen?« sagte sie und zog den Einblick in ihr Kleid wieder ein wenig zurück.

Doch de Lugo hatte bereits genug gesehen, um weiterhin unbefangen bleiben zu können. Sein Puls raste. Sie sah es seinen Augen an, wie aufgewühlt er war. Er brannte innerlich lichterloh. Er schwankte zwischen zwei Extremen – entweder jetzt unterwürfig vor ihr auf die Knie zu fallen, wie ein Sklave seine Liebe auf dem Tablett zu servieren, sein Herz, seinen Verstand noch dazu, oder sich einfach auf sie zu stürzen und ihr das Kleid vom Leib zu reißen. Er vermochte sich für keine der beiden Handlungen zu entscheiden, er war wie gelähmt. Wo bleibt mein Stolz, meine Ehre, dachte er. Sie ist es doch, die ich erobern will, die darum betteln soll, daß ich sie nehme. Seine Gedanken kreisten trunken, mühsam mußte er sich zusammennehmen und zum ruhigen Sprechen zwingen.

»Nicht jetzt und nicht heute«, raunte er leise, »aber eines Tages, das verspreche ich, werde ich eigenhändig Euer Geheimnis enthüllen und tief darin eindringen.«

»Was meint Ihr – meinen Körper oder meine Seele?« fragte Beatriz kokett zurück. Ihr frecher Blick wich dem seinen nicht aus.

»Ihr besitzt keine Seele, Ihr seid eine Hexe, Beatriz, und

Euer Körper ist mir vollauf genug«, sagte de Lugo, die letzten Schranken des Anstands zwischen sich und seiner Gastgeberin niederreißend.

Sie hätte ihn jetzt ohrfeigen können, ja müssen. Aber sie tat es nicht. Sie lachte nur gurrend auf, und dieses Lachen war als Antwort deutlich genug.

Behutsam trug Ica die Salbe auf. Die frisch vernarbte Wunde sah schon gut aus, bald würde nicht mehr als eine böse Erinnerung an den Unfall zurückbleiben, und auch die würde langsam verblassen. Die kleine Idaira folgte allen ihren Bewegungen aufmerksam mit den Augen. Sympathie, ja Bewunderung verspürte sie für Ica.

»Du machst es ebensogut wie die Heilfrau«, sagte sie. »Wann wirst du nun endlich eine Harimaguada?«

»Vielleicht bald schon«, antwortete Ica nachdenklich.

»Ich weiß nicht, ob ich das so gut finde«, sagte Idaira. »Das Bergkloster liegt so weit von hier, und die Ausbildung dauert lange. Wir können uns dann nicht mehr sehen. Wirst du mich vermissen?«

Ica nickte und strich der Kleinen die Haare aus der Stirn. Sie fühlte sich in einer seltsamen Stimmung. Hellwach und doch irgendwie schläfrig. Es kam ihr plötzlich vor, als besäßen die Dinge in ihrer Umgebung eine sehr dünne Haut, und sie könne hindurchblicken und sähe hinter dem Schein die Wirklichkeit. Immer weiter entfernten sich ihre Gedanken, weg von Tixarafe, in die Berge hinauf, zum felsigen

Rand des Kraters. Sie sah einen einsamen Raben in lautlosem Flug, sah ihn Ausschau halten und schließlich auf einem Basaltbrocken landen. Er hielt den Kopf schief, als betrachte er die Felswand mit den Eingängen zu den Höhlen. Ica sah eine alte Frau davor sitzen. Es war Tamogante. Die weise Heilfrau sang ein Lied aus der Traumzeit. Schwer verständlich war der Text und bedeutete wohl mehr als die bloßen Worte. Waren auch die Worte nur eine Hülle, hinter der sich die eigentliche Wirklichkeit verbarg?

»Ein übervoller Korb von Träumen war dieser Sommer«, sang sie, »gurrend, glitzernd, sattwarm, trunken von Grün, und die Spinne der Zeit wob ihre Silberfäden über verzauberten Wegen aus. In der Wildnis der sprechenden Steine, in gleißenden Eidechsenstunden, im Atem des Meeres, in flirrenden Zikadennächten, wo die Sterne tanzen und lesbare Schriften formen, reifte es heimlich heran. Und nun, da die Ernte naht, sehe ich, daß ich selbst die Frucht all dessen geworden bin: Kern und Same für ein neues Leben . . .«

Mühsam erhob sich Tamogante von ihrem Sitz, langsam, als gehöre sie bereits einer anderen Zeitrechnung an, die nur den Strahlen der untergehenden Sonne gehorcht, schritt sie hinüber in den Schatten, zu den Höhlen der ewig wartenden Toten . . .

»Ist was? Du träumst ja mit offenen Augen«, sagte Idaira.

»Was? Nein, nein, es ist alles in Ordnung«, antwortete Ica verwirrt, nach und nach in die Gegenwart zurückfindend. Aber stimmte das auch, war wirklich noch alles in Ordnung?

Jenseits von La Gomera, auf der offenen See, traf sie erneut die starke Strömung aus dem Norden. Die Planken des Schiffes ächzten und knarrten im Sturm. Seit Stunden schon stand Domingo an der Reling und starrte voraus, um ja nicht den Moment zu verpassen, wo die felsige Küste von La Palma auftauchen würde. Noch immer war die Sicht schlecht, der Sturm blies, vertrieb aber den Nebel nicht, und in ihm tauchten mitunter Spukgestalten auf, gaukelten dunkle Streifen von Bergrücken vor, die sich beim Näherkommen stets wieder in Nichts auflösten. Und so glaubte Domingo anfangs der Stimme aus dem Mastkorb nicht, die etwas von Land rief, traute nicht dem aufgeregten Brüllen der Matrosen. Dann aber konnte er sich selbst davon überzeugen, daß sich nun aus dem Dunst allmählich feste Konturen herausschälten – die Südspitze von La Palma.

Die drei Schiffe hielten deutlich Abstand, schließlich hing alles davon ab, daß ihre Ankunft so lange wie möglich unbemerkt blieb. Und jetzt riß langsam der Nebel auf, zugleich ließ die Stärke der Meeresströmung spürbar nach. Sie befanden sich im Windschatten der Insel.

Verborgene Ängste kamen in Domingo beim Anblick der Teufelsberge von La Palma hoch. Abweisend wirkte die Insel, unnahbar, ja, feindselig drohte ihr langgestreckter Felsrücken herüber. So schwarz wie die Berge, so schwarz war auch der schmale Streifen Sandküste hinter der Brandung. Und dies sollte die *Grüne Insel* sein, wie die Berichte sie beschrieben?

Hinter einer vorspringenden, felsigen Landzunge öffnete sich die Küste überraschend zu einer weit geschwungenen Bucht. Doch auch hier fehlten der weiße Sand und die Dünen, die er im Süden von Gran Canaria bewundert hatte. Das mußte die Bucht von Taxacorte sein, jedenfalls hielten die Schiffe genau darauf zu. Unruhe erfaßte Domingo, wie auch die Besatzung und die Soldaten auf Deck.

»Beschirme mich, heilige Jungfrau Maria«, betete Domingo. »Gelobt seist du, Gebenedeite unter den Frauen, Schmerzensreiche, lege deine Hand schützend über mich . . .«

Tedot löste Mazo bei der Wache am Seelenstein ab. Beide waren nun Späher des Stammes und häufig für den Posten am Time eingeteilt.

»Leiste mir noch ein bißchen Gesellschaft«, bat Tedot, »oder willst du gleich wieder zum Dorf zurück, weil dort jemand auf dich wartet? Es ist langweilig hier so allein.«

Unschlüssig blieb Mazo sitzen. »Wir könnten etwas spielen«, schlug er dem Freund vor. »Was hältst du vom Handversteckraten?« Es war ein beliebter Zeitvertreib bei den Insulanern, Gegenstände, zum Beispiel kleine Steine oder Pflanzenstengel, in der geschlossenen Faust zu verbergen und dann die Dinge und ihre Anzahl raten zu lassen. Eine Weile vergnügten sie sich so, bis sie auch dieser Tätigkeit überdrüssig wurden.

Außer dem Rascheln und Säuseln des Windes war es still. Der seit zwei Tagen andauernde Sturm legte sich allmählich. Er hatte spürbare Abkühlung mit sich gebracht, wenn auch noch immer keinen Regen. Weißgrau glänzte das Meer am Ausgang der Schlucht in der Mittagssonne.

Plötzlich sprang Tedot auf. »Siehst du auch, was ich sehe?« rief er.

Auch Mazo stand auf und blickte hinab zur Bucht. In der Tat – dort zeigte sich etwas Ungewohntes, Fremdes. Mehrere weiße Flecken trieben herein, kamen näher, darunter zeichneten sich dunkle Körper ab.

»Es sind Schiffe«, stellte er verblüfft fest, »drei große Schiffe . . . Sie laufen die Insel an.«

»Das hat nichts Gutes zu bedeuten«, orakelte Tedot düster.

»Jetzt trifft ein, wovon die Alten im Ratskreis so oft reden: Wenn Schiffe kommen, bedeutet das für uns Gefahr!«

»Ich werde sofort nach Tixarafe laufen«, sagte Mazo und war schon auf dem Sprung.

»Ja, beeil dich. Ich bleibe hier und beobachte sie weiter!« rief ihm Tedot nach.

Mit weitausholenden Schritten rannte Mazo los.

Rasselnd gingen die Ankerketten nieder. Auf Anweisung von de Lugo verließen alle Mann bis auf die Kapitäne und die kleine Zahl Matrosen, die notwendig war, um seeklar zu bleiben, die Schiffe. Das bedeutete, daß die Boote pausenlos zwischen den Ankerplätzen und dem Strand hin- und herrudern mußten, um die Menschen, die Waffen und Vorräte an Land zu schaffen.

Ein Lager wurde errichtet, Strandholz gesammelt, um

Feuerstellen für die Nacht zu schichten, und Kundschafter ausgesandt, um die Umgebung zu sichern. Bisher hatte sich zwar noch kein Eingeborener blicken lassen, aber Vorsicht – schon aufgrund der früheren Erfahrungen – war durchaus angebracht. General de Lugo rief die Offiziere zu sich ins Zelt und hielt eine kurze Lagebesprechung ab.

»Der heutige Tag wird in die Annalen der Geschichte eingehen, ganz Spanien verfolgt unseren Feldzug mit Interesse«, sagte er. »Die Missionare haben am Strand ein Holzkreuz errichtet und die Erde gesegnet, die von nun an dem Gesetz des HERRN unterstellt ist. Von hier aus wird die Bekehrung der heidnischen Wilden beginnen . . .

Was uns anbelangt, so verläuft die Eroberung der Insel genau nach dem von mir ausgearbeiteten Plan. Zunächst gilt es, das Lager so zu befestigen, daß jeder Angriffsversuch der Guanchen zum Scheitern verurteilt ist. Die Schiffsgeschütze sind ausgerichtet und vermögen uns jederzeit Feuerschutz zu geben. Das Wetter war bisher durchaus günstig für unser Unternehmen. Dennoch können feindliche Späher von den Bergen aus unsere Landung beobachtet haben. Uns bleibt also nicht viel Zeit, wenn wir die Überraschung nutzen wollen. Morgen in aller Frühe schon werden wir ins Landesinnere aufbrechen. Das Heer wird in voller Formation und gut bewaffnet ins Aridanetal vorstoßen, wo ein Stamm der Eingeborenen hausen soll. Taxacorte lautet der Name ihres Dorfes, und weiter oben auf der Hochebene sollen noch verstreute andere Siedlungen liegen. Diese gilt es zunächst planmäßig zu besetzen und jeden Bewohner gefangenzunehmen. Wer dabei Widerstand leistet, wird auf der Stelle niedergemacht. Mit Ausnahme natürlich von Häuptlingen oder irgendwelchen anderen Anführern. Solche Leute bringt mir lebend, sie sind wichtig für uns. Diego . . .«

»Jawohl, Euer Gnaden«, antwortete ein dienstbeflissen vortretender Hauptmann in der schmucken Uniform der königlichen Garde.

»Ich wünsche, daß alles genau nach meinen Anweisungen durchgeführt wird, Ihr seid mir verantwortlich dafür! Und nun auf die Posten. Und noch eins, Diego: bringt mir das alte Weib.«

»Ihr meint jene verrückte Wilde, die auf den Namen Gazmira hört?«

»Soweit ich weiß, begleitet unser Unternehmen nur eine einzige Frau«, antwortete de Lugo kalt. »Gazmira, genau die meine ich. Bringt sie her, ich will allein mit ihr sprechen.«

»Zu Befehl«, schnarrte der Hauptmann, grüßte und verschwand aus dem Zelt. Die anderen Offiziere folgten ihm nach, nicht ohne zuvor durch Verbeugungen de Lugo die ihm gebührende Reverenz entboten zu haben.

Der General schritt unruhig im Zelt auf und ab. Sein Jagdinstinkt war erwacht und hatte seinen Verstand in Erregung versetzt. Er konnte und durfte sich keinen Fehler leisten, zuviel stand dabei auf dem Spiel. Klare Erwartungen waren gesetzt. Sie mußten nun auch eingelöst werden.

Ein Geräusch am Zelteingang riß ihn aus seinen Gedanken. Er fuhr herum. Es war Hauptmann Diego mit der Gefangenen.

»Setz dich«, sagte de Lugo und deutete mit der Hand auf einen der hölzernen Stühle. Diego verschwand und ließ das ungleiche Paar allein.

Schon oft hatte sich der General mit der alten Guanchin unterhalten, doch niemals so ernst und bestimmt wie jetzt.

»Du weißt, warum wir hier sind?« begann er das Gespräch.

Die Alte nickte. Ergeben kauerte sie auf dem ungewohnten Feldstuhl. Sie hatte die Hände im Schoß gefaltet und den Kopf tief gesenkt.

»Bist du froh, wieder in deiner Heimat zu sein?«

Die alte Frau hob den Kopf. Ihr Gesicht wirkte, wie die ganze übrige Gestalt, erbärmlich und hilflos. Sie war runzelig und verquollen wie eine Kartoffel, überreichlicher Alkoholgenuß hatte ihre Augen trübe gemacht, deutliche Spuren in ihr Gesicht gebrannt. Sie war längst ein Wrack. Zudem auch nicht mehr ganz richtig im Kopf, denn es dauerte mitunter reichlich lange, bis sie etwas verstand.

»Heimat . . ., Heimat . . .«, plapperte sie nach und kicherte dabei.

De Lugo wandte sich ab. Er vermochte den traurigen Anblick der alten Vettel nicht lange zu ertragen. Zahnlos war sie, beständig rann ihr Speichel aus dem Mundwinkel. Er schüttelte sich angeekelt.

»Du weißt, wer Häuptling im Aridanetal ist? Mayantigo lautet sein Name . . .«, fragte er über die Schulter.

»Mayantigo, ja, ja, Mayantigo«, wiederholte sie.

»Willst du trinken, damit sich deine Zunge etwas löst?« Er füllte Wein aus seiner Karaffe in einen Becher, schob ihn ihr zu. Sie nahm ihn mit beiden Händen in Empfang, führte ihn zum Mund und schlürfte mit kleinen, hastigen Zügen.

»Mehr«, sagte sie, »Gazmira braucht viel, viel mehr, um reden zu können.«

»Erst erzählst du mir über Mayantigo«, sagte de Lugo. Dennoch füllte er ihren Becher nach.

»Mayantigo ist ein tapferer Mann«, brabbelte sie, »ja, ja, so ist er wohl: ein mutiger, tapferer Krieger, ein guter Ringer, ein schöner junger Mann . . .«

»Das war einmal«, unterbrach sie de Lugo ungehalten. »Bedenke, wieviel Zeit vergangen ist, seit du ihn zuletzt gesehen hast! Er muß jetzt ein alter Kerl sein, alt und verbraucht wie du . . .«

Gazmira schluckte. Sie setzte den Becher zu Boden und tastete sich mit beiden Händen über das Gesicht. »Das stimmt nicht! Mayantigo ist jung und schön, jung und schön ist er, ein guter Ringer, er . . .«

»Schweig jetzt still!« brüllte de Lugo. »Soll ich erst wieder den Spiegel holen und ihn dir vorhalten, damit du zur Vernunft kommst?«

»Nein, nein, nicht den Spiegel!« kreischte die Alte auf und verbarg ihr Gesicht schützend hinter den Armen. »Alles, nur das nicht!«

»Dann rede endlich!«

»Ja, ich werde reden, alles, alles erzähle ich, was du nur hören willst«, jammerte Gazmira, »nur nicht den Spiegel . . .«

Und dann bekam sie mit einiger Mühe doch noch etwas Brauchbares heraus, Einzelheiten, die de Lugo verwertbar erschienen. Er hakte nach, bohrte weiter, führte geschickt das Verhör, nicht ohne zwischendurch reichlich Wein nachzuschenken.

Aber er empfand den Umgang mit ihr als zunehmend lästig, diese mühsame, widerwärtige Art der Konversation. Und so etwas darf sich Christin nennen, dachte er dabei, hat in Spanien gelebt, mit Männern wie meinen Soldaten gehurt und gesoffen. Eine Schande ist das . . . Aber immerhin bedeutete diese verlauste Vogelscheuche eine Trumpfkarte in seinem Spiel. Wer ein Spiel gewinnen will, kann sich den Ort und das Blatt nicht immer aussuchen, dachte de Lugo. Solange sie nützlich war, würde er sie weiter mit Essen und Wein versorgen. Und spätestens morgen würde sich herausstellen, ob sie diese Pflege noch wert war. Sie mußte dem Heer den Weg zeigen, ihre Kenntnis des Geländes war wichtig. Und wenn sie so viel von diesem Häuptling im Aridanetal hielt, vorausgesetzt, der Kerl war tatsächlich noch am Leben, so konnte es nützlich sein, sie bei eventuellen Verhandlungen als Dolmetscherin mit dabei zu haben. Man würde sehen . . .

Er trat zum Zelteingang, hob die Plane und gab der Wache Anweisung: »Schaff mir die Alte fort und sieh zu, daß sie nichts mehr zu trinken erhält, sie muß morgen einigermaßen laufen können. Und behalte sie im Auge! Du haftest mir mit deinem Kopf dafür.«

»Soll ich sie anbinden?«

»Nicht nötig, einfach aufpassen genügt.« Gazmira würde sich nicht vom Lager entfernen, darin war sich de Lugo sicher. Die Alte schämte sich viel zu sehr, eine Verräterin an ihrem Volke zu sein. Nein, die lief bestimmt nicht fort. Aber sie war ein durchaus nützliches Werkzeug, wenn nicht gar eine Waffe. Und Waffen sollte man immer im Auge behalten, lautete eine alte Soldatenregel. Schon aus Prinzip.

Domingo, der weder seine Mutter noch seinen Vater kannte, war im Kloster von Burgos an einem Sonntag abgegeben worden, wodurch er seinen Namen erhielt. Dort war er auch aufgewachsen. Sein anfänglicher Traum, Mönch wie die anderen zu werden, hatte sich nicht erfüllt, was zum einen daran lag, daß ihn der Prior von Anfang an nicht sonderlich mochte und für den geistlichen Stand als ungeeignet hielt. Zum anderen lag es aber auch daran, daß Domingo wiederholt dabei ertappt worden war, wie er verbotene Literatur aus der Bibliothek beiseite schaffte, angeblich, um seine Kenntnisse im Abschreiben zu üben. Immerhin hatte er recht gut Lesen und Schreiben gelernt und gab einen fleißigen Sekretär ab, den das Kloster weiterempfehlen konnte. So war er schließlich zu Pater Angel und Meister Innozenz gelangt. Bis jetzt gab es für seine Herren keinen Grund, sich über ihn zu beschweren, er war ein eifriger Diener.

Manchmal verfaßte Domingo heimlich Briefe an seinen Freund, den einzigen, den er je gehabt hatte, den Klosterschüler Eusebio. Ihm vertraute er sich rückhaltlos an, und das um so mehr, als er niemals in die Verlegenheit kam, die Briefe auch abzuschicken. Wie sollte ein Brief auch von der Insel La Palma ins ferne Burgos gelangen? Es waren äußerst vertrauliche, eigentlich nur für ihn selbst und niemand anderen sonst bestimmte Briefe, die mitunter den Charakter einer Beichte besaßen. Er verwahrte sie sorgsam in der Schatulle bei seinen Schreibutensilien. Am Morgen nach der ersten Nacht auf La Palma fand er wieder einmal Zeit, einen seiner Berichte zu verfassen.

»Diese Insel ist mir überaus unheimlich, ein Ort der Hölle«, schrieb Domingo. »Das, was wir von den sicheren Planken unseres Schiffes aus bei Teneriffa erlebten, kann sich hier jederzeit wiederholen. Nur daß wir diesmal an Land sind, den entsetzlichen Gefahren schutzlos ausgeliefert. Ein Wagnis ist es, La Palma zu betreten, eine regelrechte Herausforderung an die Mächte der Finsternis . . .

Wie du dir denken kannst, mein lieber Eusebio, habe ich mich dicht bei den Männern im Lager gehalten und wie sie des öfteren ängstlich nach den Schiffen geblickt. Sie sind unsere einzige Rettung im Falle einer Gefahr, wir dürfen sie nie aus den Augen lassen, und in der Stunde der Not müssen wir schnellstmöglich zu ihnen zurückkehren können, denn nur dort sind wir einigermaßen sicher.

In der ersten Nacht habe ich kein Auge zumachen können, obgleich ich erschöpft genug war. Zu fremdartig tönten die Geräusche der Nacht. Es ist viel zu warm, und ein seltsam schrilles Zirpen klingt ununterbrochen rings um uns herum. Mitunter schreckte ich hoch, weil ich Stimmen zu hören glaubte. Ich lauschte ihnen nach, konnte sie aber nicht einordnen. Sind es die Geister der Berge, läßt der Teufel ihre Instrumente stimmen, damit sie uns Furcht einflößen können?

Ich sah etwas Dunkles dicht über dem Strand fliegen und in dem wiegenden Dickicht der Palmen verschwinden, ohne es recht erkennen zu können. Ein Nachtvogel, eine Eule, ein Gespenst? Der warme Wind fährt beständig durch die Palmwedel und läßt sie rascheln. Das sieht dann aus, als würden Riesen ihre Arme schwenken. Doch die Konturen sind unscharf, ihre genaue Gestalt bleibt verschwommen, und dies ist unheimlicher, als wenn sie konkret faßbar wären. Denn ist es nicht so, daß wir mehr vor dem Unbekannten erschrecken, als vor dem, was unseren Sinnen bereits vertraut ist?

Auch das Meer scheint hier lauter als anderswo zu brüllen, unregelmäßig und machtvoll schlägt es gegen die Klippen, als sei es ein wütendes Tier, das jederzeit aufspringen und nach uns fassen kann. Das Meer ist wie die ganze Insel: unbändig und wild. Es kommt mir vor, als kämpfe das nasse Element noch immer gegen das feste, als sei dieser Kampf noch nicht entschieden und das Land ringe um seine endgültige Gestalt.

Der Morgen nach dieser Nacht brachte Licht, aber uns

keineswegs mehr Gewißheit. Unbehaglich ist es, die Konturen der unzähligen bizarren Klippen, Felsen und Berge zu betrachten, und das nicht nur, weil sie so steil und unzugänglich wirken. Sie sehen allesamt wie schlafende Ungeheuer aus, Mißgeburten aus Stein, die uns anstarren und feindselig belauern. Vielleicht sind das die Wächter, die die Schätze im Innern der Erde bewahren. Die Männer reden ständig davon . . .

Keinen Schritt außerhalb des Lagers würde ich ohne die Begleitung der Soldaten wagen, und selbst mit ihnen, beim Brennholzsammeln zum Beispiel, sind wir alle ängstlich und schweigsam.

Einen Moment nur saß ich irgendwo allein und blickte zu den Schiffen in der Bucht hinüber, als ich schon von Geräuschen und Bewegungen in meiner Nähe aufgeschreckt wurde. Ein paar Echsen waren es, die hier weitaus größer und eindrucksvoller als in Spanien sind, richtige kleine Drachen. Sie bewegten sich ohne Scheu auf mich zu. Ich kenne diese Tiere und ihre Eigenarten nicht, ich zog mich daher aus Vorsicht zurück. Am liebsten wäre ich wieder an Bord des Schiffes und würde alles aus sicherer Entfernung betrachten. Aber das geht ja nicht. Wir haben hier eine Aufgabe vor uns und müssen standhaft bleiben.

Nachher schon sollen wir losmarschieren und ein verstecktes Dorf der Barbaren angreifen. Pater Innozenz sagt, es könne nichts schiefgehen, denn wir hätten eine Eingeborene dabei, die den Weg kenne und uns so unbemerkt heranführe, daß wir die Wilden ohne größeres Risiko überraschen können. Hoffentlich stimmt das, ich traue der Ruhe nicht, und der Wald mit den fremdartigen Bäumen ist mir nicht recht geheuer.

Ich muß jetzt die Niederschrift beenden, Eusebio, denn soeben ertönt das Kommando zum Abmarsch. Meine wenigen Habseligkeiten sind rasch verstaut. Mir zittern die Hände, und mein Kopf klopft vor Erregung . . .«

Die ganze Verantwortung lastete nun auf Atogmatoma. Er schickte weitere Späher zum Time, die das Vorgehen der Fremden im Auge behalten sollten, Meldeläufer zu Mayantigo und den benachbarten Stämmen. Und er rief den Großrat zusammen, an dem außer den Kriegern auch die Frauen des Stammes teilnehmen konnten. Alle Augen in der Versammlung richteten sich auf Adargoma. Als Ältester und Teilnehmer der Schlacht in der Schlucht der Todesängste kam es ihm zu, als erster zu sprechen.

Adargoma richtete sich würdevoll auf. »Mich erinnert das alles sehr an die Vorgänge damals vor vierzig Jahren«, sagte er, seine Erregung mühsam unterdrückend. »Wenn ihr mich fragt, so meine ich, wir dürfen keinen Moment länger zögern. Die Fremden kommen in Waffen, ihre Absichten können nicht friedlich sein. Das Beste wird sein, wir schlagen sofort zu, greifen an und werfen sie zurück ins Meer. Auch sollten wir die Drachenbaumboote einsetzen, um ihre Schiffe zu erreichen. Verbrennt sie, sage ich euch, kein einziger der Feinde darf uns entkommen!«

Viele der Krieger, besonders die ganz jungen, stimmten ihm zu. Ausgerechnet aber Zuguiro, der Vater von Bencomo und Mazo, widersprach energisch. »Noch kennen wir die Motive der Fremden nicht, niemand hat bisher mit ihnen gesprochen. Kann es nicht sein, daß sie sich lediglich zu uns verirrt haben, weil der Sturm ihre Schiffe verschlug? Vielleicht wollen sie auch Handel betreiben, und die mitgeführten Waffen dienen nur zu ihrem eigenen Schutz. Bevor wir das Kriegsgeschrei anstimmen, sollten wir uns über diese Fragen im klaren sein. Ist es nicht so, daß wir lange Zeit schon in innerem und äußerem Frieden leben? Ist es uns nicht gut dabei ergangen? Warum sollten wir uns also unbedacht in einen Krieg stürzen? Nein, ich kann Adargomas Erregtheit zwar verstehen, seinen Gedanken aber nicht folgen. Ich bin für Verhandlungen, für den Frieden!«

Erneut sprang Adargoma auf. »Und ich sage, du unterliegst einem schweren Irrtum!« rief er. »Sind wir in den friedlichen Zeiten so müde geworden, daß wir die Waffen nicht mehr halten können und uns jedem fremden Eindringling widerstandslos ergeben?«

»Was hat der Feycan dazu zu sagen?« fragte Atogmatoma.

»Ich hatte keinen Traum«, antwortete der Angesprochene zögernd. »Ich muß mich zurückziehen und über alles nachdenken . . .«

»Tu das«, sagte der Hochkönig mit gerunzelter Stirn. Auch er war über das Ausbleiben einer Traumvision besorgt, er konnte den Feycan verstehen. Allerdings mußte eine Entscheidung gefällt werden, Zögern brachte sie nicht weiter. Sorge bereitete ihm auch die Tatsache, daß die Ratsversammlung offensichtlich in zwei Lager gespalten war. Denn jetzt hielt ein weiterer Krieger seine Rede, er stimmte leidenschaftlich für den Kampf und erhielt starken Beifall.

Adargoma verstärkte den Eindruck noch, indem er sich erneut zu Wort meldete. »Ich kenne diese Fremden, die sich Spanier nennen, genau, und ich zweifle keinen Moment daran, daß es sich um solche handelt – sie sind hinterlistig und führen nur Böses im Schilde. Verderben bringen sie uns mit ihren Waffen, den Holzknüppeln, die Feuer spukken und von fern töten, den blitzenden Stäben ... Seht mein Gesicht: Es ist von einem dieser Stäbe gezeichnet worden, und nie werde ich die Schmerzen vergessen. Ich sage euch, ihre Waffen sind schrecklich, den unseren weit überlegen, und sie sind in Panzer gehüllt wie die Meeresschildkröten und reiten auf Tieren mit langen Beinen. Es sind Boten der Finsternis, Gehilfen des Guayote. Aber hat uns der Guayote vor ihrer Ankunft gewarnt? Nein! Seht ihr, das kann nur bedeuten, daß wir sie angreifen und vertreiben müssen, und zwar schnell, bevor es zu spät ist!«

»Krieg! Krieg!« schrien die jungen Männer und rissen zustimmend die Arme hoch, auch Bencomo und Mazo.

Zuguiro schwieg, einige der Frauen schüttelten den Kopf. Atogmatoma spürte es deutlich: Der Stamm entzweite sich über dieser Frage immer mehr. Als einer den Vorschlag machte, die Rückkehr der Meldeläufer abzuwarten, besonders erst die Meinung von Mayantigo zu hören, erntete er nur Gelächter. Dem Hochkönig schwirrte der Kopf. Je mehr er nachdachte, desto unklarer erschien ihm alles. Hatte er den Göttern am Altar der Pyramide nicht gelobt, den Frieden für Benahoare zu wahren? Noch nie war er ein Verfechter übereilter Entschlüsse gewesen, und nun verlangten die Ereignisse plötzlich eine rasche Entscheidung von ihm. Atogmatoma fühlte sich wie gelähmt. Er war unfähig zu sprechen. Die Leitung der Versammlung entglitt ihm immer mehr.

Jetzt trat die Heilfrau in die Mitte des Kreises. Sie hatte Mühe, ihrer Stimme Gehör zu verschaffen, so erregt wurde im Tagoror diskutiert.

»Wir sollten Tamogante benachrichtigen, sie aus den Bergen holen und um Rat fragen. Wenn jemand die Lösung für unser Problem weiß, dann sie.«

Die meisten der Frauen, auch Zuguiro und einige andere Krieger, stimmten ihr zu.

»Hast du gehört?« stieß der Feycan Atogmatoma an, riß ihn aus seinen Gedanken.

»Was? Ja, ja, Tamogante ... Jemand soll gehen und sie holen.«

Bencomo, der bislang geschwiegen hatte, sprang, einer plötzlichen Eingebung folgend, auf. »Ich schlage vor, Ica geht hinauf in die Berge«, rief er.

»Ica? Wer ist das?« fragte der König.

«Ein Mädchen aus dem Aridanetal. Sie lebt seit kurzem bei uns. Ich verbürge mich für ihre Zuverlässigkeit.«

Atogmatoma nickte zustimmend. »Da sie offenbar nicht mit im Kreis sitzt – geh und hole sie, schicke sie in die Berge hinauf. Wenn sie den Weg nicht kennt, dann begleite sie. Tamogante soll so schnell wie möglich zu uns kommen!«

»Vielleicht werde ich aber hier viel dringender gebraucht«, wagte Bencomo zu widersprechen.

Adargoma stieß ihn unsanft an. »Hast du nicht gehört, was der König gesagt hat?« brummte er. »Los, mach schon, ohne deine Begleitung findet die Kleine nie den Weg zum Höhlenkloster!«

Bencomo brach sofort auf, nicht ohne zuvor seine Waffen aus dem Haus zu holen. Das Messer mit der Obsidianklinge steckte er in den Gürtel, die Sprunglanze legte er über die Schulter. Ica war sofort bereit, mit ihm zu gehen.

Dank Gazmiras Hilfe fanden de Lugos Soldaten rasch den Weg nach Taxacorte. Während sich eine starke Einheit vor dem Dorf postierte, marschierte der Rest des Heeres unterhalb davon auf einem Waldpfad vorbei und tauchte völlig überraschend für die Bewohner im Rücken der Ansiedlung auf. Es rächte sich nun, daß der Stamm die Bewachung des Ortes äußerst nachlässig betrieben hatte. Die beiden Späher, auf die man traf, wurden schnell überrumpelt. Taxacorte konnte keinerlei Widerstand leisten.

»Was sollen wir mit den Eingeborenen machen?« fragte Hauptmann Diego. »Wir haben sie auf dem Dorfplatz zusammengetrieben, sie sind allesamt unbewaffnet. Wahrscheinlich fanden sie keine Zeit, sich auf den Angriff vorzubereiten. Unsere Überrumpelungstaktik scheint perfekt zu sein.«

»Und Mayantigo? Habt ihr den Häuptling?«

»Noch nicht. Er soll sich mit ein paar Gefolgsleuten oben auf der Hochebene befinden. Eine Abteilung Scharfschützen ist bereits unterwegs, um die Wilden zu fangen. Ich glaube nicht, daß sie auf größere Schwierigkeiten stoßen werden.«

»Ihr sollt nicht glauben, sondern greifbare Erfolge melden!« brüllte de Lugo. »Eine zweite Abteilung soll sofort zur Hochebene aufbrechen und den Häuptling stellen. Gebt ihr zwei der gefangenen Eingeborenen mit und laßt durch ihren Mund Mayantigo ausrichten, falls er nicht augenblicklich zu Verhandlungen erscheint, werden stündlich drei Dorfbewohner erschossen. Wir beginnen dabei mit den Kindern.«

»Euer Wort sei mir Befehl«, antwortete Diego beflissen. Er wollte davoneilen, um die notwendigen Anweisungen zu geben.

»Halt!« brüllte de Lugo. »Nehmt die alte Gazmira mit,

die soll ihrem geliebten Häuptling unmißverständlich mitteilen, daß wir es ernst meinen. Blutig ernst, sage ich!«

Alles verlief genau nach Plan. Gegen Mittag schleppten Soldaten Mayantigo und seine Begleiter herbei. Auf dem Dorfplatz hatte de Lugo ein provisorisches Lager errichtet und Stühle für sich und seinen Verhandlungspartner aufstellen lassen. Vor den Augen der Bevölkerung würde das Tribunal stattfinden. Jeder sollte mitbekommen, wie er dabei vorging. Sie würden ihn schon kennen und fürchten lernen!

Es war totenstill, als der alte Häuptling an seinen Leuten vorbei über den Platz geführt wurde. Zwei Soldaten drückten ihn auf den Stuhl. Ihm gegenüber saß de Lugo, flankiert von Hauptmann Diego und der Dolmetscherin Gazmira. Dahinter, mit deutlichem Abstand, saßen die drei Männer in den schwarzen Kutten, Pater Innozenz, Pater Angel und der Schreiber Domingo. Auf eine Handbewegung des Generals hin traten zehn Scharfschützen vor und richteten ihre Musketen auf die abwartend verharrende Menge.

»Ich betrachte dich nicht als Gefangenen, sondern als Verhandlungspartner an einem historisch bedeutsamen Tag«, begann de Lugo seine Ansprache. Mit zittriger Stimme, die einzelnen Worte hervorwürgend, übersetzte die alte Gazmira. Sie hing in ihrem Stuhl und wagte nicht, den Kopf beim Sprechen zu heben.

»Was ich kraft meines Amtes als Königlicher Verwalter der Inseln und im Namen meiner Herren, der Durchlauchten Katholischen Könige von Spanien, vorzutragen habe, umfaßt im wesentlichen vier Punkte. Punkt eins: Es soll Frieden, Einheit, Zusammenarbeit und Freundschaft zwischen meinem Volk und den Einwohnern von La Palma, das in eurer Sprache Benahoare heißt, herrschen.

Punkt zwei: Du, Mayantigo, sollst mit sofortiger Wirkung die Hoheit der Katholischen Könige anerkennen und ihnen als Unterlegener dienen, wie das Gesetz es befiehlt. Dafür behältst du als Gegenleistung deine Fürstenwürde und die Regierungsgewalt über den Distrikt Aridane.

Punkt drei: Du, Mayantigo, und alle deine Vasallen schwört dem Götzenglauben ab, nehmt als wahren Glauben das Christentum an und unterwerft euch dem Willen der Heiligen Kirche. Als Zeichen der Versöhnung soll, wenn du einverstanden bist, noch heute ein großes Holzkreuz auf dem Dorfplatz errichtet werden. Damit wirst du ein Vorbild für die anderen Bewohner der Insel La Palma sein.

Punkt vier: Wenn diese Bedingungen alle erfüllt sind, sollen den Menschen deines Volkes dieselben Rechte und Freiheiten zustehen wie den spanischen Untertanen.

Bist du mit diesen Vorschlägen einverstanden?«

Schweigen herrschte über dem Platz. Die Sonne stand hoch, warf keine Schatten. Mayantigo saß in seltsam verkrampfter Haltung auf seinem Stuhl, und obgleich ihn die Wachsoldaten nicht festhielten, sah es aus, als wäre er daran festgebunden. Er schwieg lange. So lange, daß de Lugo gereizt mit den Fingern an den Schaft seines Stiefels zu trommeln begann.

Nach zermürbender Stille öffnete der alte Häuptling endlich den Mund. »Und wenn ich mich weigere, auf die Forderungen einzugehen?« fragte er.

Gazmira übersetzte aber: »Ich bitte Euer Gnaden um etwas Zeitaufschub, ich muß über das Angebot nachdenken.«

»Gut, ich gebe dir eine Stunde. Danach gilt nicht mehr die Diplomatie, sondern das Kriegsrecht. Dann lasse ich das Feuer eröffnen.«

Gazmira übersetzte: »Es hat keinen Zweck, sich zu weigern, Häuptling. Schau dich um – dein Stamm ist umstellt, und diese Männer schrecken vor nichts zurück. Ich habe sie kennengelernt, vierzig Jahre lang habe ich bei ihnen gelebt, und sie sagten, ich sei ihr Gast, dabei war ich ihre Sklavin. Sieh, wie mir der Aufenthalt bei ihnen bekommen ist. Verflucht sei der Tag, an dem ich in ihre Hände fiel!«

Mayantigo, der die Alte längst erkannt, aber sich bislang nichts hatte anmerken lassen, richtete sich vom Stuhl auf und fuhr sie an: »Verflucht seist du, Gazmira, weil du eine Verräterin an deinem eigenen Volk geworden bist. Und Schande über mich, daß ich einen solchen Tag wie diesen erleben muß. Sage deinem Herrn, ich beuge mich nur der nackten Gewalt. Ich sehe die Kinder, Frauen und Männer hier, und daß sie unbewaffnet sind. Wäre dem nicht so, würden wir kämpfen . . . Von all dem, was dein Herr sagt, halte ich nichts. Nie mußte ein freier Guanche einen anderen als seinen eigenen König anerkennen, und Diener sind wir niemals gewesen, sondern Menschen mit eigenem Willen. Wer den Kopf beugt, verliert den geraden Gang. Und bei der Sache mit dem wahren Glauben verstehe ich nicht, von was da eigentlich die Rede ist, außer daß diese Spanier viel Wind um etwas machen, was bei uns jedes kleine Kind schon begreift. Vielleicht sind diese Leute auch nicht ganz richtig im Kopf, denn sie reden wirres Zeug mit doppelter Zunge . . .

Da wir aber ihre Gefangenen sind und ihre Waffen auf uns gerichtet, so will ich sie nicht weiter reizen und alles tun, was sie verlangen, solange wir unsere Würde dabei nicht verlieren. Und nun sag deinem Herrn, er möge dem lächerlichen Spiel ein Ende bereiten.«

Weinend rang Gazmira die Hände. »Oh, ich Arme«, jammerte sie, »was habe ich verbrochen, daß Gott mich so hart bestraft und alle Boten des Guayote auf meine gepeinigte Seele hetzt . . . Gibt es denn auf der ganzen Welt niemanden mehr, der mich versteht?«

Mit Argwohn hatte de Lugo die Unterhaltung beobachtet, ohne ihren Sinn zu verstehen. Ungehalten fuhr er die Dolmetscherin an: »Was sagt er, was will er?«

»Er bedankt sich bei Euch und sagt, daß Ihr wahrhaft ritterlich seid, ein Edelmann von außergewöhnlichem Rang. So einen Menschen wie Euch sah er niemals zuvor. Und er sagt, wenn es stimmt, daß Ihr nur der Bote eines noch mächtigeren Königs seid, so muß dieser König wirklich bedeutend sein, und er will ihm nach allen Kräften dienen.«

De Lugo fühlte sich geschmeichelt und fuhr sich selbstzufrieden durch den Bart. »Sehr schön, gut, gut. Nur, warum lachst du alte Vettel dabei?«

»Ich lache nicht«, schluchzte Gazmira, den letzten Rest ihrer Beherrschung verlierend, »ich weine, weil ich unglücklich bin. Ich wollte, ich wäre tot.« Sie rutschte vom Stuhl, küßte die Erde zu ihren Füßen und fing wieder einmal an, irre zu reden.

»Schafft sie mir aus den Augen und gebt ihr einen Krug Wein«, sagte de Lugo zur herbeispringenden Ordonnanz. Sie schleiften die kreischende und wild um sich schlagende alte Frau weg.

De Lugo war der Zwischenfall peinlich. Gewiß, es handelte sich nur um Wilde, zugleich, und dies wurde ihm in diesem Moment wieder einmal deutlich bewußt, wurde aber auch Weltgeschichte geschrieben. Alles, auch eine Kapitulation und ein Unterwerfungsvertrag, verlangte schließlich so etwas wie Etikette. Ihm lag viel daran, die Angelegenheit mit Würde zum Abschluß zu bringen. Mit großer Geste warf er daher seine rechte Hand in die Luft.

»Die Urkunde, Feder und Tinte!«

Hauptmann Diego, der alles vorbereitet hatte, öffnete die mitgebrachte Schatulle, entnahm ihr die gewünschten Gegenstände und schritt mit militärischem Ernst auf den

Guanchenhäuptling zu. Dort angekommen, rollte er das Pergament auf, legte es auf die Erde, entkorkte das Tintenglas, tauchte den Gänsekiel hinein und hielt Mayantigo die Feder unter die Nase.

Der alte Häuptling starrte verblüfft auf die fremden Utensilien. Was wollten die Spanier von ihm, welcher Sinn verbarg sich hinter diesem neuerlichen Zauber?

»Unterschreiben!« kommandierte Hauptmann Diego. Und da er ohnehin die Urkunde als Zeuge zu bestätigen hatte, machte er es dem Wilden vor. Mit schwungvoller Hand schrieb er seinen Namen. Danach reichte er Mayantigo die Feder weiter. Der Guanche nahm sie vorsichtig in die Hand, rutschte vom harten und unbequemen Stuhl auf die Knie, beugte sich tief über das am Boden ausgebreitete Pergament und malte bedächtig neben Diegos Namen eine Spirale.

Mit Wohlwollen bemerkte de Lugo diese erste, unfreiwillig erfolgte Geste der Demut. Es wird bestimmt nicht das letzte Mal sein, daß er seinen Nacken vor mir beugt, dachte er.

Nun kam Hauptmann Diego zu ihm, legte aber die Urkunde auf den kleinen Holzschemel zu Füßen des Generals. Noch einmal wurde die Feder ins Tintenglas eingetaucht, dann zeichnete de Lugo gegen. Mit dem letzten Federstrich seiner Unterschrift wurde das Schicksal der Insel La Palma besiegelt.

Von banger Ahnung getrieben, liefen Ica und Bencomo hinauf in die Berge. Ihr Gefühl sagte ihnen, daß große Veränderungen bevorstanden. Gefahr lauerte in der Bucht von Taxacorte; die Ankunft der Fremden konnte nur Unheil bedeuten.

»Ich teile Adargomas Meinung«, sagte Bencomo unterwegs. »Wir sollten kämpfen.« Und er erzählte in groben Zügen, was ihm der alte Krieger über die Geschehnisse damals und die Schlacht in der Schlucht der Todesängste berichtet hatte.

Ica hörte aufmerksam zu. Als er geendet hatte, sagte sie: »Ich kann aber auch deinen Vater und die anderen, die Bedenken äußern, gut verstehen. Ist es nicht so, daß wir alle Kinder von Tara und Orahan sind und Abona dienen sollen? Immer schon galt der Frieden als höchstes Gut bei uns, und wenn es einmal zu Meinungsverschiedenheiten zwischen den Stämmen kam, so dürfte der Guayote seine Hand dabei im Spiel gehabt haben. Stets gelang es, den Streit zu schlichten und Versöhnung zu schaffen. Wir dürfen dem Dämon aus dem Vulkan, der das Böse will, keine Chance geben, die Menschen zu entzweien.«

»Diesmal ist es aber anders«, beharrte Bencomo. »In jenem fernen Land, aus dem die Fremden stammen, herrschen andere Gesetze, die uns unverständlich sind. Wir dürfen nicht zulassen, daß sie uns unter diese Gesetze pressen.«

Ica antwortete nichts mehr darauf. Sie glaubte, Bencomo gut genug zu kennen und brauchte nicht erst in seinem Gesicht zu lesen, daß in ihm die Liebe zu seiner Insel brannte. Er war ein echter Guanche, stolz, unbeugsam und mitunter so stur wie jahrtausendealtes Felsgestein.

Statt dessen lenkte sie das Gespräch auf ein anderes Thema, eines, das die ganze Zeit über schon ihr Denken bewegt hatte: »Ist es nicht merkwürdig, daß du vor kurzem noch dafür eingetreten bist, daß ich zum Kloster der Harimaguadas gehen kann? Und nun befinden wir uns bereits auf dem Weg dorthin.«

Ihr Tagtraum von neulich kam ihr wieder in den Sinn. Er hatte ihr die alte Heilfrau gezeigt, und nun würden sie gleich mit ihr zusammentreffen, mit ihr reden . . . Wie gern würde sie dort oben bleiben, um die Geheimnisse der ewigen Schöpfung zu erfahren . . .

Sie erreichten das Felslabyrinth im Windschatten des Kraterrandes. Still und friedlich war es hier, ein guter Ort für die Tiere und Pflanzen. Kaninchen stoben vor ihren Schritten auf, schlugen Haken, entfernten sich aber nur ein kurzes Stück. Viel zu neugierig waren sie, ihre blanken, dunklen Knopfaugen verfolgten aufmerksam jede Bewegung.

Und dann tauchte unvermittelt die Felsplattform auf mit den Eingängen, die ins Höhlenkloster führten. Im Kreis davor hockten die Harimaguadas und lauschten den Worten der Heilfrau Agora. Als sich Ica und Bencomo näherten, standen einige der Mädchen auf und liefen ihnen entgegen.

»Seid gegrüßt«, riefen sie. »Wir sind gerade beim Unterricht und hatten nicht mit Besuch gerechnet.«

»Seid gegrüßt«, antwortete Ica. Bencomo, der befangen stehengeblieben war, wagte nicht zu sprechen.

Nun stand auch Agora auf und kam auf sie zu. Sie war vielleicht halb so alt wie Tamogante, trug aber wie sie das Stirnband und am Gürtel ihres Gewandes einen Beutel mit Kultgegenständen.

»Was führt euch zu uns?« fragte sie. »Ist unten im Dorf etwas passiert?«

Ica nickte. »Nicht nur im Dorf herrscht Aufregung. In der Bucht von Taxacorte sind Fremde mit Schiffen gelandet.«

»Viele?«

»Ja, viele, und sie sind, wie es heißt, alle bewaffnet.«

Agoras gütiges Gesicht umwölkte sich sorgenvoll. »Und nun wollt ihr Tamogante um Rat fragen und sie nach Tixarafe holen?«

»Ja, Atogmatoma schickt uns. Man erwartet im Rat ihre Stimme.«

»Das wird nicht gehen«, antwortete Agora und senkte betrübt den Kopf. »Tamogante fühlt sich nicht wohl. Seit Tagen hat sie ihr Lager nicht mehr verlassen. Sie liegt da und träumt.«

»Aber wir müssen sie unbedingt sprechen«, hielt Ica an ihrem Auftrag fest.

»Gut, komm mit, ich führe dich zu ihr. Ausnahmsweise darfst du das Kloster betreten, obwohl du noch keine Harimaguada bist und nicht die Weihe besitzt. Der da aber« – sie deutete auf Bencomo – »muß draußen warten.«

Bencomo verstand. Er setzte sich auf einen Stein. Die Mädchen umringten ihn lachend und riefen ihm neckische Bemerkungen zu. Ica folgte der Heilfrau ins Innere der Höhlen. Der Weg führte einen dunklen Gang entlang und mündete schließlich in einer Art natürlichem lichtüberfluteten Innenhof.

Hier bot sich Ica ein überraschender Anblick. Wie eine Bienenwabe war ringsum die Felswand durchlöchert, zahlreiche Türöffnungen führten zu den Kammern der Harimaguadas, manche davon lagen so hoch, daß sie nur durch hölzerne Trittstufen erreichbar waren. Ica blieb stehen, fasziniert betrachtete sie das Innere des Klosters. Eine so imponierende Anlage hatte sie nun doch nicht erwartet.

»Gefällt es dir?« holte sie die Stimme Agoras in die Wirklichkeit zurück.

Ica nickte, sie fühlte sich nicht in der Lage, etwas zu äußern.

»Komm, wir gehen zu Tamogante.«

Über steinerne Stufen betraten sie eine Höhle, in der es kein bißchen dunkel war. Durch eine runde Fensteröffnung im Fels fiel ausreichend Licht und erhellte den Raum. Und dann sah sie Tamogante. Die alte Heilfrau ruhte in einer fellbekleideten Nische. Ausgestreckt lag sie da, ihre Augen auf die Ankömmlinge gerichtet. Mit einem schwachen Kopfnicken gab sie zu verstehen, daß der Besuch willkommen war. Die Hand winkte zum Nähertreten.

Ica ging zum Lager und kniete am Kopfende nieder.

»Wer bist du?« fragte Tamogante mit schwacher Stimme. Es war ihr anzumerken, daß es mit ihrer Gesundheit wirklich nicht zum besten stand, denn es gelang ihr nicht, sich aufzurichten.

»Ich heiße Ica und stamme aus dem Aridanetal. Jetzt lebe ich bei Bencomos Leuten in Tixarafe.«

»Ich kenne dich nicht, du bist keine Harimaguada?«

Ica schüttelte den Kopf. »Noch nicht, aber ich möchte es werden.«

Die Alte ergriff Icas Hand und zog sie auf ihre Brust. »Hier drin hockt der Schmerz«, sagte sie, »er wird von Tag zu Tag stärker. Ich glaube, der Guayote ruft mich zu sich ins Schattenreich.«

»So darfst du nicht sprechen.«

»So, darf ich nicht?« lachte Tamogante leise auf. »Und warum nicht, mein Kind? Ist es nicht allzu natürlich, daß ein langes Leben schließlich zum Tode führt, sind wir nicht alle sterblich und gehen den gleichen Weg hinüber, wenn die Stunde dafür gekommen ist? Glaub mir, mein Kind, mein Leben war reich und angefüllt mit einer Vielzahl von schönen und häßlichen Dingen. Dies alles sind Erfahrungen, die mir niemand nehmen kann, auch der Guayote nicht, wenn ich sein Reich betrete. Und nun ist eben bald der Augenblick des Abschieds für mich gekommen.«

»Aber wir brauchen dich«, rief Ica. »Der Stamm ist in Aufregung, das ganze Volk von Benahoare. Es wartet auf deinen Rat.«

»Warum, was ist geschehen?«

»Fremde sind in der Bucht von Taxacorte gelandet. Sie tragen Waffen und rücken ins Aridanetal vor. Viele Krieger fordern Atogmatoma zum Kampf gegen sie auf, andere zögern noch, auch er. Sie wollen wissen, wie du darüber denkst.«

»Wie ich darüber denke ...«, wiederholte Tamogante die letzten Worte. »Ist es so wichtig, was eine alte Frau am Ende ihres Lebens über den Lauf des Schicksals denkt? Ja, nun sind sie also gekommen, ich habe es seit langem befürchtet. Im Traum habe ich sie gesehen, aber nur undeutlich und schwach, denn mir fehlt die Kraft für klare Gesichter ...

Höre, mein Kind: Laß mich hier liegen, wo mein Zuhause ist und die Stätte meines Wirkens. Die Zeit ist viel größer als ich, sie geht allmählich an mir vorbei und achtet nicht mehr sonderlich auf mich. Agora soll an meiner Stelle gehen. Sie ist nicht nur meine Stellvertreterin und wird meine Nachfolge antreten, sie verfügt auch über das zweite Gesicht. Ihr Rat wird euch helfen ...«

Ermattet schwieg sie nach diesen Worten, sie atmete schwer und hielt noch immer Icas Hand in der ihren. Agora, die die ganze Zeit über neben den beiden am Lager gestanden hatte, verneigte sich tief vor der obersten Medizinfrau. »Ich werde gehen, wie es dein Wille ist«, sagte sie, »doch wer soll in meiner Abwesenheit das Kloster lenken?«

»Bestimm eines der Mädchen dazu, die schon länger hier

sind. Diese hier aber ...« – damit blickte Tamogante auf Ica – »kann hierbleiben, wenn sie will. Sie kann mich pflegen, und ich werde sie unterrichten, sofern ich die Kraft dazu finde. So haben wir beide etwas davon, daß wir uns begegnet sind. Bist du einverstanden, Ica?«

Ica nickte unter Tränen. »Ich bleibe gern. Draußen wartet Bencomo auf mich, ich möchte nur rasch von ihm Abschied nehmen.«

»Hast du dich ihm versprochen?« fragte Tamogante lächelnd.

Ica bestätigte es durch erneutes Nicken.

»Dann geh, aber bleib nicht zu lange, ich habe dir viel zu sagen.«

Icas Hand löste sich langsam aus der der alten Heilfrau. Sie stand auf. Agora führte sie den Weg zurück nach draußen zur Plattform.

Als Bencomo sie an der Seite Agoras durch die Höhlenöffnung ins Licht treten sah, wußte er sofort, daß sie bleiben würde. Schon jetzt, auch ohne das helle Gewand, sah sie aus wie eine Harimaguada.

Wortlos kam Ica auf ihn zu und küßte ihn. Er schlang seine Arme um sie und spürte die Wärme ihres Körpers. Als wolle er sich jede Einzelheit einprägen, streichelte er ihr Gesicht.

»Ich habe es gewußt, und es ist gut so«, sagte er. »Wir sehen uns wieder. Ich verspreche dir, daß ich immer an dich denken werde.«

»Auch ich werde an dich denken, Bencomo. Paß auf dich auf und beschütze meine Mutter und die Geschwister. Sag besonders Idaira einen Gruß von mir. Sie soll auf keinen Fall eher aufstehen, als die Heilfrau es erlaubt! Und führe Agora auf dem schnellsten Wege zum Stamm.«

Noch einmal zog Bencomo seine Geliebte an sich, küßte

ihren Mund. Dann löste er sich aus der Umarmung. An Agoras Seite stieg er hinab ins Tal.

»Stell dir vor, mein lieber Eusebio«, schrieb Domingo, »die Menschen auf der Insel laufen gar nicht nackt herum, wie es immer hieß, sondern in einer Kleidung, die sich auch bei uns sehen lassen könnte. Bei meinem kurzen Aufenthalt auf Gran Canaria sah ich welche, die aus gewebten Binsen oder Palmblättern bestanden. Hier auf La Palma werden sauber verarbeitete Ziegen- und Schaffelle bevorzugt, die oft vom Kopf bis zu den Füßen reichen. *Tamarco* wird diese Art Kleidung genannt und sowohl von Männern als auch den Frauen getragen. Die Frauen ziehen zudem noch einen Fellrock darunter, denn es gilt als unschicklich, Busen und Beine offen zur Schau zu stellen. Und ich sage dir, Eusebio, sie sind wunderschön, diese Guanchenfrauen, die schönsten Frauen, die ich jemals zu Gesicht bekam . . . Ich hoffe, daß du mich richtig verstehst, Eusebio. Ich will dir nur davon berichten, wie die Menschen hier sind, die man uns so oft als schreckliche Untiere beschrieben hat. Bislang konnte ich nichts Dämonisches an ihnen entdecken. Sie sind gastfreundlich und lachen viel, obgleich ich nicht verstehe, worüber, weil ich ihre Sprache nicht beherrsche. Sie sind zwar allesamt Teufelsanbeter, doch wirken sie auf den ersten Blick durchaus wie gesittete Menschen . . .

Aber ich möchte zunächst ihre Wesensart und ihre

Lebensgewohnheiten beschreiben, damit du dir ein besseres Bild von ihnen machen kannst. Die Kinder laufen barfuß und scheuen sich nicht, so über spitze Steine und Felsen zu springen. Das Schuhwerk der Erwachsenen besteht aus vernähten Fellen, das sie *Xercos* nennen. Als Schmuck tragen sie Ketten aus Tonperlen, Muscheln, durchbohrten Steinen und Knochen. Das Haar flechten sie mit Binsen anstelle von Schleifen und lassen es über die Schultern fallen. Eine freie Stirn gilt als Hauptmerkmal der Schönheit. Manche verbergen sie aber auch hinter einem Band, und es gibt Männer, die ihr Haar kurz geschnitten tragen. Sie behaupten, sie seien adelig und bewegen sich ständig im Umkreis des alten Häuptlings Mayantigo, den unser Feldherr de Lugo zum Fürsten ernannt hat.

Besonders dieser Häuptling benimmt sich äußerst eigenartig. Er sitzt zumeist schweigsam herum und brütet dumpf vor sich hin. Wenn er aber mit seinen Leuten redet, so dauert das Palaver stundenlang. Niemand weiß, was sie eigentlich besprechen, aber sie bleiben friedlich. Hoffentlich wird sich diese Einschätzung nicht als trügerischer Schein herausstellen. Ich jedenfalls bete darum, daß es so bleibt und sich auch die übrigen Eingeborenen der Insel, von denen wir bisher noch keinen zu Gesicht bekommen haben, ebenfalls so verhalten. Es ist das beste für sie, wenn sie sich unserer Übermacht beugen und vernünftig bleiben.

Im Dorf laufen Ziegen, Schafe, Schweine und Hunde herum. All diese Tiere züchten sie und essen sie auch, selbst die Hunde. Allerdings nur bestimmte Sorten, ich glaube, kastrierte Rüden. Ansonsten gibt es Gerste, Weizen, Bohnen und Brot sowie Honig, Fisch, Milch, Butter, Schmalz und Früchte im Überfluß. Die Soldaten erhalten diese Dinge von ihnen, ohne Gewalt anwenden zu müssen. Trotzdem bleiben wir vorsichtig und ständig auf der Hut.

Auf dem Dorfplatz, wo das große Holzkreuz aufgestellt wurde, zelebriert Pater Angel morgens und abends unter freiem Himmel die Heilige Messe. Die Eingeborenen versammeln sich stets, obgleich sie nichts von den Predigten Pater Angels verstehen. Ich glaube, sie ahmen seine Worte und Gesten nur nach, um ihn bei Laune zu halten. Wie Affen und Papageien sind sie dann, sinnlos scheint das ganze und meiner Meinung nach eine vergebliche Liebesmüh, solange sie nicht Latein oder zumindest die spanische Sprache beherrschen. Aber ich sage natürlich nichts dazu, es stünde mir wohl auch nicht an, in diesem Punkt eine eigene Meinung zu äußern.

Soeben läßt Meister Innozenz mich rufen. Ich muß mich beeilen, denn der Herr kann recht ungehalten sein, folgt man nicht augenblicklich. Ich unterbreche daher den Brief an dieser Stelle . . .«

»Ich fahre fort:

Wir haben das Dorf Taxacorte verlassen und sind weiter an der Küste entlang nach Süden gezogen. Vom Meer aus sah man es nicht, aber die Ebene von Aridane erstreckt sich, flach wie eine Terrasse, zwischen den Bergen und der Küste. Das Heer marschiert in voller Stärke und wird an den Flanken durch Vorauseinheiten gesichert. Die alte Gazmira begleitet uns, dazu mehrere von Mayantigos Leuten. Es heißt, sie sollen bei den Stammeshäuptlingen im Südwesten vermitteln und sich für unsere Ziele einsetzen. Ob das stimmt? Bisher jedenfalls ist immer noch alles friedlich geblieben. Die Leute in den Dörfern, durch die wir zogen, waren unbewaffnet. Ihre Anführer kamen uns entgegen, um zu verhandeln, und nach langen Diskussionen mit Mayantigos Boten nahmen sie unsere Forderungen an. Zwei weitere Häuptlinge haben die Urkunde unterzeichnet: Echedey aus

Tihuya und Echentive vom Stamme Tamanca. Jedesmal verlief die Prozedur auf die gleiche Weise wie in Taxacorte, nur daß nun nicht mehr Hauptmann Diego für die Überreichung der Schreibutensilien zuständig ist, sondern ich. Ganz nah stand ich bei den Häuptlingen und mußte das Pergament auf dem Boden vor ihnen ausbreiten. Und nachdem ich ihnen Feder und Tinte gereicht hatte, malten sie neben die Unterschriften und Mayantigos Spirale seltsame Zeichen, die unmöglich den Namen bedeuten können.

In Tamanca gab es einen Zwischenfall, der mich erschreckte, denn Häuptling Echentive, ein dicker Mann mit über und über bemaltem Gesicht, blickte mich so wild an, als wolle er jeden Moment aufspringen und mich beißen. Dabei rollte er seine Augen fürchterlich. Als ich ihm die Feder überreichen wollte, riß er sie mir aus der Hand, dazu noch das Fläschchen mit Tinte.

An beidem schnupperte er, die Feder steckte er sich, statt zu unterschreiben, ins Haar hinter das Ohr. Ich brauchte lange, um ihn davon zu überzeugen, daß dieses Tun falsch sei. Und weißt du, Eusebio, wie er reagierte? Er lachte mich einfach aus. Eine ganze Weile ging dieses Spielchen, bis er sich schließlich herabließ, einen Kringel auf das Pergament zu setzen. Das einzige, was ihnen wirklich Respekt einflößt, sind die Waffen der Soldaten. Besonders die Musketen haben es ihnen angetan. Als neulich ein Musketier zum Spaß einen Seevogel schoß, rannten sie schreiend weg, schrien und heulten, und einige warfen sich auf den Boden. Ich sage dir, Eusebio, manchmal denke ich, wir werden das Wesen dieser Wilden niemals richtig begreifen ...

General de Lugo drängt bereits wieder zum Aufbruch. Es leben zahlreiche Stämme auf der Insel, und er besteht darauf, sie alle einzeln aufzusuchen und zur Unterzeichnung des Dokuments zu bewegen. Bald schon werden wir die äußerste Südspitze von La Palma erreichen, wo der Vulkan Teneguia liegt. An manchen Tagen sieht man dort eine Rauchsäule aufsteigen. Ich bin gespannt, wie so ein Vulkan von nahem aussieht, und habe gleichzeitig Angst davor. So dicht am Eingang der Hölle war ich noch nie. Der Häuptling, der in unmittelbarer Nähe der Rauchsäule lebt und angeblich über eine sagenumwobene Quelle mit Heilkräften wacht, hört auf den Namen Ayucuahe. Er soll ein mächtiger Mann sein, eigenwillig und nicht gerade der beste Freund von Mayantigo. General de Lugo hat daher die Soldaten in Alarmbereitschaft versetzt, beim geringsten Widerstand soll geschossen werden. Ich hoffe, daß alles so friedlich wie bisher weitergeht, denn bis zum heutigen Tag kostete unser Kreuzzug nicht ein einziges Menschenleben . . .

Neulich bin ich zufällig Zeuge eines Gespräches zwischen Meister Innozenz und Pater Angel geworden, in dessen Verlauf letzterer bat, zurück nach Taxacorte zu dürfen. Alle Männer, Frauen und Kinder seien dort entsprechend dem Vorbild ihres Häuptlings, des Fürsten Mayantigo, ordnungsgemäß getauft und dem Gesetz nach halbwegs richtige Christenmenschen. Er betrachte sie inzwischen als seine Gemeinde, für die er seelsorgerische Verantwortung trage, und eine kleine Kapelle wolle er auch, notfalls eigenhändig, erbauen, damit die Heilige Messe nicht fürderhin unter offenem Himmel stattfinden müsse.

Der Meister lobte seinen Eifer und bekundete uneingeschränktes Verständnis für sein Problem, untersagte ihm aber dennoch die Rückkehr nach Taxacorte. Er begründete seinen Entschluß damit, daß de Lugo keinen einzigen seiner Soldaten entbehren könne, um für Pater Angels Weg zum Dorf zurück eine Eskorte zu stellen. Und ohne Begleitschutz könne er unmöglich gehen, ein einzelner Mensch, zudem noch ein Priester, sei in dieser Lage hochgradig gefährdet und biete sich geradezu als Zielscheibe für mögliche Überfälle der Heiden an. Wie man ja wüßte, wimmele es im Umkreis nur so von Wilden, die noch nicht den Friedenspakt geschlossen hätten.

Außerdem, sagte Meister Innozenz, käme es momentan nicht auf die wenigen Bewohner eines einzigen Dorfes an, wo man sich doch auf einem Kreuzzug befände und es gelte, die ganze Insel zum wahren Glauben zu bekehren. Ganz La Palma sei als eine Gemeinde zu verstehen, und bevor nicht alle das Wort des HERRN vernommen hätten und getauft seien, könne man sich nirgends mit Detailfragen befassen.

Diese Worte, mein lieber Eusebio, imponierten mir sehr, das muß ich zugeben, denn sie verdeutlichten auch mir schlagartig, wie gewaltig und groß unsere Aufgabe eigentlich ist.

Weniger beglückten mich die nachfolgenden Ausführungen des Meisters, die sich speziell auf das Wirken der Märtyrer bezogen. Er malte ihren Leidensweg mit so schrecklichen Bildern aus, daß meine arme Seele dabei erbebte. Sein ansonsten so schönes Gesicht verzerrte sich bei den Schilderungen zur Fratze, seine Stimme vibrierte und überschlug sich mitunter.

Ich bekenne, Eusebio, daß unerlaubte Zweifel sich wie ein Wurm in mein Denken bohrten. Kann es sein, daß der Meister den Tod all dieser verehrungswürdigen Menschen am Ende gar höher einschätzt als das Leben und ihre Taten darin? Wie, wenn er nun gleiches auch von uns verlangt, damit wir seinem Maß entsprechen . . .?

Ich bin noch so jung, Eusebio, und ich will noch nicht sterben. Du erinnerst dich, daß wir abends im Klostergarten oft über den Tod sprachen und über das Leben danach durchaus gescheit diskutierten. Dies aber, verzeih mir, war damals Theorie, während unsere Expedition mich der Praxis näher gebracht hat. Du magst mich für überspannt halten, für übertrieben ängstlich vielleicht, doch ich gebe es unumwunden zu: Ich spüre die Nähe des Todes so deutlich wie nie. Obgleich noch kein einziger gezielter Schuß fiel, niemand zu Schaden kam, werde ich das Gefühl nicht los, daß der Tod mit unserem Heer zieht. Der Sensenmann schnuppert Beute, er beobachtet uns auf Schritt und Tritt und wird gnadenlos, wie es nun einmal seine Natur ist, zuschlagen, wenn sich ihm eine Gelegenheit dazu bietet. Vor diesem Moment habe ich Angst, Eusebio, schreckliche Angst, auch wenn es nicht mich treffen sollte, sondern andere vielleicht ...«

Je länger sich Atogmatoma abwartend verhielt, desto mehr entglitt ihm die Möglichkeit zum Handeln. Widersprüchliche Nachrichten gelangten aus dem Aridanetal an sein Ohr. Es hieß, Mayantigo habe ein Bündnis mit den Fremden geschlossen, das unehrenhaft sei und einer völligen Unterwerfung gleichkäme. Wenn dies stimmte, so stellte sein Verhalten einen klaren Treuebruch gegenüber dem Hochkönig und dem ungeschriebenen Gesetz der Insel dar, denn eine Entscheidung von solcher Tragweite hätte in jedem Fall der Absprache und Zustimmung bedurft.

Andere Boten berichteten hingegen, der Aridane-Stamm sei überrumpelt und mit Waffengewalt dazu gezwungen worden, einem Friedensvertrag zuzustimmen, dessen genauen Inhalt niemand verstehe. Mayantigo sei dabei äußerst listig vorgegangen und habe nur zum Schein eingewilligt, um die fremden Ankömmlinge in Sicherheit zu wiegen. Das Ganze sei lediglich eine kluge Taktik von ihm, und daß er nun *Fürst von Aridane* genannt werde, stände nur auf einem Pergament, hätte in der Realität aber keine Bedeutung.

Wieder ein anderer junger Mann von dort, der den geheimen Pfad durch die Schlucht der Todesängste zum Time heraufgeklettert kam, erzählte, daß sich mehr als zwanzig Krieger des Stammes in einem Wald am Rande der Hochebene versteckt hielten und täglich weitere Männer mit Lanzen, Keulen und Wurfhölzern zu ihnen stießen. Nach ihrer Ansicht lag das allzu rasche Nachgeben Mayantigos an seinem hohen Alter.

»Er taugt nicht mehr zum Häuptling«, sagte der junge Mann, »er ist vor den Spaniern auf die Knie gefallen und hat den Nacken vor ihrem Anführer gebeugt. Schande über ihn! Wir erkennen ihn nicht länger an, er ist von uns abgesetzt worden, sein Wort gilt nicht mehr. Unsere Leute beraten noch, wann und von wo aus wir die Fremden angreifen sollen.«

Und von Tihuya und Tamanca kamen ebenfalls Meldeläufer mit seltsamen Nachrichten. Der dicke Echentive, von dem Atogmatoma ohnehin keine sonderlich gute Meinung hatte, forderte sogar in völlig respektlosem Ton, der Hochkönig solle sich sofort und bedingungslos dem neuen Glauben der Fremden anschließen und sich ihren Gesetzen unterwerfen, denn sie seien mächtige Zauberer und besäßen Gegenstände von großer Magie. Falls Atogmatoma nicht dieser Ansicht sei, solle er die Götter bitten, ein deutliches Zeichen zu senden, daß Tara, Orahan und der Guayote stärker seien als jener Gott der Fremden, für den nun überall hölzerne Baumkreuze aufgestellt würden.

Dieser Echentive war zwar schon immer ein Schlitzohr gewesen, aber jetzt mußte er völlig verrückt geworden sein, dachte Atogmatoma. Er verspürte Lust, zu ihm hinunterzuziehen und ihn zum Ringkampf aufzufordern. Aber war ein solches Verhalten die angemessene Antwort auf Treuebruch und Verrat?

Voll Bangen wartete er darauf, daß Agora, die Heilfrau und Seherin, endlich eine Vision bekam, die ihnen einen Fingerzeig geben konnte. Es war schon immer so gewesen, daß bei Entscheidungen von größerer Tragweite der Hochkönig erst im Tagoror sprach, wenn ihn zuvor die oberste Heilfrau beraten hatte. Und nun lag Tamogante in ihrem Kloster auf dem Krankenlager, die kluge und weise Tamogante, und ihre Stellvertreterin bekam keine Vision. Es war zum Verzweifeln . . .

»Wir können nicht länger untätig herumsitzen und abwarten«, drängten seine Krieger. »Von Tag zu Tag fällt die Einheit der Insel mehr auseinander. Die Fremden wiegeln die Stämme gegeneinander auf, am Ende werden noch Guanchen gegen Guanchen kämpfen.«

»So etwas darf niemals geschehen«, mahnte der Feycan. »Wir müssen eine Lösung finden, die alle zufriedenstellt. Entweder schließen alle Stämme Frieden mit den Fremden, oder wir führen gemeinsam Krieg gegen sie.«

»Und was schlägst du vor?« fragte Atogmatoma.

»Mit ihnen verhandeln. Vielleicht beabsichtigen sie ja gar nicht, die ganze Insel zu unterwerfen, vielleicht suchen sie nur ein Stück Land, wo sie in friedlicher Nachbarschaft mit uns siedeln können. Ich habe gehört, daß sie nicht nur Waffen, sondern auch Werkzeug und andere Gegenstände von Wert mit sich führen. Man könnte mit ihnen Tauschhandel betreiben . . .«

»Und ich bin nach wie vor der Meinung, daß nur ein sofortiger Angriff hilft«, sagte Adargoma. »Ich habe die Fremden damals erlebt und weiß, daß sie durch und durch schlecht sind. An Tauschhandel sind sie nicht interessiert, sie nehmen sich einfach, was sie brauchen, ohne lange zu fragen. Wenn wir ihrem Treiben nicht jetzt entschlossen Einhalt gebieten, wird uns bald gar nichts mehr gehören und ihnen alles. Sollen wir als Sklaven in unserem eigenen Lande leben müssen?«

Erneut bat der Hochkönig die Seherin Agora um eine Unterredung. Sie kam, am Rande der Verzweiflung. »Ich faste, und ich schlafe kaum noch«, klagte sie, »ich befrage täglich das Orakel und rufe die Götter an, aber mir will einfach kein Gesicht erscheinen. Mir kommt es vor, als wolle Tara uns prüfen und der Guayote lauere nur darauf, daß wir einen Fehler begehen.«

»Aber ich kann nicht im Tagoror ohne deine Zustimmung entscheiden«, sagte Atogmatoma. »So war es immer, so schreibt das Gesetz es vor. Wenn du schon kein Gesicht hast, keine Eingebung, die der Traum dir zuflüstert, so äußere wenigstens deine Meinung.«

»Verzeih, ich bin nur eine einfache Heilfrau, meine Bilder sind schlicht und klar. Mir fehlt die Weisheit Tamogantes. Was soll ich zu diesen Dingen sagen?«

»Was du denkst«, sagte Atogmatoma, »einfach das, was dein gesunder Verstand dir rät.«

Agora dachte lange nach. Schwer spürte sie die Verantwortung auf sich lasten. Warum mußte das ausgerechnet jetzt passieren, wo Tamogante an der Schwelle zum Schattenreich stand und ihr nicht mehr helfen konnte?

»Was ist dir lieber, Atogmatoma«, fragte sie zögernd, »dein Volk in einen Krieg mit unbekanntem Ausgang zu führen oder als König den Frieden auf Benahoare zu bewahren?«

»Frieden«, antwortete Atogmatoma. »Ich bin zwar ein adliger Krieger, aber persönlich verabscheue ich die Gewalt. Wenn es einen Weg gibt, das Blutvergießen zu verhindern, so bin ich bereit, ihn zu gehen.«

»Da hast du die Antwort, die du suchst«, sagte Agora. »Eine bessere könnte auch ich dir nicht geben.«

»Dann werde ich den Großrat zusammenrufen und ihn überzeugen müssen, daß nur die Möglichkeit bleibt, mit den Fremden Verhandlungen zu führen.«

Leicht fiel Atogmatoma dieser Entschluß nicht. Die Zweifel blieben. Und, das ahnte er, es würde erhebliche Widerstände bei den Kriegern geben . . .

Von all dem erfuhr Tanausu durch einen Boten: daß Atogmatoma unsicher im Tagoror seinen Entschluß vortrug, daß es erhebliche Unstimmigkeiten in der Ratsversammlung gab, daß viele der Krieger unzufrieden murrten oder offen widersprachen, daß Tamogante im Kloster geblieben war und der Seherin Agora kein Gesicht geschenkt wurde. Vor allem aber Atogmatomas wankelmütige Haltung empörte ihn.

»Dieser feige Schwächling!« rief er voller Zorn. »Jetzt erweist sich, daß der Falsche die Pyramide erstieg. So wie das Zeichen, so ist auch er: eine Flaumfeder, mit der der Wind sein Spiel treibt. Bald treibt er hierhin, bald dorthin. Er ist unfähig, die Geschickte Benahoares zu lenken!«

»Du sprichst vom Hochkönig«, versuchte Ugranfir zu beschwichtigen.

»Ja, leider ist er das. Aber wie lange noch? Und wie lange noch wird es dauern, bis er uns alle an die Feinde ausliefert?«

»Und dennoch gilt das Wort des Hochkönigs weitaus mehr als das eines Häuptlings. Das Gesetz schreibt vor, daß nur er allein entscheiden darf, die Stammeshäuptlinge können ihn lediglich dabei beraten.«

»Ich war nicht bei der feierlichen Besteigung der Pyramide dabei«, sagte Tanausu trotzig. »Ich habe ihm nicht den Treueid geleistet und bin daher auch nicht an ihn gebunden. Du siehst doch, was dieser Mayantigo aus dem Aridanetal getan hat – auch er wohnte den Feierlichkeiten nicht bei, auch er hat den Treueid nicht geleistet –, und doch, ohne den Hochkönig zu fragen, einen Pakt mit den Feinden geschlossen!«

»Das ist Verrat«, warf der Feycan ein, »man wird ihn dafür zur Rechenschaft ziehen.«

Tanausus Zorn klang nicht ab. »Verrat ist es auch, wie Atogmatoma handelt! Nach dem Gesetz ist er dem Wohlergehen der ganzen Insel verpflichtet, er muß vor allem Benahoare dienen und dafür sorgen, daß es den Stämmen gut geht. Aber was tut er? Er versteckt sich in Tixarafe, weiß, daß er hinter dem schützenden Bergkamm des Time in Sicherheit ist und überläßt die Menschen ihrem Schicksal! Es fällt schwer, einem solchen König die Treue zu halten.«

»Was würdest du an seiner Stelle tun?«

»Kämpfen. Kämpfen, bis der letzte Eindringling von unserer Insel wieder verschwunden ist. Erst dann kann es Frieden für Benahoare geben.«

Der Feycan nickte zustimmend. Nachdenklich kratzte er sich am Kopf.

»Aber du bist nicht der Hochkönig, du kannst nicht für die ganze Insel entscheiden, höchstens für deinen Stamm.«

»Das ist richtig«, sagte Tanausu. »Und genauso werde ich handeln. Mögen die Fremden einen Häuptling nach dem anderen mit Waffengewalt überrumpeln und für ihre Zwecke mißbrauchen – dafür trägt Atogmatoma allein die Verantwortung. Mit meinem Volk aber wird das nicht passieren, dafür sorge ich. Ich werde niemals, solange ich lebe, zulassen, daß das Reich Acero in die Hände der Feinde fällt!

Das Wort des Hochkönigs gilt ab sofort nicht mehr bei uns!«

»Großer Mut spricht aus dir, Tanausu. Bist du deshalb so sicher, weil der Geist des Berges mit dir geredet hat? Gab der Idafe dir diese feste Haltung ein?«

»So ist es«, antwortete Tanausu. »Daran und nur daran werde ich mich halten. Zu Atogmatoma aber soll ein Bote laufen und ihm meinen Entschluß mitteilen. Er soll wissen, daß er mit mir nicht mehr rechnen kann.«

»Wenn du erlaubst, werde ich selbst diese Botschaft überbringen«, sagte Ugranfir.

Tanausu sah keinen Grund, der dagegen sprach, und so machte sich der Feycan auf den beschwerlichen Weg nach Hiscaguan.

»Wir haben das Gebiet von Teneguia erreicht«, schrieb Domingo in seinem Brief, den er niemals absenden sollte, weiter. »Der Ayucuahe kam uns mit seiner Gefolgschaft entgegen, denn er hatte bereits vom Nahen unseres Heeres gehört. Seine Männer und er selbst waren prächtig geschmückt. Sie benahmen sich so würdevoll, als seien sie spanische Granden und den Umgang mit hohen Herren gewöhnt. Was mich wundert, mein lieber Eusebio, ist, daß sie bereits nach kurzer Verhandlung einwilligten, das Dokument zu unterzeichnen. Zu den Spiralen und Kringeln kam nun ein weiteres unverständliches Zeichen hinzu. Langsam glaube ich, es ist ihre Schrift, denn auf flachen Steinplatten nahe des Vulkans sah ich ähnliche Ornamente. Sie sind allerdings nicht mit Feder und Tinte geschrieben, sondern tief in den Stein graviert.

Der Vulkan selbst verhält sich ruhig, außer daß beständig etwas Rauch aus seinem Schlund aufsteigt. Ich war ganz nahe an ihn herangekommen, sein Kegel ragt hoch in den Himmel, und der ganze Umkreis ist mit brauner Lavaschlacke und schwarzer Asche bedeckt. An einer Stelle traten Schwefeldämpfe aus Löchern im Boden. Also sind wir doch dicht am Eingang zur Hölle.

Direkt beim Vulkan Teneguia entspringt mitten in der Lavaödnis eine Quelle, die von weißgekleideten Frauen bewacht wird. Es heißt, dies sei ein besonderer Ort, und das Wasser der Quelle könne Wunder bewirken. Die alte Gazmira, welche ein sonderbares altes Weib ist, erzählte mir, man würde Kranke hierher bringen und sie an den Rand der Quelle legen – nach wenigen Tagen bereits seien ihre Leiden gemindert. Die Frauen in den weißen Gewändern gelten bei den Eingeborenen als Ärztinnen oder eine Art von Nonnen, so genau habe ich das nicht verstanden, denn die alte Gazmira spricht mitunter recht unverständlich und wirr. Manchmal glaube ich, sie ist eine Hexe und hält uns alle zum Narren. General de Lugo indes scheint mit ihren Diensten zufrieden zu sein, sie ist bei den Verhandlungen stets dabei.

Bei Pater Angel kommen mir immer mehr Zweifel, ob er

der richtige Mann für unsere Missionsreise ist. Meister Innozenz äußerte sich auch schon so, und ich kann ihm nur zustimmen. Stell dir vor, lieber Eusebio, vor kurzem noch wollte Pater Angel unbedingt zurück in das Dorf Taxacorte, um dort den Heiden zu predigen. Nun aber, da er die Quelle sah und von ihrer wundersamen Heilwirkung hörte, ist er kaum noch von der Stelle wegzubringen. Er sagt, die Schmerzen in seinen Gliedern wären schlimmer geworden, und er glaubte, das Wasser könne ihm Linderung verschaffen. Auch unterhält er sich mit den weißgekleideten Frauen, das heißt, er redet mit Händen und Füßen, weil keiner der Beteiligten die Sprache des anderen versteht.

Meister Innozenz sieht es nicht gern, daß er sich auf diese Weise mit den Insulanern abgibt. Er selbst spricht nie mit den Wilden. Die Heilige Messe zelebriert er ausschließlich für die Soldaten. Er sagt, sie seien alle Ritter des Kreuzzuges, und er segnete ihre Waffen.

Trotz der trügerischen Ruhe sind wir ständig auf der Hut. Nie bewegt sich einer von uns einzeln unter den Wilden, sondern stets im Schutz einer bewaffneten Gruppe. Ich habe bisher keine feindlichen Krieger gesehen, und doch soll es im Wald und oben auf den Bergen welche geben, die uns belauern. Die Menschen hier geben sich friedlich, ja legen mitunter sogar ein durchaus freundliches Gebaren an den Tag. Und dennoch traue ich ihnen nicht. Zu fremd ist mir alles hier, nicht nur die Sprache und die Sitten.

Ich wohnte einem Ritual bei, das Häuptling Ayucuahe uns zu Ehren abhielt. Alle Beteiligten, bis auf die Tänzer, hockten im Kreis auf dem Boden, auch die Musiker mit ihren Trommeln und seltsamen Zupfinstrumenten, die an primitive Lauten erinnern. Dann wurde gesungen, wobei mich der Klang ihrer Lieder, obgleich ich den Text nicht verstand, tief berührte.

Sie waren schmerzlich, traurig und unheilvoll, als ginge es um eine einzige Klage. Vielleicht nehmen sie Abschied von ihrem bisherigen Leben, dergestalt, daß sie voll Wehmut über die Vergangenheit singen.

Danach traten die Tänzer auf, junge Männer und Mädchen von großem Liebreiz. Im Kreis standen sie sich paarweise gegenüber, näherten und entfernten sich voneinander mit graziösen Sprüngen, wovon einige wirklich schwierig aussahen. Dann aber, mein lieber Eusebio, entpuppten sie sich als wahre Barbaren, was sie wohl auch in tiefstem Herzen allesamt sind, denn ihr Tanz wurde immer sittenloser und im höchsten Grade unanständig. Es sah aus, als würden Mann und Frau öffentlich miteinander balzen, es ging um Aufforderung, Verweigerung und erneutes Umwerben, so deutlich, daß ich wegsehen mußte. Ganz und gar frivol war ihr Benehmen, zügellos sinnlich und eine Schande für jeden Christenmenschen.

Meister Innozenz schritt daher auch ein und ließ die Veranstaltung abbrechen. Vor Scham und Empörung bebend, stand er im Rund und ließ eine Strafpredigt über die Köpfe der Anwesenden niederregnen. Oh, ich sage dir, lieber Eusebio, ein großartiger Missionar ist er, ein gewaltiger Redner, wie ich noch keinen vergleichbaren erlebte! Es war seine erste Rede an die Wilden, und obgleich sie seine Worte nicht verstanden, zeigte sein Auftreten Wirkung. In Angst und Schrecken versetzte er die Eingeborenen, so daß viele von ihnen das Gesicht mit den Händen verbargen und wegliefen. Andere stimmten ein Klagegeheul an, als ob Hunde verprügelt würden. Diese Reaktion gefiel Meister Innozenz nun allerdings auch nicht. Er befahl, einen Choral anzustimmen, und sang selber die erste Strophe mit lauter Stimme. Da aber nur ein paar Soldaten mit rauher Kehle mitsangen und die Wilden nicht, hörte der Meister bald damit auf. Er verließ, wild mit den Armen um sich fuchtelnd, die Versammlung und zog sich in unser Zelt zurück.

Noch nie habe ich ihn so wütend erlebt. Da ich sein Diener bin und ihm nacheilen mußte, war ich Augen- und Ohrenzeuge seines Zorns. Er schrie und tobte wohl eine halbe Stunde lang. Schließlich beruhigte er sich und hieß mich, laut aus dem Katechismus vorzulesen. Das ist eigentlich überflüssig, denn niemand kennt die Texte so gut wie er. Nach kurzer Zeit schon rezitierte er sie selbst auswendig und hörte mir gar nicht mehr zu. Glaube mir, Eusebio, es ist manchmal nicht leicht, Diener zweier so unterschiedlicher Herren zu sein, wie es Meister Innozenz und Pater Angel nun einmal sind. Aber ich gebe mir alle erdenkliche Mühe.

Das Wetter ist wechselnd stürmisch, überwiegend jedoch mild. Oft scheint die Sonne zwischen den Wolken hindurch und wärmt uns kräftig auf. Ich habe vernommen, daß wir bald schon wieder aufbrechen werden, um die Südspitze der Insel zu umrunden. Danach soll es an der Ostküste hinauf in nördliche Richtung gehen, wobei wir das Gebiet des Stammes von Tigalate passieren müssen . . .«

Wieder so ein erbärmlicher Tag wie viele andere zuvor! Ein Hohn war die Sonne, viel zu grell für die Augen der alten Gazmira.

»Arme, alte Gazmira«, murmelte die Greisin, sich mühsam aufrichtend. »Womit hast du dieses Leben verdient?

Warum muß ich überhaupt noch einmal aufwachen? Laßt mich doch in Ruhe, ich will schlafen, schlafen . . .«

Schrecklich, dieses Leben, und sinnlos das Aufwachen dazu. Sonne. Viel zu hell, zu hell. In eine dunkle, kühle Höhle kriechen und schlafen. Für immer. Aber es ging nicht. Da waren diese vielen Menschen und die Geräusche, die Geräusche . . . Warum schrien die Soldaten nur so? Das Klappern ihrer Rüstungen, das Klirren der Degen. Und die Pferde, diese häßlichen, hochbeinigen Tiere mit ihren ängstlich geweiteten Augen. Haut, so dünn, daß die Adern hervortreten. Blut an den Flanken von den Sporen. Ha, und die Stimmen der Männer, diese rauhen, brutalen Rufe!

Ich hasse alle Männer, besonders die Spanier. Ich hasse überhaupt alle Menschen. Am meisten mich selber. Ich könnte alle umbringen. Den Hauptmann Diego zum Beispiel, den aufgeblasenen Gockel. Wie er mit dummem Gesicht und stolz geschwellter Brust einherschreitet. Auf was bildet er sich denn etwas ein? Auf seine Uniform mit der breiten Seidenschärpe? Seinen Degen? Ein feiger, vollgefressener Hund, dieser Speichellecker und Kriecher! Er will mir keinen Wein mehr geben, sagt, der wäre für die Offiziere bestimmt. Oh, trinkt nur, Bürschlein, trinkt, laßt euch das Blut durch die Kehle laufen, das gute, kostbare Blut. Und wenn ihr berauscht seid und schnarchend und furzend daliegt, komme ich, die alte Gazmira, und schneide euch die Kehlen durch . . . Ihr habt es doch gern, wenn ein Weib zu euch kommt, nicht wahr? Wie in Madrid, wo ihr nicht genug von mir bekommen konntet, wo ihr auch ohne Wein betrunken wart durch mein Fleisch. Nie genug, nie genug . . . Komm nur, komm nur, Bürschlein, reite die schöne Gazmira, aber zieh die Stiefel mit den Sporen vorher aus. Ich will nicht aussehen und leiden wie eure Pferde. Ich bin doch ein Mensch, die schöne, schöne Gazmira . . .

Sie taumelte gegen einen Felsen, stieß hart an, schlug die schmutzigen Hände vors Gesicht, weinte. Das Meer, das Meer, das große, schöne Meer. Ich will fischen gehen, nein, lieber schwimmen. Ich tauche einfach unter der Brandung durch und höre nichts mehr, obwohl sie mich doch rufen. Die Netze soll ich flicken, den Brei der Euphorbien stampfen . . . Aber sie können mich ja gar nicht mehr sehen, ich bin zu weit weg, alles ist weit weg, das Dorf, das Tal, mein Leben.

Oh, wenn ich nur wüßte, wo sie die Krüge mit dem Wein aufbewahren. Ich muß trinken, mein Mund ist ausgetrocknet, meine Kehle wie Sand, ich habe die ganze Nacht nicht geschlafen . . . Und dieser Lugo, das ist der Schlimmste von allen. Wie einen Hund dressiert er mich, wie die feinen, dummen Schoßhündchen der Damen, denen sie mit spitzen Fingern durchs Fell kraulen. Gepuderte Hunde, gepuderte Damen, nur schön für die Herren . . . Aber dieser Lugo ist der Schlimmste von allen. Vieh bin ich für ihn, ein Stück nutzbares Fleisch. Ja, wenn ich noch jünger wäre und ihn umgarnen könnte, diesen feinen Herrn, aber so . . .

Ich werde mich rächen für alles, eines Tages werde ich mich rächen. Er muß für alles bezahlen, für die anderen mit, für mein ganzes, sinnloses Leben. Arme, alte Gazmira . . .

Sie humpelte quer durchs Lager, an Soldaten vorbei, am Zelt de Lugos und dem der Missionare. Niemand beachtete sie. Sie sehen an mir vorbei, als wenn ich Luft wäre. Alle tun das, ohne Ausnahme alle, niemand will mich sehen . . . Auch Mayantigo nicht auf dem Dorfplatz von Taxacorte. Natürlich hat er mich wiedererkannt. Zu Anfang vielleicht nicht, aber dann. Und auch er hat an mir vorbeigeblickt, während er mit mir sprach. Verflucht hat er mich und eine Verräterin an meinem eigenen Volk genannt.

Mein Volk ... Zu wem gehöre ich denn? Ich gehöre ja nicht einmal mir selbst. Was will er überhaupt von mir? Hat er nicht selber klein beigegeben und seinen Stamm verraten, als er das Dokument unterschrieb? Er kann sich nicht vorstellen, daß ich oft an Benahoare gedacht habe, an Taxacorte, meine arme, hilflose Mutter. Niemand kann das. Wenn ich bloß nicht die schrecklichen Bilder hätte am Tag und auch in der Nacht ...

Überrascht, weil sie bereits an den Wachen vorbei war und keine Hellebarde sie aufhielt, kein Kommando zum Halt ertönte, blieb sie stehen. Nichts, immer noch nichts. War sie über Nacht unsichtbar geworden? Sie ging weiter, Schritt für Schritt, ohne sich umzusehen. Noch immer kein Ruf. Sie ging schneller. »Man hat mich nicht gesehen, weil ich unsichtbar bin«, kicherte sie. Sie stolperte voran, endlos weiter, immer voran. Wohin ging sie?

Sie hielt inne und blickte sich verwirrt um. Das war nicht Taxacorte, der Weg hinunter zur Bucht. Richtig – sie erinnerte sich: Das war das Dorf am Vulkan Teneguia. Nach dorthin lief sie, immer schneller zuletzt.

An der Quelle machte sie halt. Jetzt erkannte sie ihr Ziel: die heilende Quelle. Ein paar Harimaguadas saßen am Rand, schöne junge Mädchen in weißen Gewändern. Sie blickten auf, als die Alte herbeigehumpelt kam, eine von ihnen sah ihr sogar voll ins Gesicht. Die alte Frau wurde verlegen.

»Ich bin Gazmira«, stammelte sie, »die arme, alte Gazmira.«

Keines der Mädchen rührte sich.

»Stört euch nicht daran, daß ich unsichtbar bin«, murmelte sie. »Ich bin nicht ich, sondern ein Geist, der Geist der armen Gazmira.« Mit kleinen taumelnden Schritten erreichte sie das Wasser, ließ sich fallen, streckte die Arme aus, fühlte das Naß durch ihre Finger rinnen. Sie tauchte das Gesicht ein, wusch sich, immer wieder ließ sie das geschöpfte Wasser über ihren Kopf laufen, als könne sie so den Schmutz aller Jahre und Erlebnisse abspülen. Kühl war die Quelle, sie schmeckte köstlich und frisch.

Als sie wieder hochkam, sah sie die Mädchen wie zum ersten Mal. Die eine von ihnen, die sie vorhin angesehen hatte, stand auf und kam auf sie zu. »Laß dir helfen«, sagte sie in der Sprache der Heimat.

Gazmira kreischte auf, wich zurück, stieß sie mit den Armen weg. »Nein, nein, rühr mich nicht an«, schrie sie, »ich gehöre nicht mehr zu euch, mir kann niemand mehr helfen!«

»Aber versuch es doch«, sagte das Mädchen.

Da sprang die Alte von panischer Angst erfüllt auf. Sie drehte dem Ort des unerträglichen Friedens den Rücken zu und rannte, so schnell sie konnte, davon. Zum Lager, dachte sie unterwegs, zum Wein, schnell zum Wein. Ich muß trinken, um all diese Bilder, die mich quälen, vergessen zu können.

»Bleib! Lauf nicht weg!« rief Tamogante aus den Weiten des Traums zum Ufer des Tages hinüber. Sie richtete sich von ihrem Lager auf und streckte die Arme Gazmira entgegen. Doch Gazmira wandte sich ab und lief, lief um ihr Leben. »Es nützt nichts, wegzulaufen«, flüsterte Tamogante, »niemand kann seinem Schicksal entgehen.« Und sie sah das viele Blut, Ströme von warmem Blut, die Nebelschwaden leuchteten rot. Sturmzeit, Angstzeit, wo der Bruder den Bruder erschlägt. Kraftlos ließ sie die Arme sinken.

»Aber ich bin doch hier, ich laufe nicht weg«, drang die Stimme Icas an ihr Ohr. Durch den sich langsam auflösenden, blutroten Nebel tauchte das Mädchen auf. »Was ist denn, Mutter? Plagte dich ein Traum?«

Tamogante stöhnte. Die Schmerzen in ihrer Brust hatten sich auf den ganzen Körper verteilt. Dennoch fühlte sie sich leicht, fast schwerelos. Ihr Körper schien zu schweben. Schwer nur war der Traum gewesen, von dem sie sich mühsam löste. Eine Halde blutrot gefärbter Steine blieb zurück.

»Ja«, sagte die alte Heilfrau, »es war ein Traum, viele Träume, die sich miteinander verwoben. Ein Muster aus Gewalt, Tod und Angst. Es ist da, es zieht sich zusammen, es kommt auf uns zu, legt sich um unsere Hirne und Herzen. Niemand kann seinem Schicksal entgehen.«

»Du machst mir Angst, Mutter.«

»Sturmzeit, Angstzeit, mein Kind, wir alle werden sie spüren.« Sie kam überraschend leicht vom Lager hoch. »Rasch«, sagte sie, »die Sonne geht bald unter, der Wetterstein ruft.«

»Soll ich dich stützen?« fragte Ica besorgt. Sie glaubte einen Moment lang, der schwache Körper der alten Frau würde stürzen. Sie wollte zugreifen, hielt aber inne, als sie sah, wie ungewöhnlich leicht und sicher sich Tamogante bewegte und zum Ausgang der Höhle ging. Ica beeilte sich, ihr zu folgen. Eine kaum erkennbare Treppe aus natürlichen Trittstufen führte an der Wand des Innenhofs zu den Felsen hoch. Hier hinauf klomm Tamogante, hielt sich, oben angelangt, schwer atmend an der Kante fest, als Ica sie erreichte.

»Du bist jetzt eine Harimaguada, du darfst in die Geheimnisse eingeweiht werden«, verkündete sie.

Ica folgte der alten Heilfrau auf dem schmalen Pfad durch das Steinlabyrinth. Beide fröstelten, denn je höher sie stiegen, desto heftiger wurde der Wind. Er riß an Haaren und Kleidung, sprang sie brüllend an, schien sie vom Berg stoßen zu wollen. Sie gingen geduckt, stemmten sich ihm entgegen. An einer Stelle bestand der Pfad nur aus rutschigem Sand, der bei jedem Schritt nachgab und das Steigen schwer machte. Danach kam wieder fester Fels und schließlich ein langer Grat, der wie der schuppige Rücken eines riesigen Tieres emporragte. Er zog sich schnurgerade über den Bergkamm, bildete einen gut begehbaren Wall und bot, als sie ihn überquert hatten, jenseits im Windschatten Schutz.

Als sie eine Weile gesessen und dem Brüllen des Sturmes gelauscht hatten, erkannte Ica nach und nach die eigentliche Bedeutung des Platzes. Tamogante schwieg und ließ es sie selber entdecken. Sie beobachtete das Mädchen aus den Augenwinkeln heraus. Ica sah, daß der natürlich gewachsenen Form der Steine an manchen Stellen von Menschenhand nachgeholfen worden war. Die Felsen im Umkreis bildeten eine Art Tagoror. Der Quader, vor dem Tamogante hockte, war der Altar. Davor der geglättete Opferplatz mit den Rillen für das Trankopfer und der Schacht.

Ein unerkärlicher Schauer durchlief Ica. Sie spürte die Macht der Erdströme in sich aufsteigen, spürte, daß sie und Tamogante sich genau im Zentrum und Kreuzungspunkt dieser Kraftlinien befanden. Dies war kein gewöhnlicher Wetterstein, sondern der Nabel der Welt. Gegen ihren Willen begann sie zu zittern.

Tamogante verneigte sich in Richtung des Sonnenaufgangs, dem Teil der Insel, der jetzt bereits in der Dunkelheit lag.

»Ich grüße dich, Schoß des Lichts, Kindheit des Tages«, sprach sie leise. »In Finsternis hüllst du dich nun, bringst die Nacht des Vergessens, und doch weiß ich, du bist immer da, Ort der ewigen Wiederkehr.«

Sie stand auf, drehte Ica den Rücken zu und sank vor dem Altarstein auf die Knie. Den Kopf nach Norden gewandt, betete sie: »Ich grüße dich, Sturm der Kälte, der du den Winter bringst. In meinem Gesicht spüre ich deinen Atem, der vom Schnee erzählt, viel Schnee dieses Jahr auf dem Gipfel des Freundschaftsberges bis hinab zu den Hütten der Menschen. Durch deine Wolken hindurch sehe ich den Stern des Nordens blinken, Ankerplatz der Nacht. Zornig ist deine Stimme und wütend wühlst du das Meer auf, so daß sich niemand mehr zum Fischen hinauswagt. Was hat dich so erregt, worüber empörst du dich?«

Tamogante blickte nun in die Richtung der untergehenden Sonne. Ihre Arme ruhten ausgestreckt auf dem Stein. Langsam hob sie beide Hände, eine Schale formend umschlossen sie den Lichtkreis über dem Meer. Es sah aus, als wolle sie die Sonne halten, sie daran hindern, gänzlich in den Fluten zu versinken.

»Ich grüße dich, Reich des Abends und des Verlöschens. Ins Meer des Todes tauchst du nun ein, Sonne, versinkst und stirbst im Schatten. Du gehst und nimmst meine Sehnsucht mit auf deiner Bahn. Grüße mir die Inseln der ewigen Jugend jenseits des Todes. Wohin du wanderst, nach dorthin richten sich alle Augen, denn du gehst die Straße, die über den Tod hinaus zu ewigem Licht führt.«

Sie richtete sich auf und breitete die Arme zum Sonnengruß aus. So stand sie lange in stummer Andacht. »Mein Herz folgt dir nach, Sonne, wohin du gehst, gehe ich auch, denn wir sind alle Kinder des Lichts«, betete sie lautlos. Und obgleich Ica diese Worte nicht hören konnte, verstand sie doch ihren Sinn durch die Körperhaltung der Heilfrau. Sie spürte, wie ihrer Seele Flügel wuchsen, wie ein Vogel stieg ihr Geist auf, schwebte dem langsam über den endlosen Weiten des Meeres verblassenden Licht nach.

Noch wesentlich mehr begriff sie in diesem Moment, ohne daß sie dazu Tamogantes Erklärungen bedurfte. Sie erinnerte sich der vielen Sonnenzeichen, die überall an den heiligen Plätzen eingraviert waren. Diese Kreise mit den Kerben zur Mitte hin symbolisierten den Lauf der Sonne von Osten nach Westen über den Zenit des Himmels. Über den unteren Bogen kehrte die Sonne auf ihrer Wanderung durchs Schattenreich im Inneren der Erde zu ihrem Ausgangspunkt im Osten zurück, um dort am Morgen wieder verjüngt zu erscheinen. Ewig im Kreis führt ihr Weg, dadurch entstanden Tag und Nacht, deshalb war auch die Kreisform heilig.

Aber der Kreis war noch mehr als bloß ein Symbol für die Sonne. Er wies darauf hin, wie das Leben verlief: vom Punkt der Geburt über den Zenit der Kraft bis zum Erlöschen im Tod, so wie die Sonne im Meer versank. Doch das war nicht das Ende, denn gleich der Sonne wandert auch die Seele durch das Schattenreich im Innern der Erde einen langen, beschwerlichen Weg, bis sie endlich zum Ausgangspunkt zurückfindet, dem Platz, an dem sie einen neuen Körper sucht, um erneut geboren zu werden. Aus diesem Grund balsamierte man auch die Körper der Verstorbenen ein und legte sie in das Dunkel der Höhlen. Wenn ihre Seelen das Schattenreich durchwandert hatten, kehrten sie irgendwann mit der Kraft der neugeborenen Sonne in ihre schlafenden Körper zurück . . .

Dies alles erfuhr und verstand Ica, während sie Tamogantes Andacht beiwohnte. Sie begriff, daß die direkte Anschauung nötig war, um das Wetter, das Wirken der Naturkräfte, das Entstehen von Tag und Nacht zu begreifen, und daß dies eigentlich schon die Anbetung der Götter bedeutete, die wie die Menschen selbst ein Stück der Natur waren.

Zuletzt wandte sich Tamogante nach Süden. Doch da ließ sie die Arme sinken, ihre Gestalt wurde von Schmerzen gepackt, kein Gruß an den warmen Südwind kam über ihre Lippen, nur ein Zucken und Beben. Vor Entsetzen weit aufgerissen, starrten ihre Augen auf den blutroten Nebel. Auch Ica sah ihn, sie roch die modrige, von Verderben durchtränkte Luft, die ihr fast den Atem nahm und die Besinnung raubte.

Gellend schrie Tamogante auf und stürzte zu Boden. Für einen Menschen zu schrecklich, zu unfaßbar waren die Bilder. Leib an Leib kämpfte es im wabernden Rot der Wolken, blutig und zuckend, eine einzige Wunde war der Himmel.

Ica stand wie erstarrt. Es gelang ihr nicht, aufzuspringen und Tamogante zu helfen, nicht, sich vom Anblick der Wolken zu lösen. Auch sie spürte den Schmerz, schrie auf, stürzte hin. Wimmernd lagen die beiden Frauen nebeneinander und wurden erst von ihren Qualen erlöst, als der letzte Rest des Lichtes in den Fluten ertrank.

3. Teil
GUAYOTE

Rot stieg der Feuerball der Sonne aus der Tiefe und tauchte die Oberfläche des Wassers in gleißendes Licht. Es sah aus, als koche das Meer. Ein launischer Wind zerteilte den Frühnebel, trieb einzelne schwere Wolkenberge rasch vor sich her. Die Natur schien unschlüssig zu sein, wie sie sich entscheiden sollte, schwankte sprunghaft zwischen Wärme und Kälte, zwischen Schatten und blendender Helle.

Bereits mit Eintritt der ersten Morgendämmerung hatte sich das spanische Heer in Bewegung gesetzt. Als Vorauseinheit diente eine Gruppe von sieben Reitern unter dem Kommando von Hauptmann Diego, der, mit einer gezeichneten Karte ausgestattet, das Gelände ausspähen sollte. Dichtauf folgte eine gemischte Einheit aus Bogen- und Armbrustschützen. Diese Männer waren aufgrund ihrer leichten Bewaffnung schnell und beweglich. Ihre Aufgabe bestand vor allem darin, bei einem eventuellen Angriff beiderseits des Weges auf die Hügel auszuschwärmen und der nachrückenden Hauptmacht Flankenschutz zu bieten. De Lugo führte die Musketiere, Degenfechter und Hellebardiere an. Der General ritt auf einem nervös tänzelnden Schimmel. Das Tier schnaubte unruhig, versuchte, an den Scheuklappen vorbeizuschielen, was seinen Augen einen verängstigten, zugleich aber auch unberechenbaren Ausdruck verlieh. De Lugo schätzte den Hengst vor allem wegen seiner kräftigen Hinterläufe und seiner Trittsicherheit – beides stellte sich gerade in einem so schwierigen Gelände wie diesem als enormer Vorteil heraus.

Pater Innozenz und Pater Angel, der Schreiber Domingo sowie die eingeborene Dolmetscherin Gazmira hielten sich im hinteren Drittel des Zuges auf, wo der Bader, der Koch und die Hilfsordonnanzen marschierten. Die Stimmung war gereizt. Die meisten der Männer hatten in der vergangenen Nacht schlecht geschlafen, was vor allem am

Sturm lag und den seltsam unheimlichen Stimmen, die er mittrug.

Wie das Geheul von Hunden, wenn nicht von Schlimmerem noch, hatte es geklungen, wie seufzende, klagende Geisterstimmen. Manche der Soldaten schrieben sie den nächtlich jagenden Fledermäusen zu, andere schworen darauf, große schwarze Seevögel dabei beobachtet zu haben, wie sie das Lager überflogen und dabei schreckliche Laute ausstießen. Solche Vögel waren nie vorher gesehen worden, auch konnte sich niemand daran erinnern, jemals solche grausigen Klänge aus einer Tierkehle vernommen zu haben. Ohnehin grassierte im Heer der wildeste Aberglaube. Gerade die Männer, die sich tagsüber am rauhesten und ungehobeltsten gaben, die lauthals auf Soldatenart prahlten, wurden bei zunehmender Dunkelheit an den Lagerfeuern still und schreckhaft und fuhren bei dem kleinsten Geräusch zusammen. Von Gespenstern, Wiedergängern und Blutsaugern war die Rede, davon, daß der Leibhaftige umginge und das Lager beschleiche. Man schrieb der alten Gazmira den bösen Blick zu und bezeichnete sie als Hexe, deshalb wich man ihr, so gut es ging, aus und vermied es, sie direkt anzusehen. Mitunter hatten die Pater ihre liebe Not, die Aufgeregtheit der Männer zu dämpfen, ihr Denken in vernünftige Bahnen zu lenken und den Glauben zu festigen, wo er ins Wanken geriet.

Diese Stimmung im Heere war um so befremdlicher, als kein Ereignis seit der Landung Anlaß zu wirklicher Besorgnis geboten hatte. Niemandem war etwas Nennenswertes zugestoßen, alle Sorgen also völlig überflüssig. Aber vielleicht war es ja gerade das . . . Die Ruhe und Gelassenheit der Insel und ihrer Bewohner machte verrückt, sie reizte und provozierte, sie forderte regelrecht dazu heraus, der Gewalt endlich freien Lauf zu lassen. Die aufgestaute Energie der Soldaten verlangte nach einem Ventil. Sie hatten zuvor Greuelgeschichten gehört, hatten Kampf und Gemetzel erwartet, ein Ringen auf Leben und Tod, in dem man sich hervortun und auszeichnen konnte, und nun verlief alles so ruhig und glatt, viel zu glatt nach dem Geschmack der meisten, die sich weniger am Gesang eines Vogels erfreuen konnten, als daran, ihn mit sicherem Pfeilschuß vom Himmel zu holen. Das war ihr gewohntes Leben, die in langen Jahren anerzogene Soldatenart.

Konnte de Lugo ihnen dafür ernsthaft zürnen? Nein und abermals nein! Ein echter Soldat, einer mit Leib und Seele, von Schrot und Korn, brauchte immer wieder Situationen der Spannung, der Überwindung von Angst. Er liebte das Blut, wenn es floß, am besten natürlich das des verhaßten Feindes. Mitunter aber auch das eigene, wenn es in den Adern in Wallung geriet oder auch wenn es aus dem eigenen Körper quoll und hernach die erinnerungsträchtigen Narben verhieß, auf die man stolz sein konnte – mehr noch als auf Titel und Orden . . .

Dies alles, diese Denkungsart kannte de Lugo, er verstand seine Männer nur zu gut und fühlte wie sie. Die Erregung und der wirkliche Erfolg waren bisher ausgeblieben, sie fühlten sich geprellt. Es mußte bald etwas geschehen, etwas von Bedeutung, gleich welcher Art, bevor die Unzufriedenheit ein gefährliches Maß erreichte. Die Situation glich einem chemischen Prozeß, den der General beständig im Auge behalten mußte, damit es zu keiner unkontrollierten Entladung kam. Oder einer schwelenden Lunte: Es war entscheidend, welche Richtung die Flamme nahm, daß das Pulverfaß beim Feind und nicht in den eigenen Reihen detonierte.

Mit solchen und ähnlichen Gedanken ritt General de Lugo auf seinem Schimmelhengst, den Umhang, da er fröstelte, eng um die Schultern gezogen. Das Heer marschierte nach Norden, direkt dem kalten Wind entgegen.

Juan Francisco de Alvaréz, ein junger, adliger Offizier, dessen Uniform makellos glänzte, was darauf hinwies, daß er sich ihrer Pflege täglich mit besonderer Hingabe widmete, ritt neben de Lugo. Der Wert dieser an sich schon deutlichen Auszeichnung wurde noch einmal dadurch erhöht, daß der bisher schweigsame General das Wort an ihn richtete.

»Seht Ihr die schwarzen Berge dort? Das müssen die Mondberge sein, und ich muß feststellen, der Name ist trefflich gewählt. Trostloser kann kaum ein Ödland sein, es sei denn der kalte Planet selbst am Abendhimmel.« Er beschrieb mit der ausgestreckten Hand einen weiten Bogen bis zum Meer hinab.

»Wie wahr Ihr sprecht, Euer Gnaden«, pflichtete ihm de Alvaréz bei. »Es scheinen mir tote Vulkane zu sein oder Schlackenauswürfe davon. Jedenfalls ist nirgends ein Baum oder ein Strauch zu erkennen, nur schwarzer Sand ohne Bewuchs . . . Reichlich gespenstisch, diese Landschaft.«

»Es ist das Stammesgebiet von Tigalate«, fuhr de Lugo nachdenklich fort. »Gazmira konnte mir keine klare Beschreibung davon geben. Sie faselte nur davon, daß jetzt zwei junge Häuptlinge sich die Verantwortung teilten. Jarigua und Gareagua lauten ihre Namen, es soll sich dem Vernehmen nach um Zwillingsbrüder handeln.«

»Vertraut Ihr der alten Hexe so sehr, daß Ihr Euch ihrer Worte sicher sein könnt?« fragte der junge Offizier. Er sprach nur das aus, was ohnehin alle dachten: »Wie, wenn sie uns nur in Sicherheit wiegt und den erstbesten Anlaß benutzt, uns in eine Falle zu locken . . .?«

»Dann würde ich ihr mit dem größten Vergnügen eigenhändig den Kopf von den Schultern schneiden«, antwortete de Lugo. »Nein, ich vertraue ihr keine Sekunde lang, wenn Euch diese Auskunft beruhigt, Juan Francisco. Deshalb lasse ich sie auch am Schluß des Zuges gehen und scharf unter Bewachung halten. Allerdings, um genau zu sein: Ich glaube ihr immer noch mehr als den übrigen Hunden hier auf der Insel ... Doch halt, was ist das, da vorn gibt es Bewegung ...«

In der Tat preschte soeben in vollem Galopp ein Reiter heran und riß, bei de Lugo angelangt, so heftig am Zügel, daß sein Pferd sich aufbäumte. »Zwischen den Mondbergen stehen sie und versperren den Weg, der ganze Stamm, alle sind unter Waffen.«

»Wie viele genau?«

»Schwer zu sagen, vielleicht hundert oder mehr. Kann sein, daß in den Bergen noch andere versteckt sind.«

»Deuten sie Verhandlungsbereitschaft an?«

»Ich glaube nicht, sie wirken eher zum Kampf entschlossen.«

»Und unsere Scharfschützen?«

»Sind bereits ausgeschwärmt. Hauptmann Diego gab Order, sie sollten sich in den Hügeln geeignete Schußpositionen suchen.«

»Ausgezeichnet. Juan Francisco!«

»Ja, Euer Gnaden?«

»Sofort die Alte holen. Alle übrigen gehen in Angriffsbereitschaft. Waffen klarmachen und im Eilschritt nach vorn!«

»Zu Befehl, Euer Gnaden.« De Alvaréz stob, sein Pferd herumreißend, davon.

»Diego soll zu mir kommen«, rief der General. Ein unbestimmtes Gefühl in seinem Innern sagte ihm, daß es diesmal ernst werden würde. Sollte er darüber besorgt sein oder sich freuen? Er entschied sich für die zweite Möglichkeit.

Wie von Zauberhand kam Bewegung in die Truppe. Musketen wurden eilends geladen und geschultert, Kommandos geschrien, Hellebarden klirrten, einzelne Gruppen liefen bereits los, um die ihnen zugewiesenen Positionen einzunehmen.

Als General de Lugo registrierte, daß alles genau nach Plan verlief und de Alvaréz mit der Dolmetscherin vor sich im Sattel herankam, gab er seinem Pferd die Sporen. Sie ritten auf die Mondberge zu und erreichten nach kurzer Zeit den Engpaß, wo die Reiter auf sie warteten. Von den Armbrust- und Bogenschützen war nichts zu sehen, dafür aber um so mehr von den Wilden. Sie standen dicht an dicht, mit ihren halbnackten, bemalten Leibern den Weg versperrend, und ihre Mienen drückten tatsächlich feste Kampfentschlossenheit aus.

Vor der feindlichen Phalanx standen zwei Männer, wahre Hünen im Vergleich zu den Spaniern, die sie um gut zwei Kopflängen überragten. Dies mußten zweifellos die Häuptlinge Jarigua und Gareagua sein. Der eine hielt eine hölzerne Lanze, der andere eine mächtige Keule griffbereit. Unbeweglich verharrten sie, ihre Haltung strahlte Gleichmut und Stolz aus.

De Lugo richtete sich in den Steigbügeln auf. Mit knappen Worten forderte er die alte Gazmira auf, mit der Verkündung der Botschaft zu beginnen, die sie so oft schon hatte übermitteln müssen und beinahe auswendig hersagen konnte. Doch kaum, daß sie zu sprechen begonnen hatte, schnitt ihr einer der beiden Häuptlinge das Wort ab. Energisch war seine Stimme, und das, was er sagte, brachte Gazmira zum Zittern.

»Was redet er?« frage de Lugo ungehalten.

»Gnade, Euer Hochwohlgeboren, habt Nachsicht mit der armen Gazmira«, wimmerte die Alte.

»Hör auf zu winseln«, sagte de Lugo barsch. »Ich lasse dich auf der Stelle vor allen Leuten auspeitschen, wenn du mir nicht jedes einzelne Wort wiederholst!«

Da übersetzte sie mit leiser, kaum vernehmbarer Stimme: »Jarigua will Eure Botschaft nicht hören. Er sagt, er kenne sie schon und weiß, daß sie eine Beleidigung darstellt ...«

»Und weiter?«

»Er sagt, er sagt ... sein Stamm denkt nicht daran, sich zu unterwerfen ... Ihr seid auf dem Gebiet von Tigalate, ja, das sagt er. Und hier gilt nur, was Jarigua und sein Bruder Gareagua sprechen ... O weh, seine Stimme ist zornig, so zornig ... Sofort umkehren sollt Ihr, denn hier ist für jeden Fremden, der mit Waffen kommt, der Weg zu Ende ... Weh uns allen, denn folgt Ihr dieser Aufforderung nicht, so bedeutet das Krieg ... Blut wird fließen, viel Blut ... Seine Worte machen mir Angst ...«

De Lugo hatte eine solche Antwort fast schon erwartet. Er kniff die Augen zusammen. Mit einem raschen Rundumblick überzeugte er sich davon, daß sich seine Leute in Bereitschaft befanden. Hauptmann Diegos rechte Hand ruhte auf dem Knauf des Degens, ebenso verhielten sich de Alvaréz und die übrigen Offiziere. Hinter ihnen war nun die Hauptmacht des Heeres herangerückt, die Läufe der Musketen ruhten auf den Schultern der Männer in der ersten Reihe, während die Schützen ihre Ziele suchten. Am beruhigendsten aber war die Gewißheit, daß oben im Schatten der Hügel die Bogenschützen lagen. Ein Knacken, das laut durch die Stille fuhr, verriet, daß dort soeben jemand seine Armbrust spannte.

De Lugos Blick wanderte über die Ansammlung der Wilden, er sah ihren Mut, ihre feste Entschlossenheit, keinen Meter zurückzuweichen, zugleich aber auch ihre primitiven, wertlosen Waffen. Er konnte sich ein Grinsen darüber nicht verkneifen. Mit diesen simplen Holzgeräten, mit Steinen und bloßen Fäusten wollten sie kämpfen? Arme, naive Narren ... Er fühlte nicht übel Lust, ihnen eine nachhaltige Lektion zu erteilen, die ihren Hochmut dämpfen würde. Sie sollten ihre Zuchtmeister kennenlernen ...

»Zum letzten Mal: Macht den Weg frei und unterwerft euch auf der Stelle. Dies ist mein letztes Wort!« rief de Lugo.

Zitternd vor Angst übersetzte Gazmira.

Da hob Gareagua seine Lanze und reckte sie für alle sichtbar über dem Kopf. »Verlaßt unser Land!« rief er.

»Ayiiieh, ayiiieh!« brüllten seine Krieger.

General de Lugos Schimmel scheute und stieg wiehernd hoch. Er bekam den Hengst nur mühsam unter Kontrolle. Mit einem Zügelruck lenkte er ihn seitwärts weg. Die anderen Reiter folgten instinktiv seinem Beispiel und schwenkten nach rechts ab. De Lugos Hand fuhr in die Luft: »Feuer!« rief er. Noch im Abdrehen hörte er die Salven losdonnern, sah es blitzen und Pulverdampf aufsteigen. Es war, als breche aus heiterem Himmel ohne jede Vorwarnung ein Gewitter los.

Einer hatte besonders gut gezielt. Die Kugel traf Gareagua in der Mitte der Stirn, riß ein häßliches Loch durch den Schädel, fetzte Knochensplitter und Teile der Gehirnmasse hinweg. Der Hüne stürzte wie ein gefällter Baum zu Boden.

»Als ich unseren Feldherrn die Hand heben sah und seine Stimme hörte, die das Kommando zum Feuern gab, wußte ich sofort, daß dies der Beginn eines schrecklichen Gemetzels sein würde«, schrieb Domingo danach an seinen Freund Eusebio.

»Ich hatte mich in dem allgemeinen Durcheinander ganz nach vorn zu den Musketenschützen geschlichen, um besser sehen zu können, was bei den Reitern am Engpaß geschah. Es war furchtbar, mein lieber Eusebio, und mir zittert noch immer die Hand bei der Niederschrift der Ereignisse. Ich weiß auch nicht, ob mein Bericht genau ist und richtig, ich kann nur wiedergeben, was ich sah und selbst erlebte. Dies alles ist so unfaßbar wie scheußlich, und es ist schlimmer als meine entsetzlichsten Träume . . .

Ich sah die beiden Anführer des Stammes, große Männer von erstaunlicher Kraft. Ihre nackten, muskulösen Oberkörper waren bemalt, ebenso ihre Gesichter. Der eine von ihnen, der seine Lanze reckte und dabei schrie, wurde von einer Kugel getroffen und auf der Stelle getötet. Auch andere hinter ihm fielen tot oder verwundet zu Boden, denn unsere Soldaten schossen wie wild in die Menge. Auch von den Hügeln aus wurde geschossen, aber ohne Blitz und Donner, dafür mit einer Wolke von Pfeilen. Das waren unsere Bogen- und Armbrustschützen. Von ihnen war nichts zu sehen, und dennoch schickten sie den Tod in die Reihen der Wilden. Wie geschnittenes Korn sanken sie um, lautlos und völlig überrascht.

Wenn du nun aber glaubst, Eusebio, dies hätte die übrigen in die Flucht geschlagen, so irrst du dich gewaltig. Das Gegenteil war der Fall: Aus vollen Kehlen ihr Kriegsgeschrei ausstoßend, rannten sie los, und es waren viele, viel mehr, als ich gedacht hatte. Mit großen Sprüngen erreichten sie unsere Leute, die Musketiere, die Reiter. Es ging alles so schnell, daß ich mit einem Schlag den Überblick verlor und das elende Gemetzel nur noch bruchstückhaft mitbekam. Ich wollte fliehen, Eusebio, aber wohin im Gedränge? So wurde ich gegen meinen Willen an eine Felswand gepreßt und auf diese Art, fast bewußtlos vor Angst, Augenzeuge des Kampfes.

Ich sah ein paar Guanchen die Pferde erreichen und aus dem Stand heraus die Reiter anspringen. Hauptmann Diego, der mit dem blanken Degen um sich hieb und einem Wilden so heftig den Hals durchbohrte, daß die Stahlklinge darin steckenblieb, stürzte als erster aus dem Sattel. Zwei Heiden sah ich über ihm und hörte noch einen entsetzlichen Schrei aus seiner Kehle. Die Wilden waren nun mitten unter den Unsrigen und kämpften im Nahkampf Mann gegen Mann. Du weißt vielleicht, daß in einer solchen Situation die Musketen wenig nützen, weil man sie nur einmal abfeuern kann und umständlich nachladen muß. Dafür fanden die Schützen nun aber keine Zeit mehr. Sie konnten sich des wütenden Angriffs nur noch erwehren, indem sie mit den schweren Kolben um sich schlugen und so manchem der Heiden den Schädel zertrümmerten. Ich sah aber auch, wie gewandt und todesmutig die Guanchen kämpften: Ihren Gegner anspringend, rissen sie ihn zu Boden, um ihm das scharfe Steinmesser in die Brust zu stoßen. Mit angespitzten Holzspießen stießen sie zu. Ich sah einen, der rammte einem Soldaten die Lanze so heftig von unten in den Bauch, daß sie hinten am Rücken wieder heraustrat. Er setzte dem Sterbenden den Fuß auf den Leib, um die Waffe aus dem Körper zu ziehen, da traf ihn ein Säbelhieb und spaltete ihm den Kopf. Ich sah nur noch Blut, Eusebio, überall Blut. Es spritzte und quoll aus tausend Wunden, es spritzte auch mich aus nächster Nähe an, als ich versuchte, zwischen zwei Kämpfenden hindurchzuschlüpfen. Schwer prallte ein Körper auf mich, warf mich zu Boden, ich erkannte nicht einmal genau, ob es ein Freund oder Feind war. Ich hörte gellende Schreie ringsum, Flüche, die plötzlich verstummten und in ein Gurgeln übergingen. Ich spürte keuchenden Atem in meinem Gesicht. Blut war an mir, an meinen Händen und über meinen Augen, das nicht von mir stammte, und an dessen Vergießen ich keine Schuld trug.

Mit dem Handrücken wischte ich mir das Gesicht ab und versuchte, die auf mir liegende Last abzuwerfen. Da erkannte ich, daß es ein junger Soldat war, den ich am Abend zuvor noch am Lagerfeuer gesehen hatte, wo er traurige Lieder in die auftanzende Säule aus Rauch und Funkenflug sang. Er war tot, der Schlag eines Steinbeils hatte seine Brust zerschmettert, ich blickte direkt in seine weit aufgerissenen Augen. Wie in maßlosem Staunen erstarrt lag er da, so als verstehe er nichts von den Vorgängen ringsum, als habe der Tod ihn schneller gepackt als die Angst.

Den Tod selbst aber sah ich mancherorten, Eusebio, ich sah ihn überall und in vielfacher Form. Es war wie in jenen schrecklichen Bilderbogen, die wir manchmal im Kloster betrachtet haben, nur daß er dort als Knochenmann mit den Weibern und Huren, den Spielern und Greisen tanzt, als Spielmann sich unter die Kinder und Kaufleute mischt, den König ebenso bei der Hand faßt wie den armen Bettler oder die Marktfrau. Hier aber hat der Tod Körper und Fleisch, Eusebio, er trägt Rüstung und Samtwams, er ist nackt und bemalt, er hat schwarze, braune und blonde Haare, und statt einer Sense schwingt er Degen und Spieß, Keule und Schwert, er zertrümmert Schädel, als wenn es Nüsse wären, bricht Körper wie Brotlaibe auf und faßt mit eisernen Klauen nach den Herzen der Menschen. Der Tod ist ein Tänzer, der lautlos lacht und Durst auf Blut hat. Er trinkt den zuckenden, pochenden Strahl und wird niemals satt.

Ich versuchte zu beten, Eusebio, aber mir fielen die passenden Worte nicht mehr ein, ich rief die Jungfrau Maria an und vergaß ihren Namen dabei. Meine Stimme war erstickt, meine Kehle stumm, und der Verstand schien mir abhanden gekommen zu sein. Was war dies nur für eine Welt, warum lag dieser Leib auf mir, mit der zerfleischten Brust? Warum sprang dieser nackte Mann an mir vorbei und schlug wie rasend auf einen anderen ein? Die Hand des Bruders an der Kehle des Bruders . . . galt denn die Gnade des HERRN nicht mehr, hatte ER seinen Kindern den Rücken zugekehrt und überließ sie der Schlachtbank . . . ?

Ich kam frei, Eusebio, ich taumelte irgendwohin, an schwarzen, rauhsandigen Hügeln vorbei und über Leichen hinweg. Und plötzlich merkte ich, daß ich bereits durchs Fegefeuer hindurchgefallen war und mich nun inmitten der Hölle befand. Die Flammen hatten mich zwar verschont, der Schmerz auch, ich fand keine offensichtliche Verwundung an mir, und doch hatte etwas tief in meine Seele geschnitten, so tief, daß eine Heilung unmöglich erscheint. Derart gezeichnet, schwankte ich durch das Zentrum der Hölle, wo noch immer die Leiber miteinander rangen mit der einzigen Bestrebung, dem einzigen Sinn und Zweck, sich gegenseitig Grausamkeiten zuzufügen.

Ich stolperte über den Kadaver eines Pferdes, wollte weiter und wurde von einer Hand gepackt und zu Boden geworfen. Zugleich brüllte eine Stimme unmenschliche Dinge in mein Ohr. Blut sah ich nur, Blut und zuletzt ein Gesicht, das mir auf entfernte Weise bekannt vorkam. Es war Hauptmann Diegos zur Fratze verzerrtes Gesicht, und unter der Kruste des schwarzbraunen Blutes erkannte ich, daß ihm das linke Auge fehlte. Dort gähnte ein dunkles Loch. Reste des Augapfels und der Sehnen, die es normalerweise halten, klebten auf seiner Wange.

»Hilf mir, du verdammter Mönch, los, hilf mir!« schrie er und seine Finger schlossen sich um mein Fußgelenk wie ein Schraubstock.

Ich wollte es nicht, in diesem Moment, ich gebe es zu, Eusebio, wollte ich ihm die Hilfe verweigern. Lieber weglaufen oder vielleicht sogar einen Stein aufheben, um ... Eusebio, Eusebio, mein Denken taumelt, wie wenn ich zuviel Wein getrunken hätte, was mir erst ein Mal passiert ist. Nein, schlimmer. Alles in mir sträubt sich, jemals wieder normal zu denken und zu handeln. Ich weiß nichts mehr genau, nur noch, daß ich irgend etwas besonders Mühsames vollbrachte ... ja, ich zog einen Körper unter dem Kadaver des Pferdes hervor, Hauptmann Diegos Körper ... Aber wohin? Das ist das Ende, dachte ich, denn noch immer hörte ich Schreie und das Donnern von Musketenschüssen. Aber es war nicht das Ende, die Hölle wird niemals das Ende sein ... Ganz allmählich begriff ich, daß erneut und wiederholt geschossen wurde. Jedesmal fuhr das Krachen direkt durch mein Hirn. Aber so schmerzlich das auch war, so glomm doch gleichzeitig ein Funken Hoffnung darin auf, ein vages Frohlocken: Wenn die Musketen schossen, mußten noch Leute von uns am Leben sein, gab es die Soldaten noch, bot sich irgendwo ein Weg aus der Hölle.

Ich hörte auf zu denken und bewegte mich nur noch mechanisch wie eine Maschine ... Ich schleppte Hauptmann Diegos schweren Leib ... Warum? Warum gerade ihn?

Und dann fiel ich um, aber nicht verwundet, sondern aus purer Erschöpfung. Nebel war um mich herum, dichter, alles verschluckender Nebel ...«

Die Wucht des Angriffs traf das spanische Heer völlig überraschend. Niemand hatte mit einer solchen Wut und Todesverachtung der Eingeborenen gerechnet. Schaurig gellte ihr Kriegsgeheul in den Ohren der Soldaten, die nackten, bemalten Körper, die zu Fratzen verzerrten Gesichter, dazu die Körpergröße und Kraft dieser Leute jagte ihnen Furcht ein. So kam es, daß bereits beim ersten Aufeinanderprall die meisten Opfer auf spanischer Seite zu verzeichnen waren. Der Schock saß tief, und es dauerte lange, bis sich das Heer davon erholte und zu entschlossenem Handeln zurückfand. Dabei war es zahlenmäßig wie auch waffentechnisch von Anfang an den Wilden weit überlegen.

Gleich nach der ersten Verwirrung hatte de Lugo versucht, Ordnung in seine Reihen zu bekommen, hatte geschrien, geflucht und Kommandos gebrüllt. Vergeblich, seine Stimme drang nicht durch, wurde vom infernalischen Geheul der bemalten Teufel übertönt. Das Chaos breitete sich immer mehr aus: Einige der Pferde gingen durch, warfen ihre Reiter ab, stoben davon. Die erste Reihe der Musketiere, Luntenlader und Schützen, kam nicht mehr zum Einsatz ihrer Waffen, sie stürzten, von Lanzen durchbohrt, von Steinen getroffen, von Keulen erschlagen, zu Boden. Auch die Armbrust- und Bogenschützen auf den Hügeln ringsum kamen kaum noch zum Schuß. Immer verworrener und unübersichtlicher wurde die Lage.

In dieser Situation, in der Hauptmann Diego und einige andere Offiziere unauffindbar blieben, tat sich der junge Juan Francisco de Alvaréz durch kluges und besonnenes Handeln hervor. Er dirigierte einen Teil der Truppen um, ließ sie sich sammeln und Aufstellung nehmen und danach das Hornsignal zum Rückzug für die in Nahkämpfe verwikkelten vorderen Reihen blasen. Als die Wilden, die seine Taktik nicht durchschauten, den flüchtenden Soldaten nachrannten, gab de Alvaréz seinerseits das Zeichen zum Angriff.

Seine Berechnung ging nicht ganz auf, denn sobald die Guanchen auf Reichweite heran waren, richteten sie wegen ihrer Kraft und Behendigkeit trotz ihrer primitiven Waffen großen Schaden an. Mehrmals mußte de Alvaréz sein Manöver des sich Zurückziehens, Sammelns und formierten Vorgehens wiederholen, bis es allmählich Wirkung zeigte.

Inzwischen gelang es de Lugo, eine kleine Streitmacht im Rücken der Feinde zu konzentrieren, die sich um die Reiterei scharte und sich nach und nach durch von den Hügeln herabkommende Schützen verstärkte. Als sich ein weiterer Offizier, de Lugos Neffe Juan Fernández, mit seiner Abteilung zu ihnen durchschlagen konnte, glaubte der General sich stark genug, um angreifen zu können. Nun von zwei Seiten bedrängt und zwischen den Hügeln der Mondberge eingeschlossen, führten die Männer von Tigalate einen verzweifelten und von vornherein zum Scheitern verurteilten Kampf. Die meisten von ihnen waren inzwischen verwundet oder tot, wie beide Häuptlinge, neben Gareagua auch sein Bruder Jarigua, dem ein Degenstich das Herz durchbohrt hatte.

»Vorwärts!« rief General de Lugo. »Wir greifen an! Niemand soll verschont bleiben, keine Gefangenen machen! Schlagt sie, tötet sie, wo ihr sie trefft!« Dieser Aufforderung hätte es gar nicht bedurft – zu verbittert waren die Männer, entsetzt und empört über den Tod ihrer Kameraden, voll leidenschaftlicher Wut und entschlossen, sich zu rächen. Jetzt, als das Kriegsgeheul der Wilden allmählich verebbte, stimmte das spanische Heer seinerseits mutmachende Kampfgesänge an. Der Ruf »Vorwärts, christliches Spanien!« pflanzte sich fort, begleitet von Hornsignalen und dem Klang der Waffen. Blanker Stahl fraß sich in

Fleisch, von Lanzen durchbohrt, von Pfeilen getroffen, durch Musketenschüsse niedergestreckt sanken mehr und mehr Guanchenkrieger zu Boden. Der zusammengeschrumpfte Rest ihrer Streitmacht kämpfte mit dem Mut der Verzweiflung. Wie angekündigt verschonte de Lugo keinen von ihnen.

Die Sonne ging so blutig rot unter, wie sie am Morgen aus dem Meer aufgetaucht war, sie färbte den Abendhimmel, durchtränkte die Nebel. Und auch die Erde trank Blut. Hingemetzelt lagen die Männer des stolzen Stammes von Tigalate. Den letzten von ihnen streckte de Lugo mit einem Hieb seines Degens nieder.

Der Guanche starb lautlos. Der Schatten der Berge fiel über seine erlöschenden Augen. De Lugos Sieg war vollständig. Und dennoch befriedigte er ihn nicht restlos.

»Es gibt noch immer Angehörige des Stammes im Dorf, Frauen, Kinder, die Alten«, sagte er. »Und bestimmt sind uns ein paar ihrer Krieger entkommen. Sie alle sind schuld an dem, was geschehen ist, sie haben sich uns in den Weg gestellt. Dafür müssen sie bestraft werden. Ich gebe nicht eher Ruhe, als bis wir den Namen Tigalate vom Erdkreis gelöscht haben. Den anderen Wilden soll das zur Abschrekkung dienen. Morgen bei Tagesanbruch nehmen wir ihre Spur auf, verfolgen sie, wenn sie fliehen, und vernichten sie alle!«

Drei Krieger entkamen schwer verletzt dem Gemetzel, drei von über dreihundert. Aus vielen Wunden blutend schleppten sie sich zurück zum Dorf. Niemand in Tigalate hatte damit gerechnet, daß die mutigen Männer des Stammes in der Schlacht unterliegen würden. Im Gegenteil: Man wartete voll Stolz auf sie, hielt Essen bereit und schürte die Feuer, damit die ruhmreichen Helden in dieser kalten Nacht im Warmen sitzen und von ihren Taten berichten konnten. Und nun kamen nur drei, von denen einer so schwach war, daß er auf der Stelle umsank und das Bewußtsein verlor.

»Was ist passiert, wo sind die anderen?«

»Sie sind tot«, kam die Antwort, »alle sind sie tot. Wir haben gekämpft bis zuletzt, doch die Übermacht des Feindes war zu groß.«

»Und Jarigua und Gareagua, wo sind sie?«

»Tot. Keiner entkam außer uns dreien.«

Da schrien die Frauen voller Verzweiflung auf, die Mütter begannen um ihre Söhne zu klagen, fassungslos schwiegen die alten Männer.

»Wir müssen fliehen! Schnell, laßt alles stehn und liegen, wir verlassen das Dorf, vielleicht sogar für immer . . .«

»Und wohin?«

»Zum Nambroque hinauf. Im Schutz der Nacht kann uns die Flucht gelingen.«

»Zum Nambroque? Jetzt, mitten in der Nacht?«

»Uns bleibt keine andere Wahl. Oben in den Bergen sind wir in Sicherheit. Ihr wißt, daß es dort eine Quelle gibt, jenseits der Schlucht, und sogar Platz für das Vieh. Dorthin folgt uns so leicht kein Spanier nach, dort können wir uns verstecken.«

Unter Anweisung der beiden Krieger und der Heilfrau wurden die Ziegen und Schafe zusammengetrieben und das Dorf geräumt. Jeder nahm nur so viel an Werkzeug und

Nahrung mit, wie er tragen konnte. Viel war das nicht, denn zudem galt es ja noch, die kleinsten der Kinder zu tragen und die gebrechlichen Alten zu führen. Da würde ja der Ballast beim Aufstieg hinderlich sein. Schon bei Tage waren die Hänge des Nambroque nur unter Gefahr zu erklimmen, viel schwerer noch jetzt bei Dunkelheit. Doch es gab keinen anderen Ausweg.

Jeder strengte sich an, möglichst schnell bei der Hand zu sein. In fieberhafter Eile sammelten sie das Wichtigste von ihrem Hab und Gut zusammen. Alles geschah stumm, der Schmerz schnürte ihnen die Kehlen zu. Die beiden Krieger drängten zum Aufbruch. Sie wußten, daß sie ihr Weg vom Dorf zunächst in die Richtung der Mondberge führte, also zum Ort der schmachvollen Niederlage. Wie, wenn die Spanier Fackeln entzündeten und, so ausgerüstet, die Verfolgung aufnahmen? Sie würden den Feinden direkt in die Arme laufen . . . Bange Gedanken beschlichen die beiden, in deren Verantwortung nun das Schicksal all dieser Menschen lag. Müde und erschöpft fühlten sie sich, ihre Wunden brannten, sie waren nur äußerst notdürftig von der Heilfrau versorgt worden, und das Fieber schüttelte sie.

Aber sie mußten weiter, es durfte keine Verzögerung geben. Die Frau des noch immer bewußtlosen Kriegers und ihre Tochter verzichteten auf jedes Gepäck, statt dessen banden sie eilig Holzstangen und Felle zu einer Trage zusammen und luden den Verletzten darauf. In stummer Trauer verließ der Rest des Stammes das Dorf. Drei Kinder wurden als Späher vorausgeschickt, zwei Jungen und ein Mädchen, die Tochter Jariguas. Nach kurzer Zeit schon kamen sie zurück.

»Die Feinde haben überall auf den Hügeln der Mondberge Wachfeuer entzündet. Sie lagern mitten im Weg, es ist unmöglich, unbemerkt an ihnen vorbeizukommen«, berichteten sie atemlos.

Diese Meldung sorgte für neuerliches Entsetzen. »Was sollen wir tun? Nach Norden ziehen? Vielleicht nimmt uns Atabaras Stamm auf?«

»Unmöglich, der Weg ist zu weit, und mit all dem Vieh sind wir viel zu langsam. Die Spanier holen uns ein. Sollen wir in den sicheren Tod marschieren?«

»Also doch zum Nambroque? Aber wie, wo uns doch die Feinde den Weg abgeschnitten haben?« Die Stimmung war verzweifelt, Hoffnungslosigkeit breitete sich aus.

»Ich wüßte einen Ausweg«, warf die Heilfrau ein. »Es gibt einen zweiten Zugang zum Berg. Ich kenne ihn, weil ich dort öfter Pflanzen und Kräuter sammle. Er ist allerdings sehr schwierig, ich weiß nicht, ob wir ihn alle schaffen . . .«

»Uns bleibt keine andere Wahl, wir müssen es zumindest versuchen.«

»Gut, dann werde ich die Führung übernehmen. Allerdings verläuft auch dieser Weg zunächst ein kurzes Stück in Richtung der Mondberge. Wir kommen also dicht an die Feinde heran. Verhaltet euch entsprechend ruhig, achtet vor allem darauf, daß die Kinder, die Ziegen, Schafe und Hunde keine Geräusche machen, die uns verraten könnten!«

So tappten sie davon. Es war stockfinster, das Licht des Mondes verbarg sich hinter dichten Wolken. Alles sprach gegen sie. Würde ihre Flucht dennoch gelingen?

»Schneller«, trieb die Heilfrau sie an, »wir müssen uns beeilen, die Nacht vergeht!«

Nach etwa zwei Stunden erreichten sie die Stelle, wo ein kaum erkennbarer Pfad nach Westen abzweigte. Schon von weitem sahen sie auf den Hügeln der Mondberge die Wachfeuer lodern. Jetzt kam alles darauf an, daß sie unbemerkt blieben. Ein Zicklein meckerte laut. Alles hielt den Atem an. Sie lauschten. Von den Feuern trug der Wind fremde Stimmen herüber. Ganz nah am Heer der Spanier waren sie nun.

»Die Herde . . . treibt sie hinauf, rasch, wir dürfen keine Zeit mehr verlieren!«

Der Pfad führte steil hinauf, er war steinig und von losem Geröll bedeckt. Mehr als einmal löste sich ein Brocken unter den Hufen der Tiere, polterte hinab, und jedesmal schreckten die Menschen zusammen, duckten sich in die Nacht, lauschten, hasteten weiter.

»Ich höre Schritte und Stimmen«, rief ein Junge am Ende des Zuges.

»Ich sehe Fackeln«, rief Jariguas Tochter, »sie haben uns bemerkt, sie folgen uns bereits!«

In der Tat erklangen Kommandorufe in ihrem Rücken, ein Hornsignal schallte, Waffen klirrten, und noch mehr Fackeln als zuvor flackerten auf.

»Bleibe, schützende Nacht«, betete die Heilfrau lautlos, »steh nicht auf, Sonne, schlafe länger als sonst im Meer, dein Licht verrät uns.«

Weit auseinandergezogen schleppte sich der Zug aus Menschen und Tieren in die Berge hinauf. Ganz am Schluß, weit zurück schon, humpelten ein paar alte Leute, darunter auch Mutter und Tochter mit der schweren Tragbahre. Plötzlich blitzte es auf, ein Donner flog heran, und mit ihm tödliches Blei. Von einer Musketenkugel getroffen brach die Mutter zusammen. Das Geschoß hatte ihr Rücken und Brust durchschlagen. Ohne einen Schrei stürzte sie, riß im Fallen die Trage und den Körper ihres Mannes mit sich ins Tal.

»Nein!« schrie das Mädchen, »Mutter!« Sie versuchte den Hang hinabzuklettern. Doch sie erreichte die Eltern nicht mehr. Schmerz war plötzlich in ihrem Bauch, ein brennender Schmerz, und ihre tastenden Hände fanden den Holzschaft eines Pfeiles. Sie wollte ihn herausziehen, aber ihre Kraft versagte rascher, als sie begreifen konnte, was geschehen war. »Mutter! Vater!« schrie sie noch einmal. Ihre Augen sahen, daß es ringsum heller wurde, nicht allein von den herannahenden Fackeln. Die Morgendämmerung nahte, die Sonne stieg auf. Ihre Finger umklammerten noch immer den Pfeilschaft. Um dem Schmerz zu entgehen, wälzte sie sich auf die Seite. So starb sie. Sie hörte nicht mehr die Stimmen der Soldaten, sah nicht die heraneilenden Bogenschützen, bekam nicht mehr mit, wie der Tod seine Sense schwang und die alten Leute niedermähte. Das spanische Heer kam, es kam rächend und strafend.

Weiter oben, ein ganzes Stück voraus, aber immer noch viel zu weit vom rettenden Gipfel des Nambroque entfernt, drehten sich die Heilfrau und die beiden verwundeten Krieger um. Sie blickten auf die Mondberge, die Küste, das Meer, sie sahen die geröllbedeckten Hänge und die Menschen des Stammes auf der Flucht. Sie sahen auch die Spanier herankommen, das ganze Heer schien unterwegs zu sein, ihnen dicht auf den Fersen. Immer wieder blitzten und donnerten Musketen auf. Die Ziegenherde brach verängstigt seitwärts aus und war auch durch Steinwürfe nicht mehr zur Umkehr zu bewegen. Die Ordnung im Zug geriet aus den Fugen. Jeder rannte und kletterte, so schnell er konnte. Aber der Feind kam näher und näher.

Jetzt flogen erneut Pfeile, trafen Frauen, Kinder und alte Männer. Ein Schuß traf einen Säugling auf dem Rücken der Mutter, durchbohrte auch sie. Niemand verschonte der Tod. Er gebärdete sich grausam und wild, und die spanischen Soldaten waren sein williges Werkzeug.

»Was hast du vor?« fragte die Heilfrau, als sie merkte,

wie der eine der beiden verwundeten Krieger seine Lanze packte und sich herumwarf.

»Ich gehe zurück, stelle mich und halte sie auf!«

»Nein, tu das nicht, es ist sinnlos!« rief sie und umklammerte seinen Arm.

Der Mann riß sich loß. »Ich muß! Meine Frau, meine Familie ist dort unten!« schrie er und stürzte den Pfad zurück. Der andere wollte ihm folgen, brach aber entkräftet zusammen. Die Augen der Heilfrau suchten hastig die Hänge ab. Wie viele des Stammes liefen dort noch um ihr Leben, wie viele würden es schaffen? Ein paar Kinder erreichten den Felsvorsprung, auf dem sie stand, einen kurzen Moment lang waren sie hier vor den Musketen und Pfeilen der Feinde geschützt, eine kurze Atempause nur.

»Los, lauft weiter!« rief sie. »Immer dem Pfad nach. Wo er aufhört, wartet ihr. Ich komme, so schnell ich kann, mit den anderen nach!«

Der Krieger neben ihr zog sich hoch, vor Anstrengung keuchend und schwer auf seine Lanze gestützt. »Ich bleibe hier am Felsen und warte, bis alle vorbei sind. Geh du dann weiter. Ich halte sie auf, solange es geht.«

»Ich bleibe auch«, antwortete die Heilfrau.

»Nein, das wirst du nicht tun!« schrie der Mann. »Ein paar von uns müssen überleben, und niemand kennt den Weg außer dir! Führe sie weiter zum Nambroque, ich beschwöre dich: Rette sie!«

Die Heilfrau dachte kurz nach und nickte dann. Sie sah, daß erneut einige Frauen und Kinder den Felsvorsprung erreicht hatten und weiterliefen. Sie sah, daß die Sonne immer höher stieg und nun ihr Licht auf die Hänge legte. Lautlos betete sie. Weitere bekannte Gesichter tauchten auf, nicht mehr viele, aber sie dankte Tara für jedes einzelne, das erschien.

Und dann geschah etwas ganz und gar Unerwartetes: Nebel zog sich in dichten Schwaden zusammen, Bänke zuerst, Wände dann, immer undurchdringlicher, wie alles erstikkende Schleier. Der Nambroque, der gütige, schützende Berg, hüllte sich und seine Guanchen ein.

»Geh jetzt«, sagte der Krieger ruhig. Er saß hinter dem Felsvorsprung, preßte die eine Hand auf die pochende Wunde und hielt mit der anderen seinen Speer zum Zustoßen bereit.

»Abona beschütze dich!« sagte die Heilfrau leise. Sanft berührte sie seine Schulter. Sie wandte sich um und stieg schweren Schrittes den Pfad hinauf. Immer dichter wurde der Nebel. Er legte sich feucht auf die Haut und kroch in die keuchenden Lungen hinein. Aber gut war er, dieser Nebel, ein Freund, ein Helfer in größter Not. Als sie den Platz erreichte, den sie den Kindern beschrieben hatte, fand sie eine kleine Schar verzagter Menschen. Alle Gesichter blickten sie erwartungsvoll an. So viele Tote, dachte die Heilfrau, und wer von uns bleibt am Leben?

»Kommt«, sagte sie und ging einfach weiter. Ohne zu zögern, schritt sie durch den Nebel. Ja, sie kannte den Weg, jede Biegung und Steigung im Gelände, die glatten, moosigen Steine, die vom Wind zu bizarren Formen zerzausten Bäume. Fast blind fand sie die Spur. Sie führte immer höher hinauf, Stunde um Stunde. Häufiger jetzt trat blanker Felsen hervor, steil und beschwerlich wurde es, mancher Schritt geriet zum Wagnis. Wir sind alle blind, dachte die Heilfrau, blinde Wesen auf einem Weg, der in eine ungewisse Zukunft führt. Und doch ist es gut so. Denn was hat uns all das Sehen gebracht? Müssen wir noch mehr als dieses Elend ertragen? Wieviel Qual muß ein Mensch erdulden?

Und dann gelangten sie über die Grenze des Nebels hinaus. Ganz dicht unter dem Gipfel des Nambroque befanden sie sich, dort, wo die Schlucht begann, wo die Quelle war, die Höhlen, der schützende Talkessel, verborgen zwischen den Felsen.

Während unter ihnen die Welt weißgrau und unsichtbar lag, schien hier oben die Sonne, und sie sahen alles klar und deutlich. Auch die Spitzen der anderen Berge sahen sie weit entfernt aus dem Milchmeer ragen, den Bejanado und den Freundschaftsberg und die anderen Gipfel der Insel. Wie schön es hier über den Wolken ist, dachte sie. Eine Welt für sich, voller Geheimnisse und Wunder. Aber anders als sonst, wenn sie Heilkräuter pflückend unterwegs war und nur mit den Raben, Krähen und Falken sprach, mit den possierlichen Wildkaninchen, den Bienen, Hummeln und Faltern, und ihr Herz frei für alle Schönheiten war, erfüllte sie nun Schmerz und Bitternis.

Eine Zeitlang können wir bleiben, aber nicht für immer, dachte sie. Irgendwann müssen wir wieder aufbrechen und fliehen, über den Rücken der Cumbre vielleicht nach Norden hinauf, denn niemals werden die Feinde nach all dem, was geschehen ist, Ruhe geben.

Und eine Vision flog sie an und schnürte ihr Herz und Kehle zu. Sie sah Tigalate, ihr Dorf, sah die Dächer brennen und die Häuser zerstört, die Steinmauern zerbrochen, verwüstet den Tagoror. Sie sah Soldaten mit Brandfackeln und Äxten, sah den Kreis der heiligen Drachenbäume fallen und alles vernichtet, was ihrem Volk einst lieb war.

Sie selbst, die unverheiratet und kinderlos war, trauerte nicht um die nächsten Verwandten. Aber sie weinte um die vielen Toten ihres Stammes. Sie weinte lautlos, damit sie den Schmerz und die Verzweiflung der anderen nicht noch verstärkte. Sie wandte ihr Gesicht nach Osten, weinte und ließ sich die Tränen von der Sonne trocknen. Sie weinte vor allem um die Kinder der Insel.

»Nun sind wir nach tagelangen Märschen wieder in Taxacorte angelangt«, schrieb Domingo. »Endlich, endlich, dem HERRN sei Dank! Der Stützpunkt wird zum befestigten Winterlager ausgebaut, wir können uns von den Strapazen erholen. Das Heer ist erschöpft, es gibt zahlreiche Verwundete, und einige von ihnen hat das Fieber erwischt. Sie liegen im Delirium, phantasieren oder haben Krämpfe, daß es große Mühe macht, sie zu pflegen. Manche sind so elend dran, daß sie den Tod herbeiwünschen und glauben, er allein brächte Erlösung von ihren Qualen. Am besten noch geht es Hauptmann Diego, der den Verlust seines linken Auges überwunden zu haben scheint. Jedenfalls trägt er einen Kopfverband, geht schon umher und behauptet, er verspüre keinerlei Schmerzen.

Was mich anbelangt, so beruhigt sich allmählich mein zutiefst aufgewühltes Inneres wieder, jedenfalls so weit, daß ich meiner Arbeit nachgehen kann und in den freien Stunden zum Schreiben komme. Abends aber fällt es mir schwer, einzuschlafen, und wenn es mir dann endlich gelingt, dann suchen mich schreckliche Alpträume heim, die mich quälen und peinigen.

Allesamt handeln sie von der Schlacht an den Mondbergen, von dem blutigen Gemetzel dort, und mitunter sehe ich mich selber im Traum durch das Leichenfeld irren und nach etwas Bestimmtem suchen, von dem ich nicht weiß, ob ich es am Ende nicht gar selber bin.

Du erinnerst dich, lieber Eusebio: In den Schriften der alten Griechen wurde der Schlaf der kleine Bruder des Todes genannt. Ich hielt diese Formulierung stets für eine poetische Floskel, ohne ihren wahren Sinn zu begreifen. Erst jetzt, nach den Ereignissen von Tigalate, verstehe ich, wie wahr dieses Bild der Griechen doch ist. Der erholsame Schlaf, der mich nach einem langen Tag als Freund besuchte, ist mir abhanden gekommen, auch das Glück der einfachen Bilder und Träume. Jetzt habe ich Angst vor der Schwelle vom Tag zur Nacht, wie vor einem dunklen, gähnenden Tor zu einer mir unbekannten Welt voller Gefahren und Schrecken, und ich fürchte die schweißnassen Sekunden des Erwachens und Hochfahrens vom Lager, wenn ein Alp auf meiner Brust hockt, um von meinem Atem zu trinken. Schimären und Zerrbilder füllen dann das Halbdunkel des Zeltes, das ich mit Pater Angel teile, Schreckgestalten, manche von ihnen sind bemalt wie die Wilden, während andere mit den rauhen Kehlen der Soldaten lachen.

Mehr als einmal sorgte sich der alte Pater um mich, legte seine Hand auf meine Stirn, sprach beruhigend auf mich ein. Doch ich brachte es einfach nicht fertig, ihm meine Seelenqualen zu beichten und die Bilder zu nennen, die mich heimsuchen und quälen. So versuche ich wenigstens jetzt, sie durch die Niederschrift zu fassen und zu bannen . . .

An jenem verhängnisvollen Morgen nach der Schlacht, nein, eigentlich in den letzten Stunden der Nacht noch, kurz vor Anbruch des Tages, steigerte sich das Gemetzel auf eine unvorstellbar grausame Weise, weit jenseits meiner Vorstellungskraft. Die Schlacht an und für sich wurde schon von beiden Parteien mit todesverachtender Wut geschlagen – aber darüber hätte ich mich wohl irgendwann beruhigen können. Es ist das Gesicht des Krieges, Eusebio, das uns anblickt mit bösem und blutigem Grinsen. Männer ringen um den Sieg, wie sie es von jeher gelernt haben, fallen mordlustig übereinander her, töten, um nicht getötet zu werden. So ist es, und es ließe sich noch einigermaßen verstehen, denn des Menschen Weg, das begreife ich immer mehr, ist einer des Kampfes und nicht des Friedens, auch wenn wir uns letzteren für alle Zeit wünschen und uns vor Sehnsucht nach ihm verzehren. Was aber in jenen Morgenstunden an den Mondbergen geschah, Eusebio, liegt außerhalb dessen, was sich Menschen vorstellen können.

Zunächst sah ich nur Feuer und Fackeln die Dunkelheit erhellen, hörte Schreie und Flüche, das Aufdonnern der Musketen. Ich bemerkte große Unruhe und sah Soldaten in Waffen laufen. Da mein Verstand ausgeschaltet war und nur die nackte Angst mein Handeln bestimmte, rannte ich mit, ich weiß nicht warum. Vielleicht, weil ich nicht allein bleiben wollte, wehrlos allein am Ort des Grauens zwischen den schwarzen Bergen und all den Leichen. So kam es, daß ich plötzlich mitten unter den Schützen war und mit ihnen durch die Nacht lief. Die Kommandos, die geschrien wurden, galten auch mir, obgleich ich ihren Sinn nicht verstand. Ich lief, rannte, stolperte, hastete blindlings voran, die Hänge hinauf, weiter und weiter. Die Welt befand ich in Aufruhr, wurde zuckend erhellt, ich sah Fratzen mit brüllend aufgerissenem Mund, ich erkannte keinen der Unsrigen mehr. Ich spürte nur an dem Geschrei und der Entschlossenheit des Vorgehens, daß wir irgend etwas verfolgten, etwas, das sich raschelnd und polternd in den Bergen oberhalb von uns befand.

Als dann das Morgenlicht aufkam, sah ich, daß es sich um die Wilden handelte, mit denen unser Heer tags zuvor so erbittert gerungen hatte. Aber, Eusebio, es waren keine bemalten Krieger mit Lanzen und Keulen, sondern Frauen und Kinder, auch ein paar alte Männer. Waffenlos und auf der Flucht waren sie, das erkannte ich. Sie griffen uns nicht an, sondern rannten um ihr Leben. Kannst du das begreifen, Eusebio – die Soldaten schossen auf Frauen und Kinder! Sie töteten alles, was sich bewegte. Hat es solches jemals gegeben? Sollte dies der Heilige Kreuzzug sein, die große Sache, für die wir zuvor gebetet hatten und Choräle gesungen? War dies unser Auftrag der Kirche, wehrlose, unschuldige Menschen abzuschlachten? Nein, Eusebio, mit aller Entschiedenheit abermals Nein! Was hier geschah, konnte niemals im Namen Gottes sein!

Von Ekel und Abscheu gepackt, blieb ich stehen, gebannt vom Anblick der Greueltaten. An mir liefen Soldaten vorbei, und ich blickte in ihre Gesichter. Was ich darin sah, entsetzte mich noch mehr als alles übrige sonst: Nicht Ebenbilder Gottes waren sie, sondern leibhaftige Teufel! Satan selbst trieb sie voran, hatte Besitz von ihnen ergriffen, seine Stimme, sein Lachen, sein tierisches Geschrei tönte aus ihren Kehlen. Verkehrt war plötzlich die Welt, Eusebio, völlig verkehrt, die heilige Ordnung auf den Kopf gestellt und blasphemisch verzerrt!

Ich sah sie Bogensehnen spannen und Pfeile absenden, die sich in den Rücken von Kindern bohrten, ich sah Soldaten, die über Frauen herfielen, die bereits am Boden lagen. Kehlen schnitten sie durch, Köpfe schlugen sie ab, stachen zu, wie besessen mordend und schändend. Ich sah einen Soldaten, der trug auf seiner Lanze ein aufgespießtes Kind als Trophäe zu Tal. Ich wurde Zeuge abscheulicher Greuel.

Schande, Schande, Eusebio, Scham und Schande über uns, die wir ausgezogen sind als christliche Ritter des HERRN!

Und General de Lugo sah ich reiten und lachen. Und ich sage dir: der Wahnsinn verzerrte sein Gesicht. Oder war es der Leibhaftige selbst, den ich für einen kurzen Augenblick erkannte? Das Böse in Person ist er, und ich schreibe dies im vollen Bewußtsein dessen nieder, was ich damit sage. Sollte jemals dieser Brief in andere Hände als meine oder deine gelangen, so stehe ich fest dazu und bereue nichts, denn es ist die Wahrheit, und koste sie schließlich mein Leben!

Es gibt keine Entschuldigung für das, was geschah, keine, sosehr ich auch in den folgenden Tagen danach suchte. Gewiß, im Ausnahmezustand waren wir alle, im Rausch die Soldaten vielleicht, aufgeputscht und angestachelt von übermäßiger Angst. Aber dies alles rechtfertigt nicht ihre Taten, nicht den sinnlosen, unmenschlichen Befehl unseres Generals!

Mit Pater Angel, Meister Innozenz und einer Gruppe von Soldaten trugen wir später die Leichen weg. Es waren viele, unglaublich viele. Da der Boden im Umkreis der Mondberge zu hart ist, gelang es uns nicht, Gräber auszuheben. So brachten wir zunächst unsere eigenen Toten zu einer Mulde im Boden. Dort hinein legten wir sie und deckten die Körper mit Steinen zu. Meister Innozenz hielt die Messe, doch entsinne ich mich an kein einziges seiner Worte mehr. Zu erschöpft war ich, waren wir alle. Wie Gespenster bewegten wir uns, gefühl- und willenlos, am Rande der Ohnmacht. Ich weiß nur noch, daß General de Lugo befahl, nun auch die Leichen der Eingeborenen einzusammeln. Den ganzen Tag über waren wir mit dieser Arbeit beschäftigt und wurden erst bei Einbruch der Nacht damit fertig. Wenn du nun aber glaubst, Eusebio, daß wir mit ihnen ebenso wie mit den Spaniern verfuhren, so täuschst du dich. Nein, ihnen als Heiden stand eine ordentliche christliche Bestattung nicht zu, auch keine Messe, und so mußten wir aus ihren

Körpern einen riesigen Haufen schichten, dem Reisig und trockenes Gras beigefügt wurde. Als wir das Werk vollendet hatten, traten Soldaten mit Fackeln heran und steckten den Scheiterhaufen in Brand. Hast du jemals den Gestank von verbranntem Menschenfleisch gerochen, Eusebio? Ich hoffe sehr, daß dir solches erspart bleibt, denn es handelt sich um einen entsetzlichen Geruch, den man niemals im Leben vergessen wird.

Möglicherweise würdest du mich, wenn wir zusammen wären, Eusebio, daran erinnern, daß unser Heer trotz allem einen Sieg errungen hat. Das ist richtig und zugleich auch nicht, denn war es wirklich ein Sieg? Und selbst wenn, dann haben wir ihn, glaube mir, viel zu teuer erkauft. Bis ins Mark geschwächt war das Heer, langsam und unbeweglich durch die vielen Verletzten, die es zu transportieren galt. Einem weiteren Angriff hätten wir nicht mehr standhalten können. Von daher kann man die Taktik des Generals schon als richtig bezeichnen. Er schlug mit ganzer Kraft zu und hinterließ einen Ort der Verwüstung, der den übrigen wilden Stämmen als abschreckendes Beispiel dienen sollte. Natürlich erfuhren die Eingeborenen davon, die Nachricht ging wahrscheinlich wie ein Lauffeuer über die ganze Insel. Denn als wir den Vulkan Teneguia erreichten, wußten die Menschen dort bereits Bescheid. Mehr als jemals zuvor gingen sie uns aus dem Weg, zeigten sich ängstlich und geduckt, als wir kamen, und keiner von ihnen blickte einem der Unsrigen direkt in die Augen.

Ähnliches geschah in Tamanca und Tihuya und auch in Taxacorte, wo Fürst Mayantigo ein Zusammentreffen mit General de Lugo dadurch vermied, indem er ausrichten ließ, er läge krank darnieder und sei zu schwach, um Besuch zu empfangen. Stärker als bei unserer Ankunft noch spüre ich die Fremdheit der Insel.

Pater Angel scheint allerdings nichts dergleichen zu empfinden. Im Gegenteil: Er blüht in Taxacorte regelrecht auf, jetzt, da er wieder bei seiner Gemeinde ist. Seine Gestalt wirkt jünger und gestraffter als sonst. Nur selten plagen ihn noch die Schmerzen in den Gliedern. Er behauptet, diese Veränderung zum Guten sei nach dem Bad in der Quelle von Teneguia eingetreten, das Wasser habe seinen alten Knochen wohlgetan, und er fühle sich auf wundersame Weise erfrischt. Täglich zweimal zelebriert er wieder auf dem offenen Platz die Messe, und seltsamerweise kommen die Heiden zu ihm, um seinen für sie unverständlichen Worten zu lauschen. Davor und danach kümmert er sich um die Alten und Kranken des Stammes, spielt mit den Kindern, geht völlig in der Rolle des treusorgenden Hirten seiner Schafe auf. Vielleicht liegt sein Erfolg in der Tatsache begründet, daß er mehr handelt als redet. Jedenfalls scharen sich die Heiden um ihn und scheinen vor ihm keinerlei Angst zu haben. Mitunter sehe ich ihn mit den Kindern lachen, als seien sie aus unserer Heimat und Menschen wie wir. Nach Pater Angels Meinung sind sie das auch, denn er hat sie alle getauft und ihnen neue Namen gegeben, die ich auf einer Pergamentrolle aufschreiben mußte.

Fast täglich vollzieht sich die gleiche Zeremonie, wenn wir beide auf dem Platz erscheinen und ich die Rolle öffne, damit Pater Angel die Namen vorlesen kann. Dann kommen die Leute, die aufgerufen werden, herbei und suchen, da keiner von ihnen lesen und schreiben kann, die Stelle, an der meine Feder ihre neue Identität bekundet hat. Immer wieder muß ich besonders den Kindern ihre Namen zeigen und vorlesen, und sie lachen wie von Sinnen dazu. Dabei muß ich, wenn ich in ihre blitzenden Augen sehe, ständig an die Toten von Tigalate denken. Wie viele Kinder habe ich eigenhändig zum Scheiterhaufen getragen, kleine Kinder wie sie . . .

Ja, Eusebio, der Gleichklang der Tage hier im Winterlager von Taxacorte bekommt auch mir. Langsam gewöhne ich mich an den Rhythmus, den mir Pater Angels Arbeitstempo vorgibt. Eine Kapelle will er aus Bruchsteinen erbauen und sammelt in jeder freien Minute Baumaterial. Noch haben sich keine Helfer gefunden, um das Werk beginnen zu können, aber das stört Pater Angel nicht. Er ist optimistisch, daß im Frühjahr bereits alles anders ist und die Grundsteinlegung vollzogen werden kann.

Meister Innozenz verhält sich völlig distanziert zu diesem Plan. Mir scheint, er billigt Pater Angels Vorgehensweise nicht. Vielleicht hat es auch Streit zwischen den beiden gegeben, jedenfalls gehen sie sich aus dem Wege und treffen sich selten. Oft zieht sich der Meister auch mißlich gelaunt in sein Zelt zurück, um die Heilige Schrift zu studieren. Mich braucht er dazu nicht, und so bin ich fast ständig mit Pater Angel unterwegs.

Was die Erwartungen des Heeres in bezug auf Gold, Silber und Edelsteine anbelangt, so wurden sie arg enttäuscht. Es scheint auf der Insel keine Schätze zu geben, sosehr auch danach gesucht wird. General de Lugo schickt täglich bewaffnete Trupps los, die in den Bergen graben sollen. Aber sie kehren stets mit leeren Händen und unzufriedenen Gesichtern zurück, und die Zuversicht der Männer, hier auf La Palma den erhofften Reichtum zu finden, schwindet von Tag zu Tag. Auch die Eingeborenen, die befragt wurden, wissen nichts von dergleichen. Man hat ihnen goldene Ringe gezeigt, einen davon mit einem Smaragd, silberne Becher, aber sie haben die Gegenstände nur bestaunt und erklären immer wieder, noch nie in ihrem Leben solche Materialien gesehen zu haben. Kann es sein, daß uns der General in dieser Hinsicht belogen hat, daß er absichtlich falsche Hoffnungen bei den Männern weckte, um sie bei der Fahne zu halten? Oder wurde er selber falsch unterrichtet und ist einer Lügengeschichte zum Opfer gefallen?

Hinsichtlich der Bodenschätze jedenfalls ist die Insel arm. Sie besteht ausschließlich aus Lava, Tuff und Basalt, und die fruchtbare Erdschicht ist relativ dünn. Ein wahres Wunder, daß dennoch so viel auf ihr wächst . . .

Der Winter kommt, das spürt man am kalten Wind. Ob er Schnee bringt? Wir wissen es nicht, richten uns aber darauf ein. Das Wichtigste für uns alle ist jetzt, daß Ruhe herrscht. Ob sie echt und von Dauer ist, wird sich noch herausstellen. Ich bemühe mich jedenfalls, die Vorfälle von Tigalate zu vergessen, und widme mich ganz der Arbeit. Nur die Nächte sind schlimm, Eusebio, die Nächte mit ihren furchtbaren Träumen . . .«

»Du bist jetzt eine Harimaguada«, sagte Tamogante, »du hast viel und schnell gelernt, besonders die Heilkunde. Nun wird es Zeit, daß du diese Fähigkeiten auch dort einsetzt, wo sie benötigt werden. Ein Auftrag wartet auf dich . . .«

»Was meinst du, was soll ich tun?« fragte Ica.

Die beiden saßen im Innenhof des Höhlenklosters. Windgeschützt war der Platz und von der Sonne aufgewärmt. Trotzdem saß die alte Frau in Felle eingehüllt. Sie fror häufig in letzter Zeit. Ica hockte zu ihren Füßen. Sie blieb bei

Tamogante, wenn die übrigen Mädchen Vorräte für den Winter und Brennholz sammelten.

»Geh den geheimen Weg vom Time durch die Schlucht der Todesängste, den ich dir beschrieben habe. Jenseits führt ein Pfad unterhalb des Bejanado zum Kraterrand hinauf. Dann kommt eine Stelle, die *Platz der Ahnen* heißt, du kannst sie nicht verfehlen. Ein alter, verlassener Tagoror liegt dort, in dem unsere Vorfahren vor langer Zeit Versammlungen abhielten. Wenn du von dort durch den Wald absteigst, erreichst du den Berg, der *Schafrücken* genannt wird. Am Schafrücken beginnt der Höhenweg über die Cumbre. Folge ihm so lange, bis du am Nambroque anlangst. Kannst du dir alles merken?«

Ica nickte.

»Gut«, sagte Tamogante. »Ich weiß selbst, daß dies ein weiter Weg ist, er führt quer durch die Insel nach Süden und ist nicht leicht zu begehen. Aber spute dich dennoch, denn am Nambroque wartet man sehnlichst auf dich und bedarf deiner Hilfe . . .«

Tamogante lehnte sich schwer atmend zurück, langes Reden strengte sie an. Sie schloß die Augen und sammelte sich, bevor sie weitersprechen konnte.

»Ich habe im Traum gesehen, was an den Mondbergen geschah. Vernichtet wurde der stolze Stamm von Tigalate, die Krieger, die jungen Männer sind tot, und viele von den Frauen und Kindern; die entkamen, sind verwundet oder krank. Es herrscht Hunger am Nambroque, und was noch schlimmer ist: die Menschen haben die Hoffnung verloren. Du sollst sie ihnen wiederbringen und sie zu einem Ort führen, an dem sie sicher sind.

Geh mit ihnen den gleichen Weg über die Cumbre zurück. Vom Platz der Ahnen aber führe sie in den Krater hinab ins Reich Acero, wo Tanausu regiert. Ich weiß, sein

Stamm wird sie gerne aufnehmen und sie versorgen. Bleibe auch du dort und kümmere dich vor allem um die Kinder – sie sind die einzige Hoffnung auf eine Zukunft unseres Volkes.«

»Und du, wer sorgt sich, wenn ich weg bin, um dich?« rief Ica. Ein banges Gefühl beschlich sie, eine Ahnung, daß ihr Weggehen mehr als ein Abschied sein würde.

»Abona wird mich beschützen«, antwortete Tamogante schlicht. »Sieh, auch das habe ich in meinem langen Leben gelernt: Wenn wir auf die Natur achten, auf ihre Zeichen und Stimmen, dann gehen wir niemals fehl. Die Natur lehrt uns, richtig zu leben und uns angemessen zu verhalten. Je mehr wir dies tun und uns dem großen, überall gültigen Gesetz anpassen, um so mehr hilft es uns. Ein Jäger lebt so, wenn er dem Wild auflauert, ein Fischer, der das Meer und seine Bewohner kennt und liebt, und die Heilfrau, wenn sie den Himmel beobachtet, den Stand der Sterne und den Lauf der Sonne, wenn sie den Stimmen der Winde nachlauscht und den Rufen der Tiere, wenn sie den Wetterwechsel herankommen sieht . . .

Dies alles sind noch äußere Dinge, die der Welt der Erscheinungen angehören. Aber hinter dem, was man sieht, wirken noch andere, unsichtbare Kräfte. Immer häufiger habe ich jetzt mit diesen Kräften zu tun, nähere mich ihnen an und verschmelze oft mit ihnen. Wenn ich scheinbar untätig bin, mit offenen Augen schlafe und träume, geschieht in Wirklichkeit weitaus mehr, als ein Betrachter von außen vermuten würde. Die Menschen meinen stets, daß im Alter die Energie im Körper abnimmt und weniger wird, wie bei einem alten Baum, der die Blätter und Äste verliert. Doch das ist nicht wahr – tatsächlich wandelt sich alles um, vorher Unbedeutendes wird groß und wichtig für das Leben hinter dem Leben . . .«

»Das Leben hinter dem Leben?«

Tamogante lächelte still. »Ja, so ist es: Unser Dasein und Wirken auf der Erde ist zeitlich begrenzt, aber nicht ohne Sinn. Es stellt die Herausforderung an uns dar, ob wir die Kraft und Klarheit finden, den Übergang zum wirklichen Leben zu finden. So gesehen ist jeder Tag eine Schule für uns, jeder Augenblick eine Prüfung, und aus dem Resultat unseres Handelns erwächst die Möglichkeit, es auf einer höheren Ebene besser zu machen und vor der Ewigkeit zu bestehen . . .«

Die alte Heilfrau zog Ica dichter an sich heran und umarmte sie herzlich. »Es kann sein, daß dir meine Worte im Moment unverständlich erscheinen, als Geschwätz einer närrischen Alten. Doch ist es mir ernst mit dem, was ich sage. Nimm die Botschaft an und bewahre sie in deinem Herzen bis zu dem Zeitpunkt, wo du sie besser verstehst. Erst dann wird meine Unterweisung wertvoll für dich sein, dann wirst du ernten können, was ich in dir gesät habe, Ica . . .«

Mit leiser, aber durchaus klarer Stimme stimmte sie das alte Lied an, das sie schon einmal gesungen hatte, und Ica, die aufmerksam lauschte, verstand mit einem Mal jedes Wort:

»Ein übervoller Korb von Träumen
war dieser Sommer:
gurrend, glitzernd, sattwarm,
trunken von Grün,
und die Spinne der Zeit
wob ihre Silberfäden
über verzauberten Wegen aus.
In der Wildnis
der sprechenden Steine,
in gleißenden Eidechsenstunden,

am Saum im Atem des Meeres,
in flirrenden Zikadennächten,
wo die Sterne tanzen
und lesbare Schriften formen,
reifte es heimlich heran.
Und nun, da die Ernte naht,
sehe ich, daß ich selbst
die Frucht all dessen geworden bin:
Kern und Same
für ein neues Leben.«

Noch einmal umarmten sich die beiden Frauen. Sanft wurde Ica, die sich nicht lösen konnte, von Tamogante schließlich weggeschoben. Das Mädchen stand auf und spürte gegen seinen Willen Tränen in den Augen aufsteigen.

»Geh nun«, sagte die alte Heilfrau. »Abona sei mit dir.«

»Und mit dir«, antwortete Ica, »für immer!«

Danach drehte sie sich um und ging davon, ohne Vorräte oder festere Kleidung mitzunehmen. Sie verließ das Kloster auf dem beschriebenen Weg und stieg in die Schlucht der Todesängste hinab. Gegen Mittag wanderte sie im Schatten des Bejanado, der wie ein großer, schlafender Krieger aussah. Sie kletterte den kaum noch begangenen Pfad zum Rand des Kraters hinauf. Als sie das schwierigste Stück hinter sich gelassen hatte, wurde sie gewahr, daß sie sich unmittelbar vor dem Platz der Ahnen befand. Grauschwarze Steine ragten auf, bildeten ein großes, windgeschütztes Rund, dessen Boden mit rotem Sand bedeckt war. Da sie Hunger und Durst verspürte, sammelte sie im Umkreis eine Handvoll Beeren. Mit dieser Mahlzeit setzte sie sich an den Rand des Steinkreises und kaute bedächtig das Fruchtfleisch.

Ihr Blick fiel auf die grauen Wände des Tagorors, und da

gerade in diesem Moment ein breiter Streifen Sonnenlicht über die Steine lief, sah sie die uralten Zeichen dort aufflammen. Weißlich hoben sich die verwitterten Gravuren vom Gestein ab, die in den Fels gekratzte Bildergalerie. Das Lebenszeichen Spirale entdeckte sie, Sonnenkreise und Symbole für die Sterne der Nacht, sie sah das Labyrinth, das mit seiner verschlungenen Form den schwierigen Pfad des Lebens darstellte, das Zeichen für Quelle und viele andere, die älter waren und deren Bedeutung sie nicht verstand.

Einem impulsiven Gefühl folgend, hob sie einen kleinen, ovalen Kiesel auf und kratzte mit der scharfen Kante eines anderen ein Auge hinein. Dies sollte bedeuten: Ich war hier und habe dies alles gesehen. Zugleich aber auch: Auf allem, was hier ist, ruht Taras Blick, möge er dich beschützen!

Nur diese kleine, winzige Pause der Andacht gönnte sich Ica, dann lief sie weiter. Tamogantes Auftrag war wichtig, es galt, sich zu beeilen. Sie verließ den Platz der Ahnen, stieg durch den dichten Wald hinab und jenseits den Schafrücken hinauf. Als der Abend kam, erreichte sie den lang auslaufenden Kamm der Cumbre. Unter einem Felsüberhang legte sie sich zur Ruhe und schlief traumlos in dieser Nacht. Früh am nächsten Morgen stand sie auf und wanderte durch das taubedeckte Gras. Sie kam in ein nebelverhangenes Gebiet und erkannte nichts mehr vom Aridanetal, das von dicht quellenden Passatwolken belagert war. Aber sie fand Farne, grub mit den bloßen Händen die Wurzeln aus und sättigte sich daran.

Dann ging sie weiter durch eine Landschaft, die immer geheimnisvoller und unwirklicher wurde. Vulkanausbrüche früherer Zeiten hatten hier gewaltige Dünen aus schwarzer Aschenschlacke aufgeworfen, eine tote Zone, die an den schwarzen Strand von Taxacorte erinnerte, nur, daß das

Meer weit von hier war und Ica den tiefhängenden Wolken und den Vögeln nahe. Gebeugt und vom Wind zerzaust, wuchsen die Bäume aus der schwarzen Ödnis heraus mit kräftigem Grün und rotbrauner Rinde, es gab Stellen, da trat aus der Asche rote Erde hervor. Sie war feucht vom Frühtau und ließ sich gut zwischen den Händen zerreiben. Ohne daß Ica recht wußte, was sie tat, rieb sie ihr Gesicht damit ein. Rot ist die Farbe des Lebens, dachte sie. Und Tara will, daß ich lebe.

Sie bedauerte sehr, daß sie ihren Gürtel mit dem Kultbeutel nicht mitgenommen hatte, vor allem die kleine Tonfigur der Göttin, die sie nun mit der Farbe des Lebens hätte auffrischen können.

Stunde um Stunde lief sie weiter über den Rücken der Cumbre, und sie sah nicht weiter dabei als bis zum nächsten Baum, zum nächsten Steinhügel, der sich schemenhaft aus dem Nebel herausschälte. Dann brach die Sonne durch und löste die Ungewißheit auf. Klar wurden die Berge, aber das Land, die Insel unterhalb von ihr blieb im Nebelbrei. Irgendwo links von ihr ragte plötzlich, sehr weit weg, die Spitze eines riesigen Berges aus dem weißen Meer – der Teide grüßte von der fernen Insel Achinet herüber. Nicht spitz und steil war seine Gipfelkuppe, sondern sanft und gerundet wie die Brust einer Frau.

Der Nambroque dagegen, den sie nun im Süden erkannte, gab sich schroff und zerklüftet. Hunger und Durst vergessend, lief sie weiter diesem Ziel zu, um es vor Einbruch der Dunkelheit noch zu erreichen. Sie hatte nicht die geringste Ahnung, wo sie dort nach den Leuten von Tigalate suchen sollte, doch sie überließ sich völlig ihrem Gefühl. Eine dürre Hochalm durchquerte sie, stieß auf zerklüftete Felsen und kletterte durch schmale Durchlässe, ohne die Spur eines menschlichen Wesens zu finden.

Plötzlich blieb sie stehen und hob witternd die Nase in den Wind. Der Geruch von verbranntem Holz wehte zu ihr herüber. Noch sah sie kein Feuer, hörte keinen Laut, aber sie folgte dem stärker werdenden Geruch. Und dann stieß sie auf einen kleinen, von hohen Felswänden umgebenen Talkessel und sah dort einen schwachen Feuerschein glimmen. Sie steckte zwei Finger zwischen die Lippen und ahmte den heiseren Katzenschrei eines Falken nach. Drei-, viermal rief sie so, bis von unten Antwort kam. Als sie über die Felsen hinabkletterte und ins Tal trat, kamen ihr zwei Gestalten entgegen. Sie hörte aber deutlich, daß sich in der Dunkelheit noch andere verbargen, es wurde gewispert und leise getuschelt. Nahe heran, erkannte sie zwei Frauen, von denen eine das weiße Gewand der Heilfrauen trug.

»Ich bin Ica«, sagte sie, »und ich komme im Auftrag von Tamogante.«

»Abona sei mit dir«, kam die Antwort. Und die andere Frau sagte: »Tara sei Dank, es ist eine von uns, eine Harimaguada.«

»Pater Innozenz wünscht Euch zu sprechen, General«, meldete die Ordonnanz am Eingang des Zeltes.

De Lugo schrak von seinen Papieren auf. Tagelang war er damit beschäftigt gewesen, eine Karte der Insel zeichnen zu lassen, die auf den Messungen eines dafür zuständigen Topographen, seinen eigenen Erinnerungen und den Angaben

Gazmiras beruhte. Zeitaufwendig und nervenaufreibend war es gewesen, das alberne Gestammel der Alten in sinnvolle und brauchbare Ergebnisse umzusetzen. Nun endlich lag der grobe Entwurf einer Karte vor, er zeigte den Küstenverlauf, die wichtigsten Höhenzüge und Schluchten, sowie die ungefähre Lage der zwölf Stammesgebiete mit ihren Grenzen. De Lugo war stolz auf sein Werk, aber noch immer nicht zufrieden damit. Viele der Eintragungen waren vage und bedurften noch der Überprüfung vor Ort, und sie hatten erst einen Bruchteil der Insel mit eigenen Augen gesehen.

»Er soll eintreten«, antwortete de Lugo. Was wollte der Kirchenmann schon wieder von ihm? Langsam empfand er Widerwillen gegen den Pater, der sich nicht mit seinen eigenen Aufgaben begnügte, sondern sich immer wieder penetrant in militärische Angelegenheiten einmischte, als ob er das Soldatenhandwerk besser als die verstünde, die dafür zuständig waren.

»Seid mir gegrüßt, Eminenz«, sagte er daher übertrieben freundlich, als Innozenz eintrat.

»Wie oft bat ich Euch, auf diese Anrede zu verzichten«, antwortete Innozenz gereizt. »Mit ihr bezeichnet man, wie Ihr sehr wohl wißt, ausschließlich Kardinäle. Ich dagegen bin nur ein einfacher Pater.«

»Der große Erfolge aufzuweisen hat und dem noch weitaus größere beschieden sein werden«, unterbrach de Lugo. »Es kann doch wirklich nur noch eine Frage der Zeit sein, daß Euch diese Ehre, die Euch schon so lange zusteht, zuteil wird«, schmeichelte de Lugo seinem Besucher weiter. »Habt Ihr nicht in Granada für Ruhe und Ordnung bei der Bevölkerung gesorgt, wurde Euch nicht das gewichtige Amt der Missionierung Gran Canarias übertragen, und nun auch hier, auf dieser gottverlassenen Insel?«

»Gott ist immer auf unserer Seite, auch auf La Palma«, sagte Innozenz, indem er sich in dem Stuhl nahe dem Kartentisch niederließ. »Sein Wille geschieht, und wir sind bloß sein Werkzeug. Er allein weiß, wozu uns seine Vorsehung bestimmt hat, und über mein persönliches Schicksal braucht Ihr Euch nun wirklich keine Gedanken zu machen . . . Dafür aber um so mehr, was den weiteren Verlauf des Kreuzzugs betrifft!«

»Ich bin dabei«, antwortete der General. »Seht her: Tag und Nacht arbeite ich an dieser Karte. Ihre Genauigkeit ist von größter Wichtigkeit für uns. Dies ist der südliche Teil der Westküste, die wir hinab bis Teneguia marschiert sind . . .«

Pater Innozenz beugte sich interessiert vor, während de Lugo weiter erklärte und mit der trockenen Spitze des Gänsekiels die Linien auf dem Pergament nachmalte.

»Diese Stämme vom Aridanetal bis zum Vulkan an der Südspitze sind uns botmäßig. Ihre Häuptlinge unterzeichneten den Friedensvertrag, seitdem wurde im besetzten Gebiet von keiner Unruhe mehr berichtet. Wir beherrschen die Bucht von Taxacorte, wo nun jederzeit Schiffe ein- und auslaufen können. Auch der Ostteil der Insel ist ruhig, was wohl vor allem daran liegt, daß wir den Stamm von Tigalate so vernichtend geschlagen haben. Die einheimischen Boten, die wir mit Nachrichten zu den Häuptlingen des Ostens sandten, berichten übereinstimmend, daß dort große Betroffenheit über unseren Sieg in der Feldschlacht herrscht. Die Wilden haben Angst, daß ihnen das gleiche wie denen in Tigalate widerfahren könnte, jedenfalls wagen sie es nicht, sich offen oder versteckt gegen uns aufzulehnen. Sogar ihr oberster Führer, den sie selbst *Hochkönig* nennen, ein gewisser Atogmatoma hier oben im Nordwesten jenseits der Schlucht, signalisiert Verhandlungsbereitschaft.

Was können wir also in der gegenwärtigen Lage noch mehr erwarten?«

Pater Innozenz' Augen glühen wie schwarze Kohlen, registrierte General de Lugo. Er ist fanatisch besessen von seiner Aufgabe, er brennt vor Ehrgeiz, dachte er.

Eigentlich ist er wie ich, wir sind uns auf verblüffende Weise ähnlich. Wenn er ein Offizier von mir wäre, müßte ich ständig vor ihm auf der Hut sein. Solche Leute sind gefährlich, sie schrecken vor nichts zurück, um ihr Ziel zu erreichen, nicht einmal vor einem Bruch des Treueids und vor Verrat. Sie warten nur darauf, sich hervorzutun, und sehnen den Moment herbei, wo sie einen Vorgesetzten über die Klinge springen lassen können, um selbst dessen Posten einzunehmen . . .

Aber Innozenz ist kein Soldat, sondern ein Mann des Kreuzes. Die Kirche hat ihn mit besonderen Vollmachten ausgestattet, die seine Person nahezu unantastbar machen. Das macht den Mann unberechenbar. Man muß sich gut stellen mit ihm, sein Wort ist von Einfluß, es kann bei Hof nützlich sein oder schweren Schaden zufügen. Es erfordert Diplomatie, mit ihm auf die angemessene Weise umzugehen, eine Eigenschaft, die de Lugo wenig schätzte. Vor allem gegenüber einem Pater. Diese Leute sind aalglatt, dachte er, sie haben stets das Recht auf ihrer Seite, haben die Moral gepachtet und vertreten eine Macht, die ihnen angeblich von Gott selbst verliehen ist. Dabei sind sie bloß Diener, eigentlich erbärmliche Wichte, die nichts vom Genuß des Lebens verstehen, zu dem auch die Möglichkeit der Entscheidung nach eigenem, freiem Willen gehört, sie sind . . .

»Es leuchtet alles ein, was Ihr sagt«, unterbrach Pater Innozenz seine geheimen Gedankengänge. »Man könnte durchaus, wie Ihr es auszudrücken beliebt, zufrieden mit dem Stand der Dinge sein. Und doch bin ich es nicht. Was haben wir schon erreicht? Einen kleinen Teil der Insel halten wir, einen Stützpunkt, einen Hafen. Mit dem Sieg an den Mondbergen haben wir gewiß einen Achtungserfolg errungen und den Heiden Respekt eingeflößt. Aber wie lange wird die Wirkung anhalten? Wann werden sie sich von dem Schock der Niederlage erholt haben und sich erneut zusammenrotten, um über uns herzufallen? Geschah Vergleichbares nicht auch auf Gran Canaria und den anderen Inseln? Solange es noch Gebiete gibt, die nicht unserer Macht unterliegen, Häuptlinge und Wortführer, die sich nicht bedingungslos unserem Gesetz unterworfen haben, befürchte ich das Schlimmste. Ja, ein alter Mann hat die Waffen gestreckt und ein paar andere mehr. Aber die anderen nicht, Atogmatoma zum Beispiel und dieser Tanausu, der im Schutz des Kraterkessels haust. Seht Ihr, wie groß dieser Urwaldkrater ist, wie gewaltig sein Einflußbereich? Er fühlt sich sicher und unangreifbar dort, das macht ihn hochnäsig und aufsässig . . . Nein, General, ich teile Eure Einschätzung der Lage nicht. Die Ruhe, in der wir uns gegenwärtig befinden, scheint mir eine äußerst trügerische zu sein.«

»Unsere Meinungen gehen in diesem Punkt gar nicht so weit auseinander, Pater«, sagte de Lugo. »Jedoch welche Schlüsse zieht Ihr für unser zukünftiges Handeln daraus?«

»Wir dürfen den Wilden keine Ruhepause gönnen, wir müssen ihnen hart auf den Fersen bleiben. Wenn Ihr mich fragt, so sollten wir sie weiter verfolgen, notfalls stellen, und nicht eher zufrieden sein, bis sie sich allesamt unterworfen haben.«

De Lugo seufzte schwer auf. »Das Heer ist angeschlagen, viele Männer sind verwundet, sie brauchen Zeit, um sich auszukurieren. Außerdem sollte man die Widerstandskraft der Eingeborenen nicht unterschätzen. An den Mondbergen sind wir nur knapp einem Fiasko entgangen, denn der Mut und die Kampfbereitschaft der Wilden war ungewöhnlich groß. Ehrlich gesagt, stellt die Schlacht einen Pyrrhussieg für uns dar.«

»Und Verstärkung vom Festland läßt sich nicht heranbeordern?« De Lugo winkte ab. »Es würde viel zu lange dauern, bis ein Schiff von hier nach Spanien führe und wieder zurück. Außerdem halte ich es für überflüssig, um fremde Hilfe zu bitten. Wir gewinnen den Feldzug auch so. Spätestens im Frühjahr holen wir zum entscheidenden Schlag aus. Und dann hier . . .« Er deutete auf die Karte. Ins Zentrum des Kraters stach sein Finger. »Seht Ihr das? Hier liegt der wichtigste Punkt der Insel. Die Stämme ringsum lassen sich leicht zur Räson bringen, mit Verhandlungszusagen, die für uns wenig bedeuten, aber viel einbringen können, notfalls mit Gewalt. Auch schrecke ich nicht davor zurück, die Wilden bis hinauf in die Berge zu treiben und sie dort in der Einöde auszuhungern. Alles läßt sich durch eine geschickte Strategie erreichen. Bloß der Kraterkessel mit seinen steilen Rändern stellt ein Problem dar, für das ich bisher noch keine Lösung gefunden habe. Aber sie muß her. Haben wir Tanausus Stamm erst besiegt, gehört uns die ganze Insel.«

Erneut beugte sich Pater Innozenz über die Karte. »Und der Zugang hier durch die Schlucht?« fragte er.

»Ist unmöglich zu schaffen, daran scheiterte bereits das Expeditionscorps Guillén Perazas vor uns. Die Schlucht kann für jeden, der sie betritt, zur tödlichen Falle werden. Dennoch vermute ich hier einen anderen gangbaren Weg, ich weiß nur noch nicht wo und wie.«

»Habt Ihr die alte Gazmira dazu befragt?«

»Mehrfach schon, aber aus der Vettel ist nichts Vernünftiges mehr herauszuholen. Einen Plan zu entwickeln ist schwer, es braucht seine Zeit.«

»Ihr als Soldat predigt Aufschub?« höhnte Innozenz. »Wo ist der Schneid geblieben, den man Euch nachsagt, das Draufgängertum?«

De Lugo sprang auf. Erregt schritt er durchs Zelt. »Schneid und Mut sind eine Sache, Klugheit und Berechnung eine andere«, antwortete er, mühsam seinen Zorn unterdrückend. »Als Befehlshaber der Streitkräfte habe ich stets unseren Sieg im Auge, nicht vorschnelles Handeln mit unkalkulierbarem Risiko, das könnt Ihr mir glauben. Verzeiht mir, ehrwürdiger Vater, aber ich denke, momentan gibt es in der Angelegenheit nichts weiter zu besprechen.«

Das war kühn und kam einem Rausschmiß des Kirchenmannes gleich, aber er konnte nicht anders.

»Dann gehe ich und spreche Euch wieder, wenn Ihr bessere und hoffnungsvollere Nachrichten für mich habt«, antwortete Innozenz kalt. Er stand auf und verließ ohne Gruß das Zelt.

Ehrwürdiger Vater muß ich ihn nennen, dachte de Lugo bitter. Dabei benimmt er sich anmaßend und könnte vom Alter her sogar mein jüngerer Bruder sein. Was mischt er sich überhaupt in meine Planungen ein, warum geht er nicht predigen wie dieser andere alte Narr, dieser Pater Angel? Da hätte er reichlich zu tun! Kirche und Militär, dachte de Lugo, das ist eine Allianz, die in vielen Fällen nützlich sein kann. Manchmal aber auch unerhört störend.

Er griff zur Karaffe, um sich Wein nachzuschenken, merkte, daß sie wieder einmal leer war, obgleich der kostbare Saft seit geraumer Zeit schon nicht mehr an die Mannschaften, sondern nur noch ausschließlich an Offiziere ausgeschenkt wurde.

»Ordonnanz!« schrie er zum Zeltausgang hin, »Wein, aber schnell!«

Der Mann stob erschreckt davon.

Im Palmenhain südlich von Tixarafe, unterhalb des Seelensteins und jener Hügel, die man *Die Köpfe* nannte, trafen sich mehrere Männer. Scheinbar ganz zufällig sammelten sie sich, kamen einzeln und nacheinander und scharten sich um Adargoma. Sie begrüßten sich kurz und setzten sich dann schweigend in den Kreis. Nach und nach fanden sich auf diese Weise etwa die Hälfte aller Krieger des Stammes Hiscaguan ein, auch Bencomo und Mazo waren dabei.

Einer der Männer, der lange in Richtung des Freundschaftsberges gestarrt und die dichten Wolken dort beobachtet hatte, brach schließlich das Schweigen.

»Dieses Jahr gibt es Schnee«, sagte er, »ich sehe es deutlich am Himmel und spüre es am Ziehen in meinen Knochen. Der Nordwind ist kälter als sonst, nicht lange mehr, und die Berge werden weiß.«

»Vielleicht kommt der Schnee auch bis zu uns herunter«, ergänzte ein anderer. »Ich kann mich an Zeiten erinnern, da waren die Wege oben unpassierbar, und das Wasser fror in den Waschmulden vor den Hütten.«

Adargoma sagte nichts. Er hielt den Kopf gesenkt und die Augen geschlossen, als horche er in sich hinein. Unbeweglich war sein Gesicht, seine Gestalt erstarrt wie Felsgestein. Mazo schnitzte mit einer Basaltklinge an einem Holzstekken, den er unterwegs gefunden und zu einer Wurflanze anspitzen wollte. Die anderen Männer kauten getrocknete Feigen und Beeren. Bencomo roch Rauch in der Luft. Einen Moment lang glaubte er, er käme vom Time herüber oder stiege aus der Bucht von Taxacorte herauf, wo die Spanier an ihren Feuern hockten. Aber das war unmöglich, der Wind wehte von Norden, es mußten die Herdfeuer des Dorfes sein. Es gibt bald Schnee, dachte er, und Ica ist oben im Kloster. Hoffentlich hat sie es warm dort, hoffentlich reichen die Vorräte aus, wenn das Wetter schlimmer wird und sie von der Außenwelt abgeschnitten sind . . . Er dachte an die heißen Tage und Nächte des Sommers zurück, an die flimmernde Hitze über dem schwarzen Sandstrand und die erfrischende Kühle des Meeres. An ihre erste Begegnung erinnerte er sich, an das Glitzern in Icas Augen, und er sehnte sich nach ihrer Umarmung. Wie schön und friedlich diese Zeit doch gewesen war! Sie kam ihm jetzt wie eine ferne Vergangenheit vor, so weit lag alles schon zurück. Kindheit und Jugend, unbeschwertes Lachen und Abenteuer, jeder Tag wie ein Geschenk, eine Entdeckung . . .

Vielleicht erging es den anderen Männern ähnlich, denn ihre Gesichter wirkten geistesabwesend, ihre Blicke nach innen gekehrt. Plötzlich hob Adargoma den Kopf, seine Gestalt richtete sich auf.

»Es gibt einen Grund für unser Zusammentreffen«, begann er. »Ihr alle habt von der Schlacht an den Mondbergen gehört, vom Untergang des Stammes von Tigalate, von Jariguas und Gareaguas Tod . . .«

»Rache!« murrten ein paar Krieger leise und schlugen sich zur Bestätigung an die Brust.

»Ja, Rache«, sagte Adargoma, »niemals werden wir diesen Tag vergessen und nicht eher ruhen, als bis das Geschehen gesühnt ist! Ihr wißt, daß ich es voraussah und immer davor gewarnt habe. Ihr habt meine Worte noch im Ohr: Die Fremden werden uns alle vernichten, wenn wir nicht rechtzeitig handeln.«

»Er hat recht, er spricht die Wahrheit«, stimmten ihm mehrere Männer zu.

»Darum dreht es sich nicht«, sagte Adargoma, »es geht nicht um mich, es geht um alle Stämme, das ganze Volk von Benahoare . . . Das Eintreffen der Fremden hat unsere Ordnung zerrissen, Verrat und Mißtrauen zwischen uns gebracht. Alte Verträge, die immer galten, wurden gebrochen, das Gesetz mißachtet, unser Glaube gekränkt, manche Häuptlinge paktieren bereits offen mit dem Feind . . .«

»Schande, Schande!« wurden Rufe laut. »Ihr Blut soll über die Verräter kommen!«

Adargoma hob die Hand, und sofort kehrte wieder Ruhe ein.

»Ich bin ein alter Mann und habe viel erlebt und gesehen, aber dies einfach hinzunehmen, ist mir unmöglich. Ich kann nicht glauben, daß es so kommen *mußte*. Es sieht aus, als sei der Geist des Guayote aus dem Schlaf erwacht, sei aus dem Vulkan gekrochen und in die Seelen der Menschen geschlüpft. Könnt ihr euch noch an die Nacht erinnern, als der Feycan tanzte und die Erde erbebte? Wir hielten dies damals für ein Zeichen der Trauer über den Tod Madangos – ach, wäre er niemals gestorben und führte uns heute noch! Aber das war es nicht, wir haben die Stimme des Dämons damals falsch verstanden, denn sie sollte uns eine Warnung sein! Sein Heulen kündigte das Nahen der Feinde an . . .«

Bencomo traten bei den Worten Adargomas die Ereignisse jener Nacht wieder deutlich ins Gedächtnis. Noch einmal hörte er das Donnern und das Geheul der Hunde, spürte die Erde beben. Und den anderen ging es wohl ähnlich. Wie recht der alte Krieger hatte!

»Wenn Madango noch unter uns wäre«, fuhr Adargoma fort, »säßen wir heute nicht hier zusammen. Er, der vor über vierzig Jahren die Krieger in die Schlacht hinab zur Schlucht der Todesängste führte und als Sieger zurückkam, er, der tapferste Hochkönig, den es je auf Benahoare gab, hätte keinen Moment lang gezögert, die Feinde erneut anzugreifen und zu vernichten, und es wäre eine Freude gewesen, ihm zu folgen und an seiner Seite zu kämpfen. Voll Stolz und Selbstachtung wären wir für die Freiheit unseres Volkes gestorben. Aber so leben wir noch und spüren die Schmach, die auf uns lastet …

Unser Hochkönig schweigt zu allem und kann sich nicht zum Handeln entschließen. Erinnert ihr euch noch an das Zeichen, das seine Wahl bestimmte? Ein schwaches, ein dürftiges Omen war es, eine Flaumfeder, die im Wind tanzte … Soll dies unser Schicksal sein – ohne eigenen Willen hin und her getrieben zu werden, ausgeliefert dem blinden Zufall? Soll unser Volk auf diese Weise zugrunde gehen?«

»Nein, nein, niemals!« riefen die versammelten Krieger, und ein paar von ihnen sprangen auf und ballten die Fäuste. »Eher wollen wir kämpfen und sterben, als solche Schande hinzunehmen!«

»Ich habe gewußt, daß man sich auf euch verlassen kann«, sagte Adargoma. »Darum unterbreite ich euch jetzt auch meinen Vorschlag, über den ich schon lange nachdenke …«

»Sprich, Adargoma, sag uns, was zu tun ist!«

Der alte Krieger stand auf und deutete mit dem ausgestreckten Arm zum Rand des Kraters. »Dort liegt unsere Hoffnung, die einzige, die uns noch bleibt: das Reich Acero meine ich, Tanausu soll uns von nun an führen!«

Erregt sprangen die Krieger auf und redeten wild durcheinander. »Aber das bedeutet einen Bruch des Treueids, den wir geleistet haben! Atogmatoma ist Hochkönig von Benahoare, nicht Tanausu! Sollen wir unseren Stamm verlassen?«

»Genau das meine ich. Und ich werde keinen Moment

lang zögern, diesen Schritt zu tun. Noch heute werde ich aufbrechen, um zu Tanausu zu gehen. Meine Waffen werde ich mitnehmen und sie Tanausu zu Füßen legen. Mag er entscheiden, ob es zum Kampf kommen soll oder nicht.«

Die Unruhe im Kreis wurde immer größer.

»Aber unsere Frauen und Kinder«, sagte einer, »wir können sie unmöglich schutzlos zurücklassen.«

Adargoma ließ sie ausdiskutieren, dann gebot die Geste seiner Hand Ruhe.

»Ich verstehe eure Bedenken sehr wohl«, sagte er, »und ich nehme es keinem übel, wenn er lieber im Dorf bleibt. Die Entscheidung ist jedem freigestellt, ob er sofort mit mir geht oder erst später folgt und die Familie mitbringt. Die Frauen und Kinder können auch nachkommen. Es eilt nicht, vorerst sind sie im Stammesgebiet sicher. Ich kann auch von keinem verlangen, daß er so handelt wie ich. Ich weiß, daß es schwerfällt, dem Hochkönig die Gefolgschaft zu versagen. Für mich aber steht der Entschluß fest. Ich gehe.«

Bencomo sprang auf. »Ich gehe mit dir«, sagte er, »ich hole nur rasch meine Waffen.«

»Wenn du gehst, gehe ich auch«, rief Mazo.

»Ich auch, ich auch«, stimmten andere zu. Sieben Männer standen auf, der Rest blieb im Kreis sitzen. Es war ihnen anzusehen, daß sie schwer mit sich ringen mußten.

»Wir folgen nach«, sagte einer von ihnen, »laß uns noch etwas Zeit, aber ich gebe dir schon jetzt mein Wort, daß ich bald nachkommen werde.«

Adargoma nickte ernst. »Es ist gut. Jeder soll es mit sich selber ausmachen, ob er seinem eigenen Willen folgt oder dem Atogmatomas. Mir fällt der Aufbruch leicht, denn ich will zu unserem Heiligen Berg, dem Idafe, und dort opfern. Ich habe seinen Ruf vernommen, und ich sage euch: Er ist lauter als der des Hochkönigs.«

Die Zurückbleibenden blickten noch lange den sieben Männern nach. Voller Unruhe waren ihr Geist und ihre Herzen. Aber tief im Innern spürten sie, daß Adargoma recht hatte, und sie beneideten ihn um seinen schnellen und kühnen Entschluß.

»Drei Vorfälle der letzten Zeit sind mir besonders im Gedächtnis geblieben«, schrieb Domingo in seinem Brief an den Klosterschüler Eusebio im fernen Burgos.

»Ich erzählte dir bereits von dem täglich auf dem Dorfplatz von Taxacorte stattfindenden Ritual der öffentlichen Namensverlesung. Blieb anfangs die Liste konstant, das heißt die Anzahl der versammelten Gemeindemitglieder gleich groß, so begann sie bald aus mir unerfindlichen Gründen zusammenzuschrumpfen, wobei mir auffiel, daß die Frauen nach wie vor kamen, von Tag zu Tag aber mehr von den Männern fernblieben. Ich wies Pater Angel auf diesen Tatbestand hin, doch er maß ihm keine sonderliche Bedeutung zu. Ich merke aber, daß die Leute sich vielsagende Blicke zuwerfen, die Köpfe zusammenstecken und zu tuscheln beginnen, wenn ich die Namen von Männern aufrufe, die vor kurzem noch zur Messe erschienen sind. Auch sonst im Dorf treffe ich sie nicht mehr an, sie sind wie vom Erdboden verschwunden. Kann es sein, daß sie in die Berge geflüchtet sind, daß hier etwas vorgeht, was wir, von der trügerischen Ruhe im Lager eingelullt, nicht bemerken?

Mich jedenfalls stimmt das tägliche Verschwinden weiterer Männer sehr nachdenklich . . .

Das zweite Ereignis, von dem ich reden will, betrifft einen tragischen Unfall, in den zwei unserer Reiter, der Neffe des Generals und ein weiterer Offizier, sowie eine alte Frau verwickelt waren. Du mußt wissen, Eusebio, daß die Einheimischen nie zuvor in ihrem Leben Pferde zu Gesicht bekommen haben. Sie legen eine übertriebene Scheu vor diesen Tieren an den Tag und weichen ihnen ängstlich aus. Nun geschah es aber, daß unmittelbar nach Beendigung der Messe am Morgen diese besagten zwei Reiter durch das Dorf sprengten. Sie ritten schnell und nahmen wie gewöhnlich wenig Rücksicht auf die Angst der Leute. In der Menge brach eine Art Panik aus, viele stoben davon, es entstand ein Gedränge, und dabei kam auch die alte Frau zu Fall. Ich konnte nicht sehen, ob sie vom Huf eines scheuenden und sich aufbäumenden Pferdes getroffen wurde oder einfach nur ausrutschte und stürzte. Als Pater Angel und ich sie erreichten, blutete sie jedenfalls am Kopf und war ohne Bewußtsein.

Sogleich scharten sich Eingeborene um sie und wollten ihr helfen, doch Pater Angel wies sie energisch zurück. Entschlossen und mit einer Kraft, die ich ihm gar nicht zugetraut hätte, hob er sie auf und trug sie zu ihrer Hütte. Ein paar Frauen und Kinder wiesen ihm den Weg und begleiteten uns. Dort angekommen, schafften wir die alte Frau ins Innere ihrer Behausung und betteten sie auf ihr Lager aus Laub und Ziegenfellen. Pater Angel kümmerte sich gewissenhaft wie ein Arzt um die Verletzte. Er wies mich an, ihm einen Krug frisches Wasser zu holen. Damit wuschen wir die Wunde aus und legten einen Verband an. Die Frau stöhnte, war aber wieder bei Sinnen. Mit großen, erstaunten Augen sah sie uns an. Während Pater Angel, neben ihrem Lager kniend, beruhigend auf sie einsprach, sah ich mich im Inneren der Hütte um. Sie war erstaunlich dürftig ausgestattet, aber sauber. Neben der offenen Kochstelle, in einer Ausbuchtung des runden Raumes, lagerten Geschirr, Töpfe und Schalen aus schwarzem, gebranntem Ton. Zwei von den Gegenständen dort fielen mir ins Auge, ich nahm sie in die Hand und betrachtete sie näher. Bei dem einen handelte es sich um eine besonders formschöne Schale, deren äußerer Rand mit zierlichem Wellen- und Spiralenmuster verziert war. Der andere Gegenstand war mir fremd. Er sah wie eine Kombination von Trinkschale und Schöpfkelle aus, jedenfalls lag sein Griff recht angenehm in der Hand. Ansonsten barg das Innere der Hütte noch ein paar größere Vorratskrüge, die oben verschlossen waren, Stein- und Holzwerkzeug verschiedenster Art sowie Tierfelle und Decken. Tisch, Stühle, Vorratstruhen für Kleidung und dergleichen Utensilien, wie wir sie kennen und alltäglich benutzen, fehlten völlig. Unterdessen sprach Pater Angel noch immer mit seiner tiefen, ruhigen Stimme zu ihr. Sie verstand sicher kein Wort von dem, was er sagte, aber das war auch gar nicht wichtig. Der Klang seiner Stimme und die Art der Betonung allein reichten schon aus, um eine wohltuende Wirkung auf die alte Frau auszuüben. Auch sah ich, daß er ihre Hand hielt und sie sie nicht wegzog. Plötzlich begann die Frau leise in ihrer fremden Sprache zu reden. Pater Angel hörte aufmerksam zu und nickte sogar mehrmals, als verstehe er alles. Mir war klar, daß seine Absicht lediglich darin bestand, ihr einen Gefallen zu erweisen.

Die Frau tastete mit der freien Hand unter ihrem Lager herum, als suche sie etwas, und ich dachte bereits an das Schlimmste, einen versteckten Dolch oder ähnliches, um ihn dem Pater heimtückisch ins Herz zu stoßen, als sie endlich fündig wurde und eine kleine Figur hervorholte. Ich sah es genau: ein winziges Figürchen aus rotem gebrannten Ton war es, das eine fettleibige, unbekleidete Frau darstellte, deren Arme eng am Körper anlagen und deren Beine unförmig nach unten ausliefen. Diese Figur streckte sie Pater Angel entgegen, murmelte etwas dabei und wiederholte die Geste so lange, bis er verstand und das Geschenk der Alten entgegennahm. Er verstaute es in der Tasche seiner Kutte, bedankte sich lächelnd. Danach verließen wir die Hütte mit dem Vorsatz, die Frau am nächsten Tag wieder aufzusuchen und uns nach ihrem Gesundheitszustand zu erkundigen.

Unterwegs zu unserem Zelt konnte ich es mir nicht verkneifen, Pater Angel auf das Geschenk anzusprechen. Er blieb stehen, holte die Figur aus der Tasche und zeigte sie mir.

»Ist dies nicht ein Götzenbild?« fragte ich. »Noch dazu ein äußerst obszönes?«

»Oh, nein«, lachte Pater Angel, »das sehe ich nicht so.«

»Aber sie ist doch nackt, noch dazu von einer Deutlichkeit und Direktheit, die erschreckt.«

»Mich nicht«, antwortete Pater Angel. »Alle Frauen der Welt sehen so aus, auch wenn es bei uns Sitte ist, diese Tatsache mehr oder weniger schamhaft zu verbergen. Die Menschen hier gehen offenbar anders damit um – kann man sie deshalb schelten?«

»Außerdem . . .«, warf er schnell ein, als er in meinem Gesicht die Betroffenheit sah, ». . . verhält es sich bei der Figur keineswegs um eine Sache, die man, sagen wir, *anstößig* nennen sollte. Sie stellt, so glaube ich jedenfalls, eine Art Mutter dar, so etwas wie bei uns die Maria.«

Mir blieb vor Staunen der Mund offenstehen. »Maria . . .«, wiederholte ich fassungslos, ». . . Ihr vergleicht dieses heidnische Abbild tatsächlich mit unserer verehrungswürdigen Jungfrau Maria?«

»Ja, mit der Mutter Gottes, die uns den Heiland gebar. Die Spenderin des Lebens und der Hoffnung ist sie, und genau in dieser Eigenschaft gleicht sie der kleinen Tonfigur, nur daß diese in ihrer offensichtlichen Nacktheit mehr den Gedanken der Fruchtbarkeit betont.«

Ein Grauen überkam mich bei den Worten des Paters. Wie ein Ketzer sprach er, und dies so völlig ohne Scham, als handele es sich um die natürlichsten Dinge der Welt. Dennoch reizte es mich, mehr von ihm darüber zu erfahren.

»So billigt Ihr diesen Heiden einen Glauben und eine Religion zu, die sich mit der unseren ernsthaft vergleichen ließe?« fragte ich.

»Es sind keine Heiden mehr, sondern getaufte Christen«, korrigierte mich Pater Angel. »Was aber den zweiten Teil deiner Frage betrifft, so bin ich inzwischen in der Tat der Meinung, daß sie einen Glauben und eine Religion besaßen, bevor wir auf sie stießen. Gut, sie entspricht vielleicht in vielerlei Hinsicht nicht unserer Vorstellung, stellt aber meiner Ansicht nach eine primitive und rohe Vorstufe zu ihr dar. Aber eine Religion ist das schon, ich stelle sogar, je länger ich darüber nachdenke, mehr und mehr Übereinstimmungen fest. Zum Beispiel dieses kleine, unscheinbare Figürchen, das für sie eine so große Bedeutung verkörpert. Hast du den Ernst ihrer Augen gesehen, ihre Stimme gehört, als sie sie mir gab? So verhalten sich nur Menschen, die glauben . . .«

Ich dachte nach und mußte ihm recht geben. Dennoch blieben mir Zweifel.

»Und Ihr betrachtet sie wirklich als Christenmenschen, obgleich sie ihrem alten Glauben noch immer nicht gänzlich abgeschworen haben und heimlich solche Talismane unter dem Bett aufbewahren?«

»Nicht Talismane, eine andere Form unserer Jungfrau

Maria«, korrigierte mich Pater Angel lächelnd. »Selbstverständlich betrachte ich sie als Christen. Weißt du, mein Sohn, die Missionsarbeit stellt einen langen, mühsamen Weg dar, den wir fest entschlossen gehen müssen, wir dürfen nicht vor der Zeit am Erfolg unserer Arbeit zweifeln. Im Gegenteil: der heutige Tag stimmt mich hoffnungsfroh und stärkt meine Zuversicht ungemein, denn nun weiß ich, was weiter zu tun ist. Bildhaft gesprochen, wurde mir heute ein Schlüssel zur geheimsten Kammer ihrer Herzen geschenkt.«

»Das verstehe ich nicht«, gab ich ehrlich überrascht zu.

»Aber das ist doch ganz einfach, es liegt sozusagen klar auf der Hand! Diese Menschen haben bislang eine Frau, eine Muttergestalt als ihr höchstes Wesen verehrt. Steht mir es zu, ihnen das zu entreißen? Nein, der Verlust würde sie erbittern und eine Leere in ihren Herzen schaffen. Stellen wir aber statt dessen das Bild der Maria vor ihnen auf, so entdecken sie in der neuen Gestalt den alten Inhalt ihres Glaubens wieder, freuen sich und nehmen auch anderes an, was wir ihnen verkünden. Das ist es: Man muß überall Plätze weihen und dort Standbilder der Jungfrau Maria aufstellen. Glaube mir, sie werden sie nicht zerstören, sondern im Gegenteil davor beten.«

»Ist das nicht ein Betrug, eine Täuschung?« entfuhr es mir unbedacht.

»Ich würde es eher Klugheit und Einfühlungsvermögen nennen«, gab Pater Angel zur Antwort.

Ja, so ähnlich verlief unser Gespräch, und du kannst es mir glauben, lieber Eusebio, daß ich noch lange darüber nachgedacht habe. Vielleicht, so erschien mir plötzlich, war dieser Pater Angel doch nicht so einfältig und dumm, wie manche Leute dachten. Vielleicht ging er sogar äußerst besonnen zu Werk und würde gerade auf diese nicht alltägliche Weise mehr als andere erreichen. Ich nahm mir vor, in Zukunft stärker als bisher auf seine Worte zu achten.

Aber nun muß ich noch über das dritte Ereignis berichten, das mich berührt und nachdenklich gestimmt hat. Es geschah wenige Tage später, als Meister Innozenz unser Zelt betrat, um etwas mit Pater Angel zu besprechen. Es fing eigentlich belanglos an, eine Routineangelegenheit, die unsere Verpflegung betraf und die Vorbereitungen auf den Winter. Plötzlich aber fiel der Blick des Meisters auf die kleine, hölzerne Truhe des Paters, in der jener seine Habseligkeiten aufbewahrte. Auf der Truhe lag nämlich seit dem Unfall noch immer das Geschenk der alten Guanchenfrau, das kleine Figürchen aus Ton, das zum Gegenstand unseres so ernsthaften Gespräches geworden war.

»Was ist denn das?« schrie Meister Innozenz auf, als stände der Leibhaftige vor ihm im Raum. »Was soll diese schändliche Götzenfigur im Zelt eines Priesters? Seit Ihr des Teufels, einen solchen Höllenzauber unters eigene Dach zu holen?«

Noch immer schreiend, sprang er auf die Truhe zu, packte das Tonfigürchen mit spitzen Fingern, eilte damit vors Zelt und warf es dort ins Feuer. Wir waren ihm, völlig überrascht von seinem Zorn, nach draußen gefolgt und mußten nun eine Schimpfkanonade von Meister Innozenz über uns ergehen lassen. Pater Angel wollte mit seiner Erklärung beginnen, kam aber gegen die Wut des Meisters nicht an.

»Schon lange beobachte ich Euer Treiben mit Unbehagen!« rief er. »Wie ich es vorhersagte, so ist es nun gekommen: Ihr seid viel zu nachgiebig gegenüber den Wilden, entwickelt falsches Verständnis für die Barbaren. Mit Messen und Predigten verschenkt Ihr Eure Gaben an das unwürdige Volk, werft die Worte des HERRN wie Perlen vor die Säue! Sinnlos allemal, da die erbärmlichen Kreaturen sowieso nicht unsere Sprache verstehen. Wißt Ihr, was Ihr in meinen Augen tut? Ihr haltet Euch selber zum Narren, Pater Angel!«

»Aber meine Gemeinde, die Messen . . .«, stammelte Pater Angel. Ganz blaß war er vor Aufregung im Gesicht geworden, während in dem des Meisters hektische rote Flecken tanzten. Und seine Augen! Nie zuvor hatte ich seine schwarzen Augen so brennen gesehen.

»Alles sinnlos!« tobte Meister Innozenz weiter. »Ich wiederhole es: sinnlos und dumm, vergebliche Liebesmüh und unangebracht obendrein. Ihr habt es nicht anders gewollt und müßt nun die Konsequenzen tragen! Ich verbiete Euch kraft meines Amtes, fürderhin noch weiter von Gott zu den Wilden zu sprechen. Ich selbst werde das tun, aber nicht jetzt und nicht morgen, sondern dann, wenn es an der Zeit und angebracht ist! Was Ihr bis dahin unternehmen könnt, und nehmt diese Anweisung getrost als Befehl, ist, den Wilden zunächst einmal unsere Sprache beizubringen, damit sie die Botschaft verstehen und sich anständig und gesittet darüber unterhalten können. Spanisch und Latein gilt es zu vermitteln, zumindest in gewissem Umfang, aber allein das wird Monate, wenn nicht Jahre in Anspruch nehmen. Bis dahin sollt Ihr die Heilige Messe ausschließlich für Menschen zelebrieren, denen sie zusteht, nämlich für unsere Soldaten. Habt Ihr mich verstanden, habe ich mich deutlich genug ausgedrückt?«

Ja, das hatte er. Pater Angel blieb nichts mehr übrig, als ergeben zu nicken. Noch lange stand er vor dem Zelt, gedemütigt und stumm, und ich wagte nicht, ihn anszusprechen und aus seiner Erstarrung zu reißen.

Aber etwas tat ich, Eusebio, von dem niemand sonst weiß. Ich verrate dir jetzt ein Geheimnis: Als die Glut des Tagesfeuers vor unserem Zelt heruntergebrannt war und ich Holzscheite nachlegen mußte, stocherte ich zuvor mit einem Stock in der Asche herum. Gänzlich unversehrt, wenn auch schwarz verrußt, holte ich das Figürchen heraus und nahm es beiseite. Später säuberte ich es und steckte es unbemerkt ein. Ob ich dadurch eine schwere Schuld auf mich lud? Ich weiß es nicht, aber manchmal, in stillen Momenten, betrachte ich heimlich die Figur. Ich trage sie nun immer bei mir und rede mir ein, sie brächte mir Glück . . .«

Den geheimen Pfad benutzend, stiegen Bencomo, Mazo und Adargoma und die übrigen Männer in die Schlucht der Todesängste hinab. An dieser Stelle rückten die Felswände weit auseinander, hier öffnete sich der Krater zu einem Kessel, in dem mehrere Bachläufe zusammentrafen, um sich mit dem Taburientefluß zu vereinen. Laut murmelte das Wasser, quirlte und plätscherte zwischen zahllosen Felsbrocken und Engpässen hindurch, wand sich in Schleifen, staute sich auf, bildete Bänke aus Geröllkieseln und Sand.

Viele Wasser wurde die Gegend genannt, weil es nicht leicht erkennbar war, wie viele Bäche sich hier eigentlich trafen. Außerdem schwankte ihre Zahl je nach der Jahreszeit: Im Frühjahr, besonders nach einem Schneewinter, bildeten sich neue, in einem regenarmen Sommer wie diesem dagegen trockneten die meisten aus.

Als sie gerade eine Furt durchwateten, schwirrte plötzlich ein Wurfstein heran. Er flog dicht an Adargomas Kopf vorbei. Der Alte blieb wie angewurzelt stehen und suchte mit den Augen die Umgebung ab. Nichts war zu sehen, und doch erregte ein Buschwerk in der Nähe seine Aufmerksamkeit, weil dort gerade einige Vögel aufgeflogen waren – für den erfahrenen Adargoma ein untrügliches Zeichen für die Anwesenheit eines Menschen.

»Komm heraus, ich sehe dich genau!« versuchte er sein unsichtbares Gegenüber zu täuschen, und zur Bestärkung seiner Worte hob er einen Flußkiesel auf und warf ihn in das Gebüsch. Augenblicklich sprang dort ein Mann heraus. Die Fellhaube auf seinem Kopf wies ihn als einen Krieger des Stammes Acero aus. Hier begann Tanausus Herrschaftsgebiet.

»Was wollt ihr?« fragte er barsch.

»Wir sind auf dem Weg zu Tanausu, um ihm unsere Gefolgschaft anzubieten«, antwortete Adargoma.

»Und wo kommt ihr her?«

»Aus Hiscaguan.«

»Dann habt ihr den Hochkönig verlassen?« fragte der Krieger verwundert.

»So ist es«, gab Adargoma zur Antwort. »Sein Wort zählt nicht mehr bei uns. Wir setzen unsere Hoffnung auf Tanausu. Ich denke, er wird tüchtige Krieger wie uns gebrauchen können.«

Das Gesicht des Mannes hellte sich auf. »Das hört sich gut an. Aber sag: Bist du nicht Adargoma? Ein Mann in deinem Alter und mit einer Krähenfeder im Haar . . . Man erzählt sich bei uns von dir. Hast du nicht damals an der Schlacht in der Schlucht der Todesängste teilgenommen?«

»Ja«, erwiderte Adargoma stolz. »Und ich bin bereit, es noch einmal zu tun, wenn das Schicksal es will.«

»Ich führe euch zum Dorf«, sagte der Krieger.

Sie folgten ihm den Flußlauf entlang, überwanden kletternd eine steinige Anhöhe, hinter der ein schmaler Waldpfad begann. Dort stießen sie auf eine weitere, aus drei jungen Kriegern bestehende Wache.

»Es sind Leute aus Hiscaguan«, rief ihnen der Krieger zu, »sie kommen in Waffenbrüderschaft!«

»Von Tixarafe, aus Atogmatomas Stamm? Hat sie der Hochkönig geschickt?«

»Nein«, übernahm Adargoma erneut das Wort, »wir haben uns aus freien Stücken dazu entschlossen. Nicht Atogmatoma, sondern Tanausu soll fortan unser Anführer sein.«

»Ayiiieh!« schrien die jungen Männer und stießen vor Begeisterung ihre Lanzen in die Luft. Es war ein gutes Gefühl, so empfangen zu werden.

Im Dorf war die Aufregung noch größer. Vor allem für Bencomo, denn er entdeckte in der Menge plötzlich Ica. Sie stürzten aufeinander zu, umarmten und küßten sich.

»Ica, Ica, wie kommst du hierher? Ich dachte, du wärst bei Tamogante im Kloster . . .«

»Sie hat mich mit dem Auftrag losgeschickt, die Überlebenden von Tigalate zu retten. Wir sind über die Cumbre gewandert und erst vor kurzem hier im Krater angekommen. Oh, es war schrecklich, den Leuten geht es nicht gut, einige sind verwundet, besonders die Kinder leiden sehr.« Sie klammerte sich schluchzend an Bencomo.

»Ich habe von dem Massaker an den Mondbergen gehört. Im Dorf spricht jeder davon. Das ist auch der Grund, warum wir aufgebrochen sind. Adargoma meint, wir sollten Rache dafür nehmen.«

»Und was meinst du?« fragte Ica zaghaft. »Wird es zum Kampf kommen?«

»Ich weiß es nicht. Wahrscheinlich bleibt kein anderer Ausweg mehr. Aber Tanausu soll darüber entscheiden. Auf jeden Fall sind wir im Krater sicherer als sonstwo. Und ich bin froh, dich endlich wiederzuhaben.«

»Ich freue mich auch, Bencomo. Ich habe dauernd an dich denken müssen. Ich liebe dich mehr als mein Leben.«

Sanft hob er ihre Hände auf, bedeckte sie mit Küssen. »Wenn alles vorbei ist und du deine Zeit als Harimaguada beendet hast, nehme ich dich zur Frau«, flüsterte er. »Es stimmt doch – du bist doch jetzt eine von ihnen?«

»Ja, und ich habe viel gelernt in der kurzen Zeit. Tamogante hat mich selbst unterwiesen und mir beigebracht, in der Traumzeit zu leben und Bilder zu sehen. Aber sag, wie geht es Idaira, meiner Mutter, den Geschwistern und deiner Familie?«

»Es geht ihnen gut. Idaira läuft schon wieder herum, sie ist fröhlich und ausgelassen. Fast bin ich froh, daß der Unfall geschah, denn dadurch ist sie in Tixarafe geblieben. Wer weiß, wie es jetzt im Aridanetal zugeht, seit die Fremden dort hausen. Mazo ist übrigens mit mir gekommen. Siehst du ihn? Er steht dort bei Adargoma . . .«

»Ja, er sieht aus wie ein richtiger Mann.«

Plötzlich wurde Ica still. Sie entsann sich, daß ihr Auftrag abgeschlossen war und sie nun ins Kloster zurück mußte, um zu berichten.

»Ich muß gehen, Lieber. Tamogante wartet auf mich.«

»Aber wir haben uns doch gerade erst wiedergetroffen! Kannst du nicht bis morgen warten?«

Ica dachte kurz nach. »Gut«, entschied sie, »ich bleibe. Aber morgen werde ich in aller Frühe aufbrechen.«

Mazo kam zu ihnen herüber. »Tanausu will uns sprechen«, sagte er aufgeregt. »Er wartet in seiner Höhle auf uns. Die anderen sind bereits vorgegangen.«

»Wir sehen uns später, Ica, aber nun muß ich mich beeilen«, sagte Bencomo.

Ica nickte. Endlich konnte ihr Herz, das so betrübt von den schlimmen Ereignissen der letzten Zeit war, wieder lachen.

Der Empfang in Tanausus Höhle gestaltete sich freundschaftlich und würdig. Gofio wurde gereicht, Brot und Fleisch. Nach dem gemeinsamen Essen erst kam Tanausu auf den eigentlichen Grund ihres Besuches zu sprechen.

»Vor euch sind bereits andere Krieger gekommen«, begann Tanausu. »Und es sollen weitere unterwegs sein. Doch ihr seid die ersten aus Hiscaguan, was mich besonders berührt, denn es ist das Gebiet von Atogmatomas Stamm. Es ist kein Geheimnis, daß ich mit seiner Haltung nicht einverstanden bin. Jedoch ist er immerhin der Hochkönig ...«

»Das Volk wählt den König, und nicht der König das Volk«, antwortete Adargoma. »Wir haben uns entschlossen, dir zu folgen, sei du unser König.«

»Wenn ein erfahrener Krieger wie du so spricht, fühle ich mich geehrt«, sagte Tanausu nachdenklich. »Ich schätze deine Meinung sehr, Adargoma, und es freut mich, daß ihr bereit seid, an meiner Seite für die Freiheit zu kämpfen. Eure Erwartungen an mich scheinen hoch zu sein, und ich will euch nicht enttäuschen. Deshalb sage ich gleich, wie ich über die Dinge denke: Was mit dem Stamm von Tigalate passiert ist, ist nicht wiedergutzumachen. Dennoch halte ich nichts von Rache. Wer Rache übt, verstößt gegen das Gesetz, das allen Guanchen heilig ist – die Achtung vor Taras und Orahans Schöpfung. Und ein zweites ungeschriebenes Gesetz gilt von jeher auf Benahoare: Über das Geschick der ganzen Insel entscheidet allein der Hochkönig. An diese Gesetze halte ich mich, und niemand wird mich dazu bringen, sie zu brechen.«

Bencomo und Mazo schluckten. Sie hatten den tapferen, mutigen Tanausu anders eingeschätzt, Worte des Aufruhrs und der Empörung von ihm erwartet. Und nun forderte er von ihnen, sich an die Gesetze zu halten!

»Darüber hinaus besteht aber noch für jeden, der Verantwortung für sein Volk trägt, eine andere Verpflichtung«, fuhr Tanausu fort. »Sie besagt, daß er dem Wohlergehen aller dienen muß, ihr Leben, ihre Freiheit beschützen, notfalls mit dem Einsatz seines eigenen Lebens. An unserem Heiligen Berg, dem Idafe, habe ich geschworen, daß diese Rechte niemals ins Wanken geraten dürfen. Kein Fremder wird seinen Fuß auf den Boden des Reiches Acero setzen. Solange ich lebe, wird kein Spanier den Krater betreten und über uns bestimmen. Sollten sie dies dennoch versuchen, so bedeutet das Krieg, und ich werde keinen Augenblick lang zögern, ihnen mit der Waffe in der Hand entgegenzutreten. Der große Krater, das Reich Acero, ist das Zentrum und Herzstück der Insel, hier steht der Heilige Berg Idafe, hier haben früher die wichtigsten Versammlungen unseres Volkes stattgefunden, hier lebt und gedeiht unser Glaube. Wer den Krater erobert, der zerstört den innersten Zusammenhalt von Benahoare. Wenn das die Krieger aller Stämme erkennen, so werden sie kommen und sich gemeinsam mit uns um den Idafe stellen, denn er ist die Weltensäule, die mit ihrer Spitze den Himmel über uns stützt.

Ich besitze kein Recht, für die anderen Häuptlinge zu sprechen und ihren Entschlüssen vorzugreifen. Mögen sie gegen die Spanier kämpfen oder mit ihnen paktieren – dies alles interessiert mich nicht. Aber hier in Acero bestimme ich, und niemand kann von mir verlangen, die Waffen zu strecken, auch Atogmatoma nicht. Für mich ist der große Krater der Ort, der wie kein anderer über das Schicksal der Insel entscheidet. Seid ihr bereit, für die Freiheit zu kämpfen?«

»Freiheit!« sagte Adargoma und schlug sich zustimmend an die Brust.

»Freiheit!« riefen die anderen Männer von Hiscaguan. »Hier bleiben wir und werden nicht mehr weichen!«

Draußen vor dem Eingang entstand Unruhe. Ugranfir, der Feycan, steckte den Kopf durch die Tür. »Es sind über zwanzig Krieger aus dem Aridanetal angekommen«, verkündete er. »Sie haben ihre Waffen mitgebracht und wollen dich sprechen.«

Tanausu stand auf. Hünenhaft groß wirkte seine Gestalt, und ein Lächeln glitt über sein Gesicht, als er die Leute von Hiscaguan aufforderte, mit ihm nach draußen zu treten.

»Laßt uns die Ankömmlinge begrüßen«, sagte er. »Ihr seht selbst: Es geht weiter, und dies ist wahrscheinlich erst der Anfang.«

Dichte, grauweiße Wolken verhüllten am Morgen den Himmel. Als Ica aufbrach, fröstelte sie trotz ihres warmen Fellumhangs. Kalter Frühnebel hing über dem Urwald, verschluckte alle Geräusche und nahm ihr die Sicht. Ica mußte sich anstrengen, um den richtigen Weg durch das Labyrinth aus Bäumen, Felsen und Schluchten zu erkennen. An einzelnen Merkmalen orientierte sie sich, den Hang mit der scharf vorspringenden Nase, die Geröllbank, in deren Mitte ein mächtiges Zedernwacholdergebüsch wuchs, die Trittspur über die stufenartig geplatzten Basaltbrocken hinweg. Sie erschrak, als unmittelbar vor ihr Gestalten aus dem Nebel wuchsen, die Wächter des Kraters. Sie riefen ihr einen freundlichen Gruß zu und ließen sie ungehindert passieren.

Ica stieg durch den Kiefernwald auf. Gewaltige Baumriesen mit weit ausladenden Kronen wuchsen hier. Die Borke der Stämme war schuppig aufgeplatzt und wirkte wie der Panzer von Echsen. Den Erdboden bedeckte ein dichter brauner Teppich vertrockneter Nadeln, der rutschig war und bei jedem Schritt besondere Vorsicht verlangte. Ica hob die Nase prüfend in den Wind. Es roch nach Schnee, er würde bald fallen, das spürte sie deutlich. Unwillkürlich ging sie schneller. Als sie den Kamm des Time erreichte, sah sie, daß es jenseits davon, im Nordwesten der Insel, bereits schneite. Die Passatwolken, die dem Sommer den Regen versagt hatten, brachten nun reichliche Fracht. Ica beeilte sich noch mehr, den Schutz des Höhlenklosters zu erreichen. Ein banges Gefühl beschlich sie, als sie näherkam. Schon von weitem spürte sie, daß etwas anders als sonst war. Der Ort strahlte eine ungewohnte Kälte aus. Und es war still, beängstigend still.

Am Eingang zum Kloster traf sie die Mädchen. Schweigend hockten sie im Kreis, und in ihren Gesichtern konnte Ica sehen, daß sie geweint hatten.

»Was ist geschehen?« fragte sie. Ihr Herz krampfte sich dabei zusammen.

»Tamogante ist von uns gegangen. Als wir heute morgen an ihr Lager traten, lag sie steif und starr. Es sah aus, als schlafe sie nur.«

Ica stand benommen da, mochte die Nachricht vom Tod der alten Heilfrau nicht fassen. Aber sie riß sich los und ging zu Tamogantes Schlafgemach hinüber. Die alte Heilfrau lag da, als könnte sie jeden Moment wieder aufwachen und ihre Augen öffnen. Ein Lächeln lag auf ihrem Gesicht, sie mußte sanft hinübergeglitten sein in jenen unfaßbaren anderen Zustand.

Die Mädchen waren Ica gefolgt und standen nun abwartend vor dem Eingang der Höhle.

»Wo ist Agora?« fragte Ica.

»Immer noch unten im Tal. Wir haben von ihr schon lange nichts mehr gehört.«

»Was sollen wir bloß tun?« fragte eine der Harimaguadas. »Mit der Mumifizierung beginnen? Wie das geht, wissen wir, aber die Prozedur beansprucht lange Zeit, und der Winter naht, es mangelt an frischen Kräutern.«

Ica dachte nach. Wie würde Tamogante entschieden haben? Sie hatten nie über dieses Thema gesprochen, es gab auch keine Anweisungen dazu. Plötzlich fiel ihr die Lösung bei.

»Wir tragen sie zu dem Wetterstein und schichten einen Hügel aus Steinen über sie. Der Platz war besonders wichtig für sie.«

»Aber sie muß doch mumifiziert werden, so ist es von jeher Sitte.«

»Nicht unbedingt«, antwortete eine der älteren Harimaguadas. »Es gibt viele Formen der Bestattung, Mumifizierung ist nur eine davon. Wenn ich mich richtig entsinne, hielt Tamogante sie für Könige unentbehrlich. Sie selbst glaubte aber mehr an den Geist und die Seele eines Menschen als an seinen Körper.«

»Es gibt noch einen anderen Grund für meinen Vorschlag«, sagte Ica, »ich war am Nambroque und habe die Überlebenden des Stammes von Tigalate von dort zum großen Krater geführt. Der Feind hat fürchterlich gewütet und keinen verschont, die Fremden schrecken vor keiner Greueltat zurück. Es ist nur noch eine Frage der Zeit, wann sie auch hier auftauchen. Wir sind im Kloster nicht mehr sicher.«

»Dann sollten wir verfahren, wie Ica vorgeschlagen hat«, sagte die Ältere. Die Harimaguadas beratschlagten und stimmten schließlich dem Plan zu.

Und so schafften sie Tamogantes Körper zum Altar hinauf. Der Körper der alten Heilfrau war unglaublich leicht, als würde er nur noch aus Haut und Knochen bestehen, leicht wie eine Feder. Sie legten ihn so hin, daß ihr Gesicht sich dem Norden zuwandte. Dann schleppten sie Steine herbei und richteten einen großen Hügel auf. Kalt blies der Wind, immer dichter rückten die dunklen Wolkenbänke heran. Kurz vor Fertigstellung des Grabmals setzte ein starkes Schneetreiben ein. Ica wertete das als gutes Omen. Der Schnee deckt sie zu, dachte sie, die Natur beschützt und behütet sie, und sie ist bei ihren Freunden, den Winden. Bestimmt hätte die alte Heilfrau diesen Ort, wo sie dem Wetter nah war, dem Aufenthalt in einer finsteren Höhle vorgezogen.

Im Kreis umstanden die Harimaguadas den Grabhügel und richteten ein stummes Gebet an die große Erdmutter Tara, und eine jede bedankte sich beim Geist Tamogantes für das Wissen, das er ihnen vermittelt hatte. Sie ist eine gute Lehrerin gewesen, dachte Ica, die beste, die man sich wünschen kann, und eine echte Freundin dazu. Wenn sie nun auch keine Mumifizierung erfährt, nie wieder also in ihren Körper zurückkehren kann, so wird ihre Seele in Ewigkeit leben, in der Natur, im Wetter, im Wind . . .

Ica fühlte, daß ihre Entscheidung gut war. Langsam stand sie auf. Ihr Haar war naß vom Schnee und fiel ihr in Strähnen über die Schultern hinab. Und der Schneefall wurde dichter und dichter.

In stiller Übereinkunft warteten die Mädchen, bis sie bereit war, sich vom Grabhügel abzuwenden.

»Und nun?« fragten sie. »Was sollen wir tun? Im Kloster bleiben und auf Agora warten? Nach Tixarafe hinabsteigen und sie suchen?«

Ica schüttelte den Kopf. Sie hatte die Augen geschlossen und horchte in sich hinein. Sie mußte die verborgene Stimme finden, die in ihr war und Rat wußte. Genau hinhören mußte sie, um sie auch richtig zu deuten. Dann stand ihr Entschluß fest.

»Laßt uns in den Schutz des Kraters gehen, zu Tanausu. Dort leben jetzt die Frauen und Kinder von Tigalate. Sie brauchen unsere Hilfe und Pflege.«

Die Mädchen waren einverstanden.

»Aber der Weg ist weit und bei dem Wetter beschwerlich. Nehmt warme Kleidung mit und nur das Nötigste. Von der Medizin und den Heilkräutern aber soviel ihr tragen könnt. Ein paar der heiligen Gegenstände auch. Wir können sie zum Idafe bringen und dort verstecken. Seid ihr bereit?«

»Ja«, riefen die Mädchen und beeilten sich, alles zusammenzutragen. Nach kurzer Zeit schon waren sie aufbruchbereit. Der Schnee fiel nun so dicht und in solchen Mengen, daß kaum eine Handbreit vor Augen zu sehen war. Glatt und rutschig wurde der Pfad, nach etwa einer Stunde schneite er völlig zu und hob sich überhaupt nicht mehr von der Umgebung ab. Jetzt wurde das Gehen zu einem blinden Vorwärtstappen. Nach einer weiteren Stunde mußte Ica zugeben, daß sie sich wohl verirrt hatten. Das Wetter wurde immer schlimmer. Ein wütender Sturm tobte und riß an ihrer Kleidung. Die Bäume ächzten und bogen sich schwer unter der Last des Schnees. Es war nicht mehr auszumachen, an welcher Stelle des Kraterrandes sie sich befanden. Wenn sie zu weit vom Weg abwichen, liefen sie Gefahr, sich in der verschneiten Felswildnis endgültig zu verlaufen und womöglich in eine der tiefen Schluchten zu stürzen. Icas Hoffnung, Bencomo bald wiederzusehen, sank immer mehr.

Zu ihrem Glück fanden sie eine Höhle. Sie war nicht sonderlich geräumig, bot aber immerhin Platz zum Unterschlupf. Die Mädchen drängten sich eng zusammen und wärmten sich gegenseitig. Draußen fiel ununterbrochen weiter der Schnee. Er verschloß bald völlig den Eingang. Nur ein schmaler Schacht blieb frei, durch den frische Luft zum Atmen hereinkam. Die Nacht brach herein, und es hörte auf zu schneien. Eng umschlungen schliefen die Mädchen ein.

Am nächsten Morgen gruben sie den Ausgang frei. Die Luft war kalt und klar. Aber immerhin konnte sich Ica nun doch ein wenig an den Bergen und Felsen orientieren. Unter ihrer Führung wagten sie den Abstieg zur Schlucht der Todesängste. Es dauerte lange, bis sie endlich unten ankamen, aber sie waren froh, daß ihnen bei dem schlimmen Unwetter auf den schwierigen Wegen nichts passiert war. Und dann stießen sie auf die Wächter des Stammes Acero.

»Wir sind gerettet«, rief Ica.

Nun dauerte es wirklich nicht mehr lange bis zum Dorf. Bencomo wird sich Sorgen gemacht haben, dachte sie, und sie freute sich auf die Wärme seines Körpers.

Der Wetterumschwung brachte auch das weitere Vorgehen der Spanier ins Stocken. Die Berge und alle Pässe waren durch den starken Schneefall unpassierbar geworden, und so ließ sich de Lugos Plan, Unterhändler zu den noch nicht unterworfenen Stämmen zu entsenden, vorerst nicht verwirklichen. Immerhin konnte er mit dem bisher Erreichten durchaus zufrieden sein. Auch die Häuptlinge der Ostküste hatten ihre Bereitschaft zum Waffenstillstand erklärt, ebenso ihr Hochkönig Atogmatoma. So bald wie möglich sollten ihnen Boten die Friedensurkunde zur Unterzeichnung vorlegen. Am besten wäre es gewesen, sie selbst aufzusuchen und sie nötigenfalls mit Nachdruck dazu zu bringen, zu unterschreiben. Nun machte der Schnee einen Strich durch diese Rechnung, und es sah ganz danach aus, als würde es lange kalt bleiben und schneien.

Ein paar der Soldaten waren am Wundfieber gestorben und ruhten nun auf dem kleinen, kürzlich von Pater Angel angelegten Friedhof nahe dem Dorf Taxacorte. Die meisten anderen aber genasen schnell. Hauptmann Diego trug eine schwarze Augenklappe über dem linken Auge, was ihm ein noch verwegeneres Aussehen verlieh. Ansonsten aber widmete sich das Heer auf Anweisung des Generals mit Sorgfalt der Körperpflege. Es wurde täglich gebadet, Rasur und Haareschneiden galten als Pflicht. De Lugo duldete in diesem Punkt keinerlei Nachlässigkeit. Er wollte ein sauberes Heer und keine wilden Desperados, die allmählich in ungezügelte Sittenlosigkeit verfielen. Auch Pater Innozenz sorgte sich in dieser Hinsicht und kümmerte sich vor allem um das Seelenheil der Soldaten. Gewiß, es hatte an den Mondbergen ein paar überflüssige Grausamkeiten gegeben, aber das war ja in einer Notlage gewesen und sogar auf höchsten Befehl hin geschehen, daher also verzeihlich. Hier im Aridanetal dagegen mußte wieder Ordnung herrschen, sollte das Truppenreglement strikt eingehalten werden. So hatten die Eingeborenen für die Versorgung der Truppen zu sorgen und täglich ein genau festgelegtes Kontingent an Lebensmitteln abzuliefern. Die Übergabe wurde streng überwacht, die Menge gewissenhaft nachgezählt. Das war wichtig. Stahl dagegen ein Soldat Brot oder auch nur eine einzige Trockenfrucht, drohte ihm dafür die Bastonade. Ein Soldat, der nachlässig seinen Dienst versah oder beim Befehl eines Vorgesetzten murrte, erhielt dreißig Stockschläge. Wer mit einer Guanchenfrau sprach oder sich gar mit ihr einließ, was einen besonders schlimmen Verstoß gegen die Lagerordnung darstellte, mußte damit rechnen, an den Schandpfahl gestellt zu werden. Im Wiederholungsfall drohte ihm die Todesstrafe. Zum Glück hatte es einen solchen Vorfall erst einmal gegeben. Er wirkte, da die Exekution öffentlich durchgeführt wurde, durchaus als Abschrekkung für die anderen.

Auf de Lugos Anweisung hin wurde auch ausgiebig Körperertüchtigung betrieben und der Umgang mit den Waffen geübt. Das Heer sollte keineswegs träge werden und rosten, denn irgendwann würde es wieder zum Einsatz kommen, und es sollte dann in jeder Lage mit den aufrührerischen Wilden fertig werden.

De Lugo bewies großes Verständnis für die Lage seiner Männer. Ihm selbst als altem Haudegen erging es ja insgeheim ähnlich. Er haßte Warten und Untätigkeit und nahm dankbar jede sich bietende Gelegenheit zur Ablenkung wahr. Abends saß er oft stundenlang über die Karte gebeugt und brütete Pläne aus, wie er den Kraterkessel erobern konnte. Er sprach sie mit seinen Offizieren durch und verwarf sie wieder, da ihm keiner risikolos auszuführen schien. Dieser verdammte Tanausu befand sich unbestreitbar in der strategisch besseren Position, mußte er neidvoll zugeben.

Solange er mit seinen Kriegern im Schutz des Kraters saß, konnte ihm wenig passieren, und einen Ausfall durch die Schlucht der Todesängste direkt gegen das spanische Lager wagte er offenbar nicht.

So saßen sie beide an gesicherten Orten und belauerten sich – die Situation kam einer Zwickmühle gleich. Das einzig Schlimme daran war nur die Tatsache, daß die Zeit für den Wilden arbeitete: Je länger er unangefochten in seinem Krater hockte, desto mehr Zulauf bekam er durch Krieger anderer Stämme. Seine Kampfkraft wuchs beständig an, während die Zahl der Spanier auf dem gleichen Stand blieb. De Lugo mußte also bald handeln, daran bestand kein Zweifel. Aber wie?

Ob es den anderen Konquistadoren ähnlich erging, fragte sich General de Lugo, den Heerführern im Norden Afrikas, die gegen die zurückweichenden Mauren kämpften ... oder diesem Christóbal Colón im fernen Indien? Es war nicht gewiß. Besonders in letzerem Fall würde man wahrscheinlich nie wieder etwas hören, dachte de Lugo. Schade nur um die schönen Schiffe und ihre Mannschaften, hier auf La Palma könnte er sie vorzüglich gebrauchen ...

Der Hafen in der Bucht von Taxacorte ist gut, dachte er weiter. Nur müßte man an der Ostküste einen zweiten errichten, um die Insel zügig in den Griff zu bekommen. Der Landweg von hier nach Osten wurde von einer hohen Bergkette versperrt, und der Weg an der Küste entlang nach Süden, um die Spitze von Teneguia herum und wieder nach Norden, war viel zu beschwerlich und dauerte lange. Im Frühjahr, wenn das Wetter umschlägt und die milden Winde kommen, werde ich ein Schiff losschicken, um die Anlandung an der Ostküste zu erkunden, dachte de Lugo. Und ich muß den bereits unterworfenen Häuptlingen schmeicheln und ihnen Aufgaben zuweisen, die zwar keine echte Macht bedeuten, aber in ihnen das Gefühl ihrer Wichtigkeit stärken. Auf Dauer gesehen mochte es sogar gelingen, verläßliche Bundesgenossen aus ihnen zu machen. Dabei spielte Pater Innozenz' Missionsarbeit und die Tatsache, daß zumindest ein Teil der Wilden nun Christen waren, eine große Rolle. Mit Glaubensfragen und den unweigerlich deswegen ausbrechenden Streitigkeiten ließ sich hervorragend Politik machen, wenn man es verstand, immer wieder für frischen Zündstoff zu sorgen. Das hatte man ja in Granada und anderen Städten des ehemals maurischen Teils Spaniens gesehen. Gaben die Mohammedaner Ruhe, so waren eben die Juden oder andere Gruppen schuld, wenn Unzufriedenheit und in ihrem Gefolge der Neid ausbrach, was nur allzu menschlich war. Solange es Zwietracht unter der Bevölkerung gab und sich ein Sündenbock für das Übel finden ließ, konnten die Herren in Ruhe leben.

De Lugo stand im Mantel vor seinem Zelt und starrte die Berge an. Eine verrückte Insel ist das, dachte er. Oben ist alles weiß, bis auf die Hügel herab fällt der Schnee, und hier unten am Strand wiegen sich die Palmen im Wind. Wenn der Krieg vorbei ist und mir La Palma erst gehört, werde ich Siedler kommen lassen und das Land unter ihnen aufteilen. Am besten Bauern aus den armen Gegenden Spaniens, aus Galicien und der Estremadura zum Beispiel. Der Landgewinn und die neue Aufgabe wird ihr Selbstwertgefühl erhöhen und aus Tagelöhnern über Nacht kleine Granden machen, die ihrerseits Diener und Sklaven halten – es gibt ja genug Eingeborene auf der Insel. Und mir, der ich Herr über La Palma bin, werden alle dankbar sein, und mein Wort wird für sie zum Gesetz . . .

Mit diesem schönen Traum und einem Lächeln auf den Lippen begab sich der General zu Bett.

Von früh bis spät war Tanausu unterwegs, um sich selbst um die Probleme zu kümmern, die es nun im Reich Acero gab. Nie zuvor hatten so viele Menschen im Kraterkessel gehaust wie jetzt. Sie alle brauchten Nahrung, was wegen des überraschend harten Winters nicht immer leicht zu bewerkstelligen war. Die Vorräte gingen langsam zur Neige, es gab nur selten Fleisch zu essen, und selbst die Gofioportionen fielen von Tag zu Tag kleiner aus. Hinzu kamen die Kranken und Verwundeten, die der Pflege bedurften. Es gab öfters Streit, und wenn Ugranfir nicht da war, mußte Tanausu ihn schlichten. Er nahm diese Aufgabe ernst, hörte die Beteiligten lange an, dachte über die vorgebrachten Argumente gründlich nach und versuchte, die Beweggründe der Parteien zu verstehen. Wenn er dann sein Urteil fällte, waren die Menschen erstaunt, wie klug und umsichtig der König entschied.

Früher war Tanausu des öfteren leicht erregbar und aufbrausend gewesen. Doch an diesen jungen, hitzköpfigen Tanausu erinnerte kaum noch etwas. Er hatte einfach nicht mehr die Zeit dazu, sich so gehen zu lassen. Alles hatte sich so rasch geändert, der ganze Zustand der Insel, und nun mußte auch Tanausu sich ändern, seinen Teil dazu geben, daß wenigstens hier in Acero Frieden und Einigkeit unter den Menschen herrschte.

Ugranfir, der Feycan, beobachtete mit Wohlwollen und Erleichterung den Wandel im Wesen des Königs. Er brauchte sich kaum noch einzumischen, Tanausu handelte wohlüberlegt, mit einer Weitsicht, die beispielhaft war.

Er ließ Holz schlagen und Hütten errichten, denn die vorhandenen Behausungen des Stammes reichten für die vielen Dazugekommenen längst nicht mehr aus. Gewiß, diese mit Fellen und Schnee bedeckten Holzhütten boten nicht annähernd soviel Wärme und Geborgenheit wie die Häuser, die man sonst baute, aber sie mußten genügen. Ohnehin konnte man jetzt bei dem starken Frost nicht so tief in den harten Boden graben, wie es nötig gewesen wäre, um behagliche Wohnmulden auszuheben. Normalerweise wurden diese Mulden dann mit dicken Mauern aus Bruchsteinen ummantelt und mit Holz und großen Steinplatten abgedeckt. Halb in der Erde verborgen lagen diese Häuser und boten im Innern zu jeder Jahreszeit eine ausgeglichene Temperatur. Doch die Leute waren auch mit ihren neuen Hütten durchaus zufrieden.

Fast täglich ging Tanausu mit ein paar Männern auf die Jagd nach wilden Kaninchen, die sie entweder in Fallen fingen oder mit Wurfsteinen erlegten. Tanausu achtete darauf, daß stets Kinder bei den Streifzügen dabei waren. Bei der Jagd konnten sie ihre Geschicklichkeit üben und von den erfahrenen Jägern eine Menge lernen. Es galt, die Spuren im Schnee richtig zu lesen und beim Wurf geschickt zu sein und gut zu treffen, denn die Kaninchen waren ebenfalls geschickt und schnell. Man sagte, im Körper des Kaninchens wohne der Geist eines kleinen, flinken und stets zu Schabernack aufgelegten Dämons, der sich ständig im Wettkampf mit der Geschicklichkeit des Jägers befände. Selbst mehreren Hunden war ein kluges Kaninchen überlegen, es machte sie wild, schlug raffinierte Haken vor ihren Nasen und lenkte sie in die Irre. Und auch für die Menschen war es bei diesem Wetter nicht ganz ungefährlich, ihnen über die steilen, rutschigen Hänge zu folgen.

Diese Streifzüge führten manchmal recht weit weg vom Dorf, einmal sogar zur Ebene der versteckten Höhlen hinauf. Grau war der Himmel, und vom Gipfel des Freundschaftsberges pfiff ein eiskalter Wind heran. Sie hatten, Kaninchenspuren folgend, kaum die Hälfte der Hochebene überquert, als starkes Schneetreiben einsetzte. Bereits jetzt sanken die Füße bei jedem Schritt tief ein, das Gehen wurde immer beschwerlicher, und die Hunde kamen kaum noch voran. Tanausu blickte mehrmals sorgenvoll zum Himmel. Ihm und den anderen Kriegern hätte es nichts ausgemacht, jetzt die Verfolgung abzubrechen und umzukehren. Aber es waren acht Kinder dabei, fünf Jungen und drei Mädchen, und obgleich sie sich nicht beklagten, war ihnen anzumerken, daß sie unter diesen Umständen nicht mehr lange weiterlaufen konnten. Rasch verständigte sich Tanausu mit den übrigen Männern.

»Es hat keinen Zweck, heute noch zurück zum Dorf zu gehen«, sagte er. »Es wäre zu gefährlich für die Kinder«.

»Und wo sollen wir bleiben?«

»Wir müssen die Höhlen dort drüben erreichen und abwarten, bis der Schneesturm vorüber ist.«

»In den versteckten Höhlen?« fragte Bencomo. »Heißt es nicht, dort würden Geister hausen?«

»Ja, so heißt es, und es stimmt wohl auch, was die Alten sagen«, antwortete Tanausu. »Aber weißt du nicht auch, daß es gute Geister sind, die uns Menschen beschützen?«

»Ich habe davon gehört«, sagte Bencomo. Dennoch war ihm nicht ganz wohl dabei, als sie das Schneefeld überquerten und dem Ort, um den so viele geheimnisvolle Sagen kreisten, immer näher kamen.

Von den Höhlen war nichts zu sehen, auch als sie unmittelbar vor der Felswand standen und sich suchend umblickten. Nur Tanausu ging unbeirrbar weiter. Nach wenigen

Schritten erreichte er schneebedecktes Buschwerk, klopfte es frei und bog die Zweige auseinander.

»Hier ist es!« rief er. Die anderen folgten ihm nach.

»Ihr müßt Holz sammeln«, wies Tanausu sie an. »Wir brauchen Licht und ein wärmendes Feuer für die Nacht. Das wird nicht ganz einfach sein bei dem Schnee, und das Holz ist naß. Aber mit ein wenig Glück und Geduld wird es uns gelingen.«

So gingen die Männer noch einmal los, um Äste und Strauchwerk zu suchen, während die Kinder bei Tanausu blieben. Sie hielten sich ganz vorn im Eingangsbereich der Höhle und sahen sich unbehaglich um.

»Es ist ziemlich dunkel hier, und kalt auch«, sagte ein kleiner Junge. Er war ganz steif vor Kälte, hatte den Kopf tief zwischen die Schultern gezogen und wagte nicht, sich von der Stelle zu bewegen. Daß er vor allem an die Geister im Innern der Höhle dachte, sprach er nicht aus, denn er wollte keineswegs als Feigling gelten.

»Gleich wird es wärmer«, beruhigte ihn Tanausu.

»Wie willst du überhaupt Feuer machen?« fragte ein Mädchen.

»Paßt genau auf, das zeige ich euch jetzt«, sagte Tanausu. Er löste den Lederbeutel von seinem Gürtel, knotete ihn auf und entnahm ihm allerlei Utensilien, die er auf dem Boden ausbreitete.

»Feuerstein nützt uns jetzt wenig, es würde zu lange dauern. Darum benutze ich ein anderes Mittel, das uns schneller und leichter das Feuer bringt. Dies ist ein Stück Holz mit einer Mulde und dies ein Holzstab, der genau in die Mulde paßt. Ich streue nun Baumzunder und trockenes Pulver vom Farnkraut in die Mulde, seht ihr? Dann stelle ich den Stab darauf und drehe ihn, so rasch ich kann, zwischen den Händen . . .« Er machte es vor, und tatsächlich glomm nach kurzem Drehen ein Funke auf. Er erlosch allerdings gleich wieder und ließ den Baumzunder unberührt.

»Wollt ihr es einmal versuchen?« fragte Tanausu und reichte den Stab an die Kinder weiter. Alle probierten es, gaben aber nach einigem Bemühen ihre Versuche ergebnislos auf.

»Es geht so«, übernahm Tanausu den Stab wieder, »es kommt auf die richtige Bewegung der Hände und die Geschwindigkeit an. Man muß ihn ganz geschmeidig gleiten lassen und in der Form einer Spirale führen. Die Spirale ist stets das Zeichen des Lebens, und was für das Wasser stimmt, gilt auch für sein Gegenteil – das Feuer.«

Er brachte den Stab so geschickt in die richtige Drehung, daß man kaum die Bewegung seiner Hände wahrnahm. Diesmal hatte er mehr Erfolg. Im Farnkrautpulver glomm es auf, und der Baumzunder erglühte. Tanausu beugte sich vor und blies das winzige Feuer an, bis es aufflackerte.

»Schnell, gebt jetzt Zweige hinzu, das Feuer hat Hunger, es will fressen.«

Die Kinder, die vorausschauend einige Zweige an ihrer Fellkleidung trocken gerieben hatten, reichten sie ihm. Das Feuer leckte daran, schlängelte hoch, es zischte und dampfte.

»Das Feuer kämpft nun mit dem Wasser im Holz«, sagte Tanausu. »Das Heiße treibt das Kalte davon, und die Feuchtigkeit flieht mit dem Dampf.«

Inzwischen waren alle Krieger mit dem gesammelten Holz zurückgekehrt und fachten die Flammen kräftig an. Licht und Wärme breiteten sich aus. Die Menschen rückten eng um den Feuerkreis und starrten ins flackernde Rot.

Es war nun bedeutend heller im Vorraum der Höhle geworden, man konnte sogar schon Einzelheiten der Wände und der Decke erkennen. Die Höhle war sehr geräumig und führte tief in den Berg hinein. Einer der Männer, der Kiefernäste gefunden hatte, hielt seinen Zweig ins Feuer. Zischend und prasselnd flackerte er auf, was an dem hohen Harzanteil des Holzes lag. Kiefern eigneten sich daher besonders für Fackeln.

»Tea«, lachte der Mann, »das gute, alte Teaholz zeigt uns den Weg. Kommt, wir wollen uns die Höhle genauer ansehen.« Der Hohlraum im Berg war weiträumig, weiter hinten zweigten einige Gänge ab, die sie aber nicht betraten. Sie führten zu Teilen der Höhle, über denen ein Tabu lag. Niemand durfte sie betreten, höchstens Ugranfir, der Feycan, oder eine der Heilfrauen.

»Wißt ihr, warum niemand die hintere Höhle betreten darf?« fragte Tanausu, als sie wieder am Feuer saßen. »Dort liegt die Wohnung des Hirguan, er schläft im Berg, und niemand darf ihn dort stören.« Und er erzählte die Geschichte vom Hirguan, so wie er sie selbst von den Alten gehört hatte:

»Wenn es im Sommer an Wasser mangelt, so versammelten sich früher hier die Menschen von Benahoare, kamen von weit her mit ihren Herden und verweilten drei Tage und drei Nächte vor den versteckten Höhlen, um die Stammeltern um Regen anzuflehen. Der Regen der Mutter Tara bringt ja die Fruchtbarkeit zur Erde und läßt das Grün wachsen, das uns Nahrung spendet, und darum opfern die Frauen auch an den Quellen.

Eines Tages nun, in einer langanhaltenden Trockenzeit, blieb Taras Zeichen aus, und das Volk der Guanchen war verzweifelt, weil es nicht regnen wollte. Da ging ein Feycan hierher in die Höhle, warf sich auf den Boden und flehte die Stammeltern an. ›Orahan‹, rief er, ›warum sendest du deinen Söhnen kein Zeichen, siehst du nicht, daß wir dürsten und der Hunger uns quält? Tara, warum schickst du deinen

Töchtern nicht den Regen herab, auf den wir so lange warten? Seid ihr so fern in den Himmeln, habt ihr vergessen, daß hier auf Benahoare eure Kinder, die Guanchen, leben?‹

Lange flehte er so, bis er von einem Geräusch aus dem dunklen Innern der Höhle aufgeschreckt wurde. Das grunzende Geräusch kam näher, und als es heran war, sah der Feycan, daß es von einem rotbraunen, zottig behaarten Schwein stammte. Dies war der Bote der Ahnen, der Hirguan, der als Vermittler zu den Menschen kam.

Der Feycan packte das Schwein, nahm es unter seinen Fellmantel, den Tamarco, und trug es unter großer Anstrengung hinaus. Das ganze Volk ging mit, als der Feycan das mächtige Schwein, das sich nicht wehrte und still ergeben in seinen Armen lag, hinauf zum Idafe trug. Dort legte er es als Geschenk vor den beseelten Berg. Und hier wurde es unter Gesängen geopfert, dazu tanzte der ganze Stamm. Als das Blut zu strömen begann, verwandelte es sich in Wasser. Das Schwein selbst aber, der Hirguan, wurde zu einer Wolke, die aufstieg und kräftig zu regnen begann. So erlöste der Hirguan das Land von der Dürre, und das ist der Grund, warum das Schwein bei uns als ein besonderes Tier gilt, dessen Fleisch man nicht essen darf, außer zu heiligen Anlässen. Auch die Sauzähne sind heilig und einige Knochen des Tieres, weil in jedem Schwein der Geist des Hirguan lebt. Eine Kette mit seinem Zahn hilft gegen Dämonen, Krankheit und böse Geister.

Für uns Menschen aber ist es verboten, den Schlaf des Hirguan im Innern der versteckten Höhlen zu stören, denn er kommt nur zu uns, wenn es ganz schlimm um uns steht und wir dringend seine Hilfe brauchen.«

So erzählte Tanausu, und später beim Einschlafen glaubten die Kinder, ganz hinten aus den Gängen der Höhle das Atmen des Hirguan zu hören. Ruhig und ohne Angst schliefen sie ein. Sie waren sich sicher, daß sein Geist ihren Schlaf beschützte.

»Nun sind wir schon fast ein halbes Jahr auf La Palma und fühlen uns noch immer fremd hier«, schrieb Domingo. »Der Winter dauerte lange, bis weit in den Februar hinein. Danach folgten orkanartige Stürme mit viel Regen. Eine wahre Sintflut ging über der Insel nieder, mehrmals mußten wir das Lager räumen, denn die Wassermassen drohten unsere Zelte fortzuspülen. Alle Bäche sind angeschwollen, selbst die trockensten Rinnen führen jetzt Wasser, und der Taburientefluß hat den größten Teil der Schlucht der Todesängste ausgefüllt und sie unpassierbar gemacht. Nun, da es spürbar wärmer geworden ist und der sonnige Himmel oft in einem unglaublichen Blau leuchtet, wachsen überall Pflanzen und Blumen der unterschiedlichsten Arten aus dem Boden; die meisten von ihnen sah ich niemals zuvor. Ja, La Palma ist jetzt eine grüne Insel, ihr Liebreiz wird in diesen Tagen und Wochen besonders deutlich, wo alles ringsum duftend aufblüht.

Weihnachten noch empfand ich Einsamkeit und eine Wehmut, die meinen Lebenswillen lähmte. Das Fest verlief still. Pater Angel, dessen Art ich in der Zwischenzeit immer mehr schätzen gelernt habe, zelebrierte sehr schön die Christmesse für uns. Seine Ansprache an die Soldaten zeichnete sich durch Verständnis und Mitgefühl für unsere besondere Lage aus. Die sonst so rauhen Männer wurden still und besinnlich. Ich sah, daß auch einige der Eingeborenen, die Zugang zu unserem Lager haben, um Lebensmittel zu bringen und Hilfsdienste zu verrichten, in gebührendem Abstand ehrfürchtig unserer Feier beiwohnten. Sie kennen ja dergleichen nicht. Alles, was wir hier tun, ist neu und reizvoll für sie, da sie durchaus neugierige Menschen sind, die schnell begreifen und lernen, wenn man sich auf sie einstellt.

Zum Beispiel erfassen sie rasch unsere Sprache, während wir Schwierigkeiten haben, die vertrackten und zungenbrecherischen Wörter der ihren richtig nachzusprechen. Täglich gibt ihnen Pater Angel Unterricht, und ich assistiere ihm dabei. Natürlich bevorzugt er als Stoff für seine Lektionen die Heilige Schrift, es gibt ja sonst auch keine anderen Bücher hier als die Bibel. Auf diese Weise umgeht Pater Angel äußerst geschickt das von Meister Innozenz ausgesprochene Verbot, einen regulären Gottesdienst für die Wilden zu halten. Wir beginnen zunächst immer mit einfachen Wörtern, indem wir auf dies oder das deuten und dazu die entsprechenden Namen nennen. Die Eingeborenen betrachten das offenbar als Spiel, das Tauschcharakter besitzt. Wir tauschen anstelle der Dinge die ihnen zugehörigen Namen aus. Jedenfalls macht ihnen der Vorgang großen Spaß. So sind sie auch schnell bereit, zu zählen, die Tage der Woche zu benennen und sogar vollständige Sätze zu sprechen. Bald folgt darauf ein Frage- und Antwortspiel, in dem unsere Schüler sich eifrig bemühen, möglichst rascher als der Nachbar die passende Antwort zu finden.

Der Unterricht endet meistens damit, daß Pater Angel eine Episode aus der Heiligen Schrift erzählt, wobei er möglichst viele Begriffe einbaut, die sie schon kennen und neue dazu nimmt. Der Mann ist bei seinem Unterricht bewundernswert geschickt, Eusebio, er ist ein so guter Lehrer, wie ich noch nirgends einen erlebte. Und daß er sich dabei an die von Meister Innozenz aufgestellte Regel hält, keinen Anlaß zur Klage mehr bietet und auch Diskussionen mit ihm vermeidet, die unter den vorherrschenden Umständen nur zum Streit führen würden, spricht unbedingt für ihn, beweist seine Klugheit.

Ich meinerseits habe damit begonnen, ein kleines Lexikon der Guanchensprache anzulegen, und ergänze es täglich. Eins heißt beispielsweise *been*, zwei *lini*, drei *amiat*, vier *arba*, fünf *causa*, sechs *sumous*, sieben *sat*, acht *set*, neun *acot*, zehn *marago*; den Vater nennen sie *Adir*, die Mutter *Achmayex*, *Aba* den Sohn und *Zucaha* die Tochter, die Erde heißt *Axhoron*, die Sonne *Magec*, der Mond *Cel*, die Berge nennen sie *Tedote*, die Häuser *Auchon* und *Tamara* die Palmen. So verstehen wir nach und nach auch die Bedeutung der Ortsnamen der Insel. *Aridane* heißt zum Beispiel *Ebene*. Wir haben das Gebiet ähnlich, nämlich *Los Llanos*, bezeichnet und speziell das Gebiet, wo die großen Ziegenherden weiden *Los Llanos de Aridane*, was sehr lustig ist, denn nun heißt es übersetzt *Die Ebenen der Ebene*.

Neulich hatte ich einen seltsamen Traum, von dem ich dir, lieber Eusebio, berichten will. Ich träumte, daß alle Leute, auch die Einheimischen, spanisch sprachen, und keiner mehr von ihnen ihre ureigene Sprache verstand. Da holte ich mein Lexikon hervor und las ihnen Guanchenwörter vor. Aber stell dir vor, Eusebio, es war alles wie auf den Kopf gestellt: Sie sahen mich nur staunend an und schüttelten die Köpfe, niemand kannte mehr die Bedeutung der Wörter . . . Da kam ich mir wieder wie ein Fremder vor und hielt mein Buch, als sei es ein Relikt aus uralter, längst verflossener Zeit . . . Als ich erwachte, nahm ich es zur Hand und las darin, und dabei flog mich der Gedanke an, dieses kleine Buch könne einmal sehr wichtig werden, dann nämlich, wenn alle Welt Spanisch spräche, auch hier auf der Insel, und die Sprache der Guanchen in Vergessenheit geraten sei. Aber ob mir dann noch einer danken würde, daß ich mit großem Fleiß und Gewissenhaftigkeit dieses Lexikon angefertigt hatte?

Das Jahr des Herrn 1493 begann mit Schneefall und kaltem Wind, der von den Bergen herabfuhr und die Kronen der Palmen tief beugte. Alles im Lager fror und hüllte sich in Fellmäntel ein. Dabei hatte man uns erzählt, die Kanaren seien die Inseln des ewigen Frühlings . . . Aber dies ist auch bloß ein Märchen, wie vieles, was man sich über den Archipel erzählt, ohne selbst hier gewesen zu sein. Von den schrecklich großen Hunden, nach denen die Inseln benannt wurden, habe ich zum Beispiel bisher noch nichts gesehen. Vielmehr existieren drei Sorten von Hunden, eine winzig kleine Rasse, die den Kindern als Schoßhund dient, dann eine schlanke, windhundartige für die Jagd und eine etwas stämmigere, die braunschwarz gefleckt ist. Alle drei sind äußerst friedlich und umgänglich mit Menschen, niemand braucht Angst vor ihnen zu haben. Im Gegenteil: einer von den letztgenannten, der auf den Guanchennamen Mencey hört, hat mich als seinen Herrn auserwählt, seit ich ihm einmal Futter zuwarf und ihn streichelte. Nun folgt er mir auf Schritt und Tritt und bewacht des Nachts mein Zelt.

Meister Innozenz hat herausgefunden, daß der Name *La Palma*, was ja weder Palme noch Palmeninsel bedeutet, sondern lediglich einen Teil des Baumes, den einzelnen Palmwedel, den *Siegespalmwedel* benennt, doch nicht so recht für die Insel paßt. Den heiligen Drachentöter Michael hat er zu ihrem Schutzpatron erkoren und läßt die Insel auf allen Dokumenten und Schriftstücken nun als *San Miguel de La*

Palma bezeichnen. Ich muß zugeben, das klingt schöner und eindrucksvoller als bisher. Der neue Name wird auch vom Heer begeistert angenommen.

In der besagten Silvesternacht bin ich, entgegen der Vorschrift, allein am Strand entlang gewandert. Es war eine helle Vollmondnacht von gespenstisch schönem Liebreiz. Die Milchstraße mit all ihren fernen Blinklichtern sah ich überdeutlich, und ein paar Sternschnuppen rasten über das Himmelszelt. Ich habe mir bei ihrem Verglühen etwas gewünscht, und es war stets das gleiche: daß ich nämlich unser Abenteuer hier heil überstehe und rechten Nutzen aus den Erfahrungen ziehen kann. Frieden habe ich auch gewünscht, mir und der Welt. Und wie ich so nächtlich am Saum des dunklen, rauschenden Meeres stand, kam ich mir klein und unbedeutend vor, wie einer jener so fernen Sternenpunkte am Himmel, deren Namen man nicht einmal kennt ...

Die Zeit der Orkane und der sintflutartigen Regenfälle war häßlich und wenig erbaulich. Die Nässe kroch überallhin und machte die Kleidung klamm, auch alles im Zelt, wo das Schlafen zur Qual wurde. Besonders Pater Angel litt wieder am Rheuma, die Knochen und Gelenke schmerzten ihm, er wünschte sich oft zu der wohltuenden Quelle am Teneguia zurück, die sein Leiden gelindert hatte. ›Wenn endlich das Frühjahr kommt, brechen wir beide nach dorthin auf‹, sagte er oft, ›und wenn Pater Innozenz es verbietet, so werden wir einen Vorwand finden, es dennoch zu tun. Noch einen so feuchten Winter, und ich kann mein Grab am Ortsrand von Taxacorte ausheben, direkt neben den gefallenen Soldaten.‹

Jetzt geht es ihm schon wesentlich besser, da die Sonne wieder scheint und der Frühling endlich Einzug gehalten hat. Wie verjüngt wirkt Pater Angel, er steht morgens ohne

Klage auf und singt bereits auf dem Weg zur Arbeit, die vor allem darin besteht, die Eingeborenen in ihrem Lerneifer zu bestärken.

Die alte Frau, von der ich dir berichtet habe, Eusebio, du weißt schon – die beim Unfall mit den Pferden am Kopf verletzt wurde und deren Tonfigürchen ich aus den Flammen rettete, besuchen wir oft. Sie ist völlig genesen und bemüht sich, trotz ihres hohen Alters, eine gelehrige Schülerin zu sein. Sie scheint mich in ihr Herz geschlossen zu haben, denn jedesmal steckt sie mir heimlich getrocknete Früchte und andere kleine Leckereien zu. Ich habe weder ihr noch sonst jemandem verraten, daß ich die Figur bei mir trage, auch Pater Angel nicht, denn ich denke, er würde es nicht verstehen, daß ich mich so aufsässig gegenüber Meister Innozenz' Befehl verhalte. Ich habe sie *Mara* genannt, was ein wenig an Tara erinnert und auch an das *mare*, das Meer. Maria wage ich sie nicht zu nennen, obgleich Pater Angel mich ja auf die Ähnlichkeit hingewiesen hatte. Ich bilde mir ein, das kleine Amulett beschützt mich tatsächlich, denn auf all meinen Wegen, die ich heimlich und ohne Begleitung durch die Umgebung ging, ist mir bisher nichts Übles widerfahren.

Ich sitze nun, während ich vorgebe, meine Schönschrift zu üben, und in Wirklichkeit dir diesen Brief schreibe, im Lager und denke über alles nach. Auf den Klippen hoch über dem Meer war ich, schritt über die Pfade der Ziegen und eingeborenen Hirten und sah dabei viel Eigenartiges. In der Bucht springen Delphine, sie sind so groß wie ein Ruderboot. Fremdartiges Geziefer kriecht durch die Büsche, aber man braucht von ihm nichts zu befürchten, es gibt weder Schlangen noch Skorpione noch giftige Spinnen. Dafür aber ist die Frühlingsluft vom Gesumm der Bienen und Hummeln erfüllt, bunte Falter gaukeln über die Blüten, und die Landschaft ist von solcher Schönheit, daß ich mitunter glaube, sie nur zu träumen.

Ich bedaure nicht, daß es mit unserem Kreuzzug derzeit nicht vorangeht, von mir aus kann es immer so bleiben. Wenn die Scheu und die Fremdheit der Eingeborenen nicht wäre – viele zeigen immer noch großes Mißtrauen uns gegenüber –, könnte ich die Insel unbeschwert genießen und mich ihrem Zauber sorglos anvertrauen. Die Natur ist gut, nur die Menschen beunruhigen mich. Ich schrecke zusammen, wenn ich einen der Wilden irgendwo in der Einsamkeit treffe. Ebenso erschreckt mich aber auch das Gebaren der Soldaten im Lager. Eigentlich gehöre ich weder zur einen noch zur anderen Seite, ich gehöre, wenn ich es mir recht überlege, nirgendwohin . . .«

Der Farn wuchs wegen des vielen Regens in diesem Jahr besonders gut, es würde reichlich Wurzelmehl und damit Brot geben. Das war auch unbedingt nötig, um all die hungrigen Mäuler zu stopfen, die es jetzt zusätzlich in Acero gab, dachte Ugranfir. Noch während des großen Schnees waren zahlreiche Krieger anderer Stämme bei ihnen eingetroffen, und danach noch mehr, ganze Familien wanderten über die Berge heran, um im Krater vor den Fremden Schutz zu suchen. Noch führten die Bäche und Flüsse große Wassermassen, waren weit über die Ufer getreten und verhinderten dadurch, daß die Spanier einen Zugang fanden. Aber das konnte sich bald ändern. Herumstreifende Abteilungen von Soldaten waren weit entfernt von ihrem Lager beobachtet worden. Immer dreister wurden sie, fühlten sich sicher in ihrer gepanzerten Kleidung und mit ihren Waffen, die über weite Entfernungen trafen. Auch hatten sie Einheimische als Begleiter und Gehilfen dabei, die sich bereits als Angehörige des fremden Glaubens fühlten und auf die herabsahen, die sich zu diesem Schritt noch nicht entschließen konnten.

Es war nicht mehr zu übersehen, daß verschiedene Häuptlinge sich in ihrer neuen Rolle als Fürsten und Statthalter der Spanier gut gefielen. Auf sie wäre kein Verlaß mehr, wenn es zur Entscheidung käme. Eine schlimme Entwicklung, die Ugranfir nicht recht verstand. Wie kam es dazu, warum spaltete sich die Bevölkerung der Insel mehr und mehr in zwei feindliche Lager auf, warum handelten Guanchen so, warum konnte der Bruder dem Bruder nicht mehr trauen?

Die Leute, die über die Berge kamen, berichteten von unglaublichen Dingen, von Verrat, Mißgunst und Neid. So etwas hatte es früher auf Benahoare nie gegeben . . . Was hatte die Menschen so verändert? Es mußte der Geist des Guayote sein, der in sie gefahren war und ihnen den eigenen Willen nahm, so daß sie sich in Schattenbilder ihrer selbst verwandelten und zum Werkzeug des Bösen wurden. Eine schwere Prüfung war über die Insel gekommen, das spürte Ugranfir als Feycan deutlich. Zum Feycan wurde einer, den ein besonderes Zeichen dazu bestimmte, der die Stimmen in der Natur plötzlich besser als andere verstand, der mit bestimmten Kräutern und Beeren umzugehen wußte, die ihm Gesichter brachten und Träume, bei Tag und bei Nacht. Ein Grenzgänger war der Feycan, einer, der ohne Furcht die Schwelle von der einen zur anderen Wirklichkeit überschritt, um in der Traumzeit zu sein, in der die Geister der Ahnen lebten. Die Ahnen halfen dem Stamm immer, wenn sie um Rat gefragt wurden. Aber neben den Ahnen existierten auch andere Geister in der Traumzeit, böse Kräfte und Dämonen, allesamt Gehilfen des Guayote. Mit ihnen galt es vorsichtig umzugehen, sie stellten Fallen, spielten den Lebenden Streiche und konnten einen Unvorsichtigen, der ihre Macht unterschätzte, leicht ins Verderben stürzen. Ein Feycan, der alle Prüfungen bestand, achtete sie, aber er fürchtete sie nicht. Abonas Schutz umgab ihn ähnlich wie die Harimaguadas, er hatte den heiligen Pakt mit der Natur geschlossen, er kannte ihre Wirkkräfte gut und stellte sein Leben vorbehaltlos in den Dienst des Stammes.

Ugranfir war ein solcher Feycan, ein gewissenhafter und ernsthafter Mann, ein Vermittler zwischen der Traumzeit und den Menschen. Deutlich spürte er, wie eine Prüfung von außerordentlicher Härte auf ihn zukam, und er richtete sich, da er ihren vollen Umfang noch nicht abschätzen konnte, auf das Schlimmste ein. Er tat dies durch Fasten und den Rückzug in die Einsamkeit der Wildnis. Niemand außer seinem Gehilfen Turceto durfte ihn dabei begleiten.

Den Heiligen Berg Idafe umgingen sie scheu, sie wagten nicht, sich ihm zu nähern. Seit sie mit Tanausu dort gewesen waren und Tanausu mit dem Geist des Berges gesprochen hatte, lag ein unsichtbarer Bannkreis um den rotbraunen Felsen, den sie respektieren mußten und keinesfalls überschreiten durften. Der Geist des Berges hüllte sich in Schweigen, er zürnte, und auch das gehörte wohl mit zu der Prüfung.

Also stiegen sie über beschwerliche Wege zum Rand des Kraters hinauf. Ihre Wanderung hatte einen genauen Plan: Sie mußten bestimmte, selten aufgesuchte Plätze erreichen, versteckte Höhlen in der Bergeinsamkeit, Quellen und andere Orte, an denen die Natur Zeichen gesetzt hatte. Nur Ugranfir und Turceto kannten diese Plätze, wußten die Bedeutung der Zeichen zu verstehen und sie richtig zu deuten. Da sie seit Tagen nichts mehr gegessen hatten, waren ihre Sinne mittlerweile überwach und offen für die Vorgänge in der Natur. Traumreise nannte man einen solchen Gang; er durfte durch nichts und niemanden gestört werden, sollte er gelingen.

So kletterten sie mühsam unterhalb der verzauberten Felswand über das rutschige Geröllfeld, um sich bei den Raben anzuschleichen und ihrer Versammlung zu lauschen. Wo sie gingen, lag noch immer Schnee, obgleich es unten bereits Frühling war. Kalt blies der Wind in den Schatten der Felsen, doch Ugranfir und Turceto spürten davon nichts. Sie wanderten den Kamm des Kraterrandes entlang, wo die Wolken am Morgen tief hängen und nur langsam gegen Mittag weichen, mitunter stiegen sie durch die Wolken hindurch und blinzelten in das strahlende Blau des aufgeräumten Himmels. Sie verbrachten eine eisige Nacht im Schutz eines Felsüberhanges, mehr dämmernd als schlafend. Sie erwachten am Morgen und befanden sich sofort wieder in einer Art Trance, die ihre Körper leicht werden ließ und ihren Gang beinahe schwerelos schwebend. Sie tranken halb gefrorenes Wasser aus einer Quelle und verbrannten sich die Lippen und Kehlen dabei. Sie ritzten mit der Obsidianklinge Bilder in die rote Wand einer Felsengruppe; leise singend vollzogen sie den magischen Akt, denn diese Zeichen waren tatsächlich Musik, waren den Klängen, die die Natur in unsichtbaren Wellen durchliefen, gleich. Sie übten sich auch in der Erschaffung von Wirklichkeit, indem sie stundenlang irgendwo saßen und das Gelände fixierten, wobei es darauf ankam, die Augen so weit auseinanderzudrehen, daß Doppelbilder entstanden. In der verschwommenen Zone dazwischen stiegen dann die Visionen auf, manifestierten sich Gedanken zu Körpern, bildete Geist sich um zu Materie.

Schließlich stiegen sie zum Freundschaftsberg hoch, wo die abgelegenen Weiden von Garafia lagen. Sie prüften den Wind, fingen die Geräusche von Huftritten ein und stöberten nach einigem Suchen die zugehörige Ziegenherde auf. Wie jagende Tiere schlichen sich Ugranfir und sein Gehilfe an, spürten weder spitze Steine noch die Dornen des Gestrüpps ihre Haut aufreißen. Dann lagen sie eine Weile ruhig da und beobachteten die grasenden Tiere. Es galt, das richtige unter ihnen zu finden, das, welches das Zeichen trug.

Ugranfir blickte Turceto an, um festzustellen, ob der Gehilfe gleich ihm die Zeichen erkannte. Turceto nickte. Auch er hatte den braunen, zottigen Bock gesehen, dessen gelbes, geschlitztes Auge mehrfach schon in ihre Richtung blickte. Auch hielt er oft beim Kauen inne, hob witternd den Kopf, während sein linkes Ohr nervös zuckte. Das war er, daran bestand kein Zweifel. Aus dem Gelb seines Auges blickte der Guayote. Er schien die beiden fellbekleideten Wesen dort im Dornengestrüpp spöttisch anzublinzeln. Herausfordernd war sein Blick, er höhnte den Menschen.

Ugranfir und Turceto schnellten wie auf ein geheimes Kommando hin gleichzeitig auf. Der eine sprang den Bock seitwärts an, der andere von hinten. Das Tier bäumte sich auf, schrie böse und überrascht. Jetzt kämpften die beiden gegen die Kraft des Guayote an. Turceto drückte mit aller Kraft, zwang das Tier ruckweise in die Knie. Ugranfirs einer Arm umschlang den Hals des Ziegenbocks, mit dem anderen hielt er die Hörner fest. Wieder schrie das Tier auf, als es die Übermacht erkannte. Vor Angst urinierte es noch halb im Stehen.

Jetzt hatte Ugranfir das Gehörn ganz zum Erdboden gebogen. Rasch griff seine Rechte zum Gürtel und zog das Messer hervor. Dann stieß er kräftig zu und zog die Klinge durch die Kehle des Bocks. Einmal nur blökte das Tier gellend auf, dann brach es zuckend zusammen. Mit dem ersten Blut aus der Wunde rieben sie sich die Gesichter ein.

Ugranfir und Turceto keuchten vor Anstrengung. Aber das Wichtigste war nun geschafft. Sie schleppten den schweren Bock von der Stelle der Tötung weg bis zu einer Steingruppe am Rande des Kraters, die von altersher als Altar der Vorfahren galt. Dort trennte der Feycan ihm mit raschen Schnitten die Haut vom Körper und zog das Fell ab. Die Ohren wurden abgeschnitten und je eins in den Beuteln Ugranfirs und seines Gehilfen verstaut. Den Leib des Tieres aber warfen sie gemeinsam über den Rand in den Krater hinab. Er sollte niemand anderem als nur den Seelenvögeln zum Mahle dienen.

Blutverschmiert stiegen sie danach zum höchsten Gipfel des Freundschaftsberges hinauf und wuschen Gesichter und Hände im Schnee. Erst in diesem Moment sprach Ugranfir wieder.

»Erinnere dich deines Namens, Berg!« rief er. »Bring unserem Volk, das im Streit liegt, die Freundschaft zurück! Wir haben geopfert, wir werden jetzt gehen, und du, entsinne dich unser!«

Der Wind heulte Antwort, als der Feycan beide Arme hob und die offenen Handflächen den vier Richtungen des Himmels zeigte.

Gazmiras Geist verwirrte sich im Frühjahr immer mehr. Sie litt sehr darunter, daß sie nun keinen Wein mehr bekam, Speisen nahm sie kaum noch zu sich, ihr Körper verfiel zusehends, und ihre Verstandeskräfte nahmen rapide ab. Oft irrte sie tagelang umher, und man glaubte sie bereits tot, da tauchte sie unverhofft wieder auf und schleppte sich auf dürren Beinen durchs Lager. Sie belästigte die Männer, kannte keinen Unterschied mehr zwischen Mannschaft und Offizieren, pöbelte beide gleichermaßen an, bedachte sie mit unflätigen Schimpfworten, machte obszöne Gebärden und benahm sich dermaßen schamlos, daß es ein Ärgernis für das ganze Heer war. Der eine oder andere warf deshalb schon einmal einen Stein nach ihr, um sie zu verscheuchen.

Einzig gegenüber Pater Angel bewahrte sie eine gewisse Scheu, hörte ihm sogar zu, wenn er sprach, und schien in diesen Momenten durchaus vernünftig zu sein. Für General de Lugo dagegen war sie ganz und gar nicht mehr zu gebrauchen. Ihr Gebrabbel entbehrte jeglichen Sinns, das Tintenglas warf sie über der Karte um, so daß sie neu gezeichnet werden mußte, und als de Lugo sie aus dem Zelt werfen ließ, kam sie nach einer Stunde wieder und urinierte wie eine Hündin vor dem Eingang.

Überhaupt beschäftigte sie sich mehr mit den Hunden des Lagers als mit den Menschen. Domingos Guanchenhund kannte sie gut, er ließ sie unbehelligt durch, wenn sie Pater Angel besuchte, er knurrte nicht einmal, sondern wedelte nur leicht mit dem Schwanz bei ihrem Anblick. Aber er folgte ihr nicht, wenn sie rief. Die anderen Hunde dagegen liefen ihr nach, als sei sie eine der ihren. Sie suchte zusammen mit ihnen Küchenabfälle und balgte sich sogar um abgenagte Knochen.

Der Schreiber Domingo verstand nicht, warum sich Pater

Angel solche Mühe mit ihr gab. Ihm war die Alte unheimlich, ein Gespenst, dem er lieber aus dem Weg ging.

Im April wurde es besonders arg mit Gazmira. Da weckte sie in der Nacht das halbe Lager auf, als sie mit den Hunden darin wetteiferte, den Mond anzuheulen. Als Domingo und Pater Angel verschlafen vor das Zelt traten, sahen sie die Alte inmitten der Meute sitzen. Ihr Anblick war schrecklich, denn sie hatte all ihre Kleider abgestreift, sich im Dreck gewälzt und ähnelte sehr einem dem Grab entstiegenen Leichnam. Pater Angel war zunächst entsetzt und schockiert, dann aber entschloß er sich zum Handeln. Er streifte seinen Mantel ab, ging damit auf Gazmira zu und versuchte sie zu bewegen, ihre Blöße zu verhüllen, während er gleichzeitig mit dem Fuß die knurrenden Hunde verscheuchte.

»Faß dich, Frau«, sagte er mit seiner tiefen, sonoren Stimme, »die Nacht ist zwar warm, aber dennoch geziemt es sich nicht für einen Christenmenschen, solchermaßen Unfug zu treiben.«

Gazmira wich vor ihm zurück, heulte auf und schrie so laut, daß Domingo das Blut in den Adern gefror.

»Weg, weg!« schrie sie, »ich will nicht ins Netz, ihr fangt mich niemals, elender Heuchler!«

»Aber so beruhige dich doch«, sagte Pater Angel, »ich will dir nichts Böses, nur helfen will ich, nimm doch Vernunft an.«

»Nein«, heulte Gazmira, »sie haben den Ziegenbock getötet und in die Schlucht geworfen . . . Genauso werden sie es mit mir machen, mit allem, was sich bewegt . . . Oh, ich sehe das Blut an den Händen, an deinen auch, du schwarzes Schwein. Verdammt seid ihr alle, und das Blut wird über euch kommen!«

Mit beiden Armen wild um sich fuchtelnd, stieß sie den

Pater zurück, krallte die Hände in den Dreck, warf ihn umher, geiferte schrill.

Pater Angel, der nun ganz nahe bei ihr war, wollte ihr den Mantel umlegen, jeder konnte sehen und hören, daß er ausgesprochen sanft dabei vorging, und dennoch verstand es die Alte falsch. Mit einem unmenschlichen Schrei sprang sie auf und fuhr Pater Angel an die Gurgel, sie warf ihn um, saß plötzlich rittlings auf ihm und schlug mit aller Kraft auf ihn ein.

Domingo und ein paar zu Hilfe eilende Soldaten bekamen davon auch noch gehörig ihren Teil ab, die alte Hexe war kaum zu bändigen.

»Schafft mir die Furie vom Leib!« rief der Pater in seiner Verzweiflung. Als er endlich frei von ihr war und sich wieder aufrichten konnte, zitterte er vor Erregung am ganzen Körper. Der Lärm weckte eine Menge Leute, Fackeln wurden entzündet, und mit einer solchen in der Hand kam auch Pater Innozenz herbeigeeilt.

»Rasch, bindet ihr die Hände auf den Rücken«, gellte seine Stimme schon von weitem, und als er dicht am Schauplatz war und mit der Fackel das Gesicht der Alten anleuchtete, rief er laut: »Das ist Satans Werk! Weiche Luzifer, bevor ich dich brenne!«

Die Soldaten fesselten Gazmira, wie der Missionar sie geheißen hatte, man verpaßte ihr Fußtritte und Schläge dabei, was aber ihre Wildheit nur noch mehr anzustacheln schien. Jedenfalls kreischte sie wie am Spieß. Vier Mann waren erforderlich, sie in Innozenz' Zelt zu schaffen.

»Sie ist vom Teufel besessen«, wiederholte Meister Innozenz, »ich erkenne die Merkmale genau, denn des öfteren bereits war ich als Exorzist tätig. Satan ist schlau und gerissen, aber nicht mächtig genug, einem hochnotpeinlichen Verhör zu widerstehen. Ich selbst werde den Teufel aus ihrem Leib verjagen, in diesem Kampf werde ich siegen, und müßte ich eigenhändig das Kruzifix im Feuer zum Glühen bringen, um es ihr in die Stirn zu sengen!«

Noch ganz benommen und betroffen von dem Vorfall hatten Pater Angel, Domingo sowie zwei weitere Helfer Meister Innozenz ins Zelt begleitet, wo er den Satan aus dem Fleisch der alten Frau treiben wollte. Einer von ihnen, von Haus aus Schmied, grinste und spuckte erwartungsvoll in die Hände. Eine willkommene Abwechslung bedeutete für ihn der Vorfall, und er ging eilfertig ans Werk, als Innozenz ihn anwies, in einer Eisenpfanne Glut aus dem Feuer zu holen sowie Zangen und anderes Werkzeug bereitzuhalten.

»Aber das könnt Ihr doch nicht tun . . .«, versuchte Pater Angel die Erregung seines Vorgesetzten zu dämpfen, »gewiß, die alte Frau ist verrückt, hart genug strafte sie das Schicksal, warum wollt Ihr ihre Qualen noch vergrößern?«

»Schweigt«, brüllte Innozenz, dessen Gesicht inzwischen schweißnaß glänzte und dessen schwarze Augen wie Irrlichter tanzten. »Wollt Ihr mir vorschreiben, was in diesem Falle zu tun ist? Wollt Ihr mitreden über etwas, von dem Ihr nicht das geringste versteht? O nein, so dumm werdet Ihr nicht sein, Euch zwischen mich und den Satan stellen zu wollen! Ich verlange von Euch, daß Ihr mir zur Hand geht, wie es sich für einen echten Missionar gehört. Kein Gerede jetzt mehr, keine Verzögerung weiter! Lest aus der Heiligen Schrift, lest anständig vor und konzentriert Euch auf den Text, während ich die Untersuchung beginne. Du da« – und damit wies er auf Domingo – »nimm Feder und Pergament und fertige ein genaues Protokoll meiner Fragen und ihrer Antworten an. Hast du verstanden?«

Domingo nickte gehorsam und eilte hinaus, die geforderten Utensilien herbeizuschaffen. Als er zurückkam, war auch der Schmied wieder da und gerade dabei, eine Zange zum Glühen zu bringen. Als sie rot war, zwickte er sie auf Geheiß des Meisters in Gazmiras Bauch. Es zischte, Geruch von verbranntem Fleisch stieg auf, und die Alte schrie gotterbärmlich. Es würgte Domingo in der Kehle, der Gestank erinnerte ihn sehr an die Scheiterhaufen, auf die er bei den Mondbergen die Leichen hatte werfen müssen. Er wandte sich ab, stürzte vors Zelt und erbrach sich. Am liebsten wäre er weggelaufen, aber die Angst vor Meister Innozenz' Zorn hielt ihn auf seinem Posten. So säuberte er sich kurz, riß sich zusammen und betrat wieder das Zelt.

Nachdem das hochnotpeinliche Verhör begonnen hatte, hob er den Kopf nicht ein einziges Mal vom Pergament. Er zwang sich zum Schreiben.

Es fiel ihm nicht leicht, zuzuhören und dabei das Wesentliche vom Unwichtigen zu unterscheiden, denn im Inneren des Zeltes herrschte ein furchtbarer Lärm: Da waren die Schmerzensschreie der Alten, das Gurgeln, Stöhnen und Wimmern, ihre wilden Flüche und die tierischen Geräusche, die aus ihrer Kehle drangen. Daneben die schrille Stimme von Innozenz, mit der er seine Fragen ausspie, eine wütende, sich oft überschlagende, vom Haß gegen Satan verzerrte Stimme. Gegen all das betete Pater Angel an, als sei er allein auf der Welt, als stehe er auf einer Kanzel hoch über dem Meer und verkünde einer brüllenden, wütenden See die Heilige Schrift.

»Gesteh es ein: Du hast mit dem Satan gebuhlt!« schrie Innozenz. »Wann geschah es, wie oft und auf welche Weise?«

»Nein, nein«, stöhnte die alte Gazmira, »nicht mehr die Zange, das Feuer . . . ich halte es nicht mehr aus . . . nicht, tu es nicht, Erbarmen . . .«

»Kein Erbarmen, keine Gnade«, rief Innozenz, »nicht,

bevor du alles gesagt hast, was ich hören will. Wo habt ihr euch getroffen, wo liegt der Ort der Verdammnis und Sünde?«

»Nicht das Feuer, bitte nicht ... verflucht seist du, schwarzer Hund, deine Hand soll verfaulen ...«

»... Der HERR aber sprach zu dem Satan: Wo kommst du her?« las Pater Angel. »Der Satan antwortete dem HERRN und sprach: Ich habe das Land umher durchzogen. Der HERR sprach zum Satan: Hast du nicht achtgehabt auf meinen Knecht Hiob? Denn es ist seinesgleichen nicht im Lande, schlecht und recht, gottesfürchtig und meidet das Böse. Der Satan antwortete dem HERRN und sprach: Meinst du, daß Hiob umsonst Gott fürchtet?«

»Wo war es, wohin seid ihr gegangen, um eure Schwarze Messe zu feiern, den Namen des HERRN zu schmälern und zu schänden?«

»In die Schlucht, in die Schlucht ... Oh, ich sage alles, was du willst, nur nimm das Feuer von mir, töte mich, aber nicht diese Schmerzen ...«

»In welche Schlucht, wie ist der Name?«

»Der HERR sprach zum Satan: Siehe, alles, was er hat, sei in deiner Hand; nur an ihn selbst lege deine Hand nicht. Da ging der Satan aus von dem HERRN ...«

»Ich habe solche Angst ... die Schlucht der Todesängste ist es ...«

»Sollen wir nicht doch lieber General de Lugo herbeiholen?« fragte der Schmied. »Sie spricht von der Schlucht, die den General so sehr interessiert.«

»Meinetwegen«, antwortete Innozenz, »sie ist sowieso in Ohnmacht gefallen, gönnen wir ihr eine Erholungspause. Vielleicht redet sie nachher um so mehr.«

»Ich wüßte da ein Mittel, um nachzuhelfen«, sagte der Schmied mit schlauem Grinsen, »bei der Feuerzange gewöhnt sich der Körper mit der Zeit an den Schmerz, die Wirkung läßt nach. Bei jenem anderen Mittel aber . . .«

»Was ist es?«

»Man nennt es den *Spanischen Schuh*«, gab der Schmied zur Antwort, »wir haben ein Exemplar dabei, allerdings haben wir es hier noch niemals verwendet . . .«

»Ich habe davon gehört. Bringt ihn mit, schnell!« befahl Innozenz.

»Das Feuer Gottes fiel vom Himmel und verbrannte Schafe und Knaben und verzehrte sie; und ich allein bin entronnen, daß ich dir's ansagte . . .«

Nach einer Weile kehrte der Schmied zurück, und mit ihm kam General de Lugo und der Spanische Schuh. Das Gerät glich auf den ersten Blick einer klobigen Holzpantine und paßte gut über Gazmiras rechten Fuß. Das besondere an ihm war allerdings, daß sich in ihm einige Eisenschrauben befanden, deren Spitzen nach innen wiesen und sich ins Fleisch bohrten, wenn man sie außen drehte.

Gazmira lag noch immer ausgestreckt am Boden des Zeltes, wie man sie hingeworfen und ihre Gliedmaßen an Pflöcken festgebunden hatte. Sie war noch ohne Bewußtsein, daher ging der andere Soldat einen Krug Wasser holen und goß ihn über ihr aus, wovon sie schließlich erwachte. Der Körper der alten Frau sah schrecklich aus in seiner Nacktheit, und das Schlimmste waren die Stellen, die die Zange verbrannt hatte.

Auch General de Lugo mußte sich erst fassen, als er die Alte sah. Mit knappen Worten erkundigte er sich nach dem Ablauf der Geschehnisse. Meister Innozenz gab bereitwillig Auskunft, während Pater Angel weiter, da die übrigen Geräusche abgeebbt waren, unbeirrt aus der Heiligen Schrift las: »Der HERR hat's gegeben, der HERR hat's genommen; der Name des HERRN sei gelobt!«

»So, sie hat also die Schlucht der Todesängste erwähnt, interessant ...«, murmelte de Lugo. »Fahrt getrost mit dem Verhör fort und fragt sie vor allem, ob es dort noch einen anderen Weg als den bekannten gibt, einen, der unsere Truppen vielleicht unbemerkt in den Krater führen könnte ...«

Innozenz gab die Frage in leicht abgewandelter Form an die Alte weiter und verlieh ihr den nötigen Nachdruck, indem er den Schmied anwies, einige der Schrauben anzuziehen.

Gellend schrie Gazmira auf, bäumte den Leib zuckend zwischen den Riemen hoch.

»Der Satan antwortete dem HERRN und sprach: Haut für Haut; und alles was ein Mann hat, läßt er für sein Leben«, ertönte Pater Angels Stimme lauter, um das Wehgeschrei zu übertönen.

»Aber recke deine Hand aus und taste sein Gebein und Fleisch an, was gibt's, er wird dir ins Angesicht absagen? Der HERR sprach zu dem Satan: Siehe da, er sei in deiner Hand; doch schone seines Lebens! Da fuhr der Satan aus vom Angesicht des HERRN und schlug Hiob mit bösen Schwären von der Fußsohle an bis auf seinen Scheitel ...«

»Erbarmen, ihr Herren«, winselte Gazmira, »erbarm dich, Hiob, oh, mein gesalbter Satan ...«

»Gestehe: Wo ist der verborgene Weg durch die Schlucht zum Ort der Sünde? Das Fegefeuer soll dich verbrennen, wenn du nicht redest!« schrie Innozenz, und der Schmied zog genüßlich langsam eine weitere Schraube an.

»Ja, ja, der geheime Weg durch die Schlucht ... es gibt ihn, es gibt ihn ... ich werde euch führen, wenn ihr mich loslaßt ...«

»Laß die Schrauben nach!« befahl Innozenz.

»... und saßen mit ihm auf der Erde sieben Tage und sieben Nächte und redeten nichts mit ihm; denn sie sahen, daß der Schmerz sehr groß war ...«, las Pater Angel. Seine Stimme war zwar hörbar, doch sein Geist befand sich in einer anderen Welt, ohne daß die Anwesenden davon im Zelt etwas bemerkten.

»Komm nah zu mir, mein schöner Meister«, wisperte die alte Gazmira mit gebrochener Stimme, »näher, noch näher ...«

Innozenz zögerte, dieser Aufforderung Folge zu leisten. Aber de Lugo hielt sich vor Neugierde nicht mehr zurück. Er beugte sich über den geschundenen Körper. Da spuckte ihm Gazmira mitten ins Gesicht und lachte schrill.

»Jetzt erkenne ich dich«, schrie sie, »der Satan bist du, mein herzallerliebster, schöner Meister ... gegrüßt seist du, Satan, Satan, Satan!«

De Lugo schrak zurück. Angeekelt wischte er sich den Speichel aus dem Gesicht. Aber da er weder Priester noch Exorzist, sondern nur ein einfacher, rechtschaffener Soldat war, faßte er sich rasch.

»Ihr habt es alle gehört: Sie weiß einen geheimen Weg durch die Schlucht, und sie wird uns zu Tanausu führen, das genügt mir ... Beendet die Folter, das Verhör führt zu nichts mehr, und nehmt ihr den Spanischen Schuh ab – sie muß laufen können, wenn es soweit ist.«

»Aber die Inquisition ist noch nicht abgeschlossen«, widersprach Innozenz wütend.

»Dann setzt sie nach dem Feldzug fort«, antwortete de Lugo. »Als einzige Wegkundige steht sie jetzt unter Kriegsrecht, ich entziehe Euch die Gefangene!«

»Danach tat Hiob seinen Mund auf und verfluchte seinen Tag«, sagte Pater Angel. »Und Hiob sprach: Der Tag müsse verloren sein, darin ich geboren bin, und die Nacht welche sprach: Es ist ein Männlein empfangen! Derselbe Tag müsse finster sein, und Gott von obenherab müsse nicht nach ihm fragen; kein Glanz müsse über ihm scheinen!«

Der Schreiber Domingo aber lag über dem Pergament und vergoß heiße Tränen. Sie verwischten die Schrift . . .

Aus tiefem, traumlosem Schlaf fuhr Tanausu auf und lag lange auf seinem Lager wach. Was ist geschehen, dachte er. Draußen ist Frühling, alles ist ruhig, viele Krieger unter Waffen lagern rund um das Dorf, zehnmal mehr, als wir jemals waren, bereit, das Reich Acero und unseren Heiligen Berg Idafe zu beschützen. Was also besorgt mich und raubt mir den Schlaf? Ich kann mich an kein Traumbild erinnern, nichts, was mir Angst machen könnte. Und dennoch ist etwas geschehen, es hat einen spürbaren Ruck in der Zeit gegeben, mein Herz klopft in wilden Sprüngen, als sei ich lange gelaufen. Ich muß bereit sein für alles, für das Unwägbare und das, was man nicht denken sollte, bereit, Abschied von allem Gewohnten zu nehmen . . .

Er stand auf, berührte zart das Gesicht seiner Frau und das seiner Kinder. Um ihre Zukunft geht es, dachte er, um ihre Zukunft und die meines Volkes . . .

Am zweiten Mai des Jahres 1493, morgens um sechs Uhr, rückte das spanische Heer in voller Stärke aus. Zugleich verließen zwei Schiffe die Bucht von Taxacorte, eines segelte die Küste in nördlicher Richtung hinauf, das andere nach Süden. Sie hatten keine besondere Order, der Zweck ihres Manövers bestand einzig und allein darin, die eingeborenen Späher aufmerksam zu machen und zu verwirren. Das dritte Schiff blieb mit schußbereiten Kanonen zur Sicherung der Bucht, des Strandes und des Lagers zurück.

Das Landheer folgte klaren Befehlen. Eine Scharfschützenabteilung zog entlang des südlichen Randes der Schlucht der Todesängste in Stellung, um das Vorrücken der Hauptmacht durch die Talsohle gegen eventuelle Überfälle aus dem Aridanegebiet abzusichern. Ein paar Reiter patrouillierten wachsam über die Ebene dort, bekamen aber, wie die Schützen, im weiteren Verlauf des Feldzuges nichts zu tun.

Von der alten Gazmira angeführt, zog die Masse des Heeres durch die Schlucht, wobei darauf geachtet wurde, möglichst das rechte Ufer des Taburienteflusses nicht zu verlassen. Hier war man zumindest vor Steinwürfen und absichtlich ausgelösten Lawinen sicher. Atogmatoma, der immer noch amtierende Hochkönig der Insel, nun von spanischen Gnaden Fürst und Königlicher Verwalter des Distrikts Hiscaguan, hatte sich zwar dazu verpflichtet, nicht anzugreifen, aber was galt schon das Wort eines Wilden ... Besser erschien es, allen Eingeborenen aus dem Weg zu gehen und das Risiko auf ein Mindestmaß zu reduzieren.

So kam es, daß das spanische Heer unbehelligt bis zu jenem Engpaß vorrücken konnte, an dem einst die Schlacht stattgefunden hatte, in der Guillén Peraza mit seinen Männern das Leben verlor. Von General de Lugo war die Parole ausgegeben worden, den ganzen Weg über zu schweigen und jedes Geräusch zu vermeiden. Er selbst marschierte, da sie auf die Pferde verzichtet hatten, zu Fuß an der Spitze des Heeres.

Die berüchtigte Stelle passierten sie rasch, und kurz darauf teilte sich das Heer. Eine kleine, sorgfältig das Gelände sondierende Einheit zog weiter den Flußlauf entlang, jetzt weniger auf Ruhe und Tarnung achtend. Im Gegenteil: sie ließen absichtlich laut ihre Waffen klirren, riefen sich grobe Scherze zu und sangen zuletzt gar ein Marschlied. So lautete nämlich ihr Befehl: Die Aufmerksamkeit des Gegners auf sich zu lenken und bei der ersten Feindberührung Schutz an der rechten Steilwand zu suchen, wo sie in Stellung gehen und das Feuer eröffnen sollten.

Der bei weitem größere Teil der Truppe aber zog auf dem von Gazmira verratenen geheimen Pfad weiter in den Kraterkessel hinein. Das mußte, da dieser Pfad äußerst schmal war, im Gänsemarsch geschehen. De Lugo trieb seine Leute zum Laufschritt an. Alles hing davon ab, daß die List gelang und die sorgsam ausgeklügelte Rechnung auch aufging.

Und sie ging auf! An dem Zusammenfluß der Bachläufe mit dem Eingeborenennamen *Viele Wasser* überrumpelten sie eine aus drei Mann bestehende Wache und machten die Wilden sofort nieder. De Lugo wartete ab, bis das Heer vollständig nachgerückt war und sich auf den Sandbänken gesammelt hatte, dann ging es weiter. Die Flußläufe führten um diese Jahreszeit bereits bedeutend weniger Wasser als noch ein paar Wochen zuvor. Dennoch staute es sich mancherorts, besonders an engen Passagen. An einer extrem tiefen Stelle ließen sich de Lugo und seine Offiziere von einheimischen Dienern auf den Schultern durch das Wasser tragen. Sein Neffe, Juan Fernández de Lugo, taufte deshalb scherzhaft den Ort *Paso del Capitán*.

Sie waren ein gutes Stück weiter in den Urwald vorgestoßen, als es zur ersten Berührung mit dem Feind kam.

Tanausu hatte nämlich, wenn auch verspätet, Nachricht vom Vorrücken der Spanier bekommen. Die durch de Lugos Taktik ausgelöste Verwirrung ließ sich zwar wieder beheben, kostete aber Zeit, wahrscheinlich genau die Zeit, die es gebraucht hätte, um das ausrückende Heer im Engpaß der Schlucht der Todesängste zu stellen.

Nun aber ertönte vom hochgelegenen Ufer des Flusses das Kriegsgeschrei der Guanchen. Schaurig brach sich das Echo in den zerklüfteten Schluchten des Kraters, kam um ein Vielfaches verstärkt von den Felswänden zurück. Irritiert blickten sich die Spanier um. Stammten die Stimmen wirklich von jenem Ufer, oder täuschte sie das Echo, waren sie am Ende gar bereits von den Wilden umzingelt?

De Lugo zögerte, das Signal zum Angriff zu geben, statt dessen griff er zu einer weiteren List. Er schätzte blitzschnell seine Lage ab: Aus dem Rücken, also aus der Schlucht der Todesängste, konnten unmöglich Guanchen kommen, denn dort war noch immer die Vorauseinheit, die sie auf dem geheimen Pfad überholt hatten, unterwegs. Die Sandbänke und das Gebiet um Viele Wasser waren überschaubar und fest in ihrer Hand. Dort hob man zur Stunde bereits auf seine Anweisung hin Stellungen aus, die die Bogen- und Armbrustschützen und die im Buschwerk versteckten Musketiere unangreifbar machten. Nur der Urwaldsaum, an dem sie sich gerade befanden, konnte seinen Leuten zur tödlichen Falle werden. Also schickte er einige Schützen in das dichte Laubwerk der Baumkronen und zog sich mit dem Heer vorsichtig bis zu den Sandbänken zurück.

Hier ließ er Holz sammeln und viele Feuer vorbereiten, die aber nicht ein Nachtlager, sondern das Gelände davor erhellen sollten. Würden die Guanchen im Schutz der Dunkelheit vorstoßen, so liefen sie ins Leere. Wo sie lagernde

Soldaten anzutreffen glaubten, würden sie lediglich verlassene Feuerstellen antreffen und sich ihrerseits im Hellen befinden – als gute Ziele für die im Verborgenen wartenden Schützen. Er hieß die Männer jetzt bei Tage schlafen, damit sie im Falle eines nächtlichen Angriffs ausgeruht waren. Zur Sicherung stellte er doppelte Wachposten auf.

Dann sandte er einen Eingeborenen aus dem Aridanetal mit einer Botschaft zu Tanausu. Diese Botschaft besagte, daß de Lugo verhandlungsbereit sei und aus dem Mund des Häuptlings hören wolle, welche Bedingungen er stelle. Um den Ernst seines Angebotes zu unterstreichen, trug de Lugo dem Eingeborenen auf, Tanausu folgendes kundzugeben: Bis hierher, in den großen Krater hinein, habe ihn die alte Gazmira geführt, aber es sei ihre letzte Schandtat gewesen. Auch er, der spanische General Alonso Fernández de Lugo, schätze Verrat nicht sonderlich, ja, er verabscheue Menschen, die solches täten, von ganzem Herzen. Um sie ihrer gerechten Strafe zuzuführen, wolle er Gazmira kurz nach Aufbruch des Boten in die Wildnis jagen. Sie eigenhändig zu töten, dafür sei er sich zu schade. Aber wenn Tanausu es wolle, so könne er mit der Alten nach Belieben verfahren. Sie sei zwar getauft und nun rechtmäßig eine Christin, aber sie habe durch ihr Tun große Schuld auf sich geladen und ihr Leben verwirkt.

»Sage diesem Tanausu, ich will, wie es sich unter Edelmännern gleichen Ranges gehört, mit ihm von Angesicht zu Angesicht reden. Freies Geleit sichere ich ihm und seinen Begleitern zu. Dafür bürge ich mit dem Namen und dem Wort eines spanischen Granden.«

Der Eingeborene, ein leicht zu beeinflussender Mann, dem de Lugo bereits einige Vorteile verschafft und noch weitere versprochen hatte, wiederholte die Botschaft mehrmals, um sicherzugehen, daß er auch alles verstanden hatte.

»Gut so«, lobte de Lugo. »Geh nun, wir warten hier auf dich und die Antwort, die du uns von Tanausu bringst.«

Der Eingeborene verschwand im Dickicht des Urwaldes, und General de Lugo begann sogleich, seine Taktik des getarnten Teilrückzuges in die Tat umzusetzen. Binnen kurzem hatten seine Soldaten die vorgegebenen Stellungen eingenommen, und die Mehrzahl von ihnen legte sich, wie befohlen, zur Ruhe.

Einzig der Schreiber Domingo folgte dem Befehl nicht. Aufgewühlt starrte er ringsumher in den fremd und feindlich wirkenden Urwald. Seine Gedanken fanden keine Ruhe. Hoffentlich läuft alles gut ab, und es kommt nicht zu solchen Greueln wie damals an den Mondbergen, dachte Domingo. Er sollte sich auf furchtbare Weise irren.

Am anderen Ufer, hoch über dem Taburientefluß, wartete Tanausus Streitmacht. Sie stand weit genug vom Dorf entfernt, dennoch hatte Tanausu die Frauen, Kinder und Alten zu den im Hochplateau verborgenen Höhlen geschickt. Nicht alle waren seinem Ratschlag gefolgt; etwa zwanzig Frauen hatten sich Waffen verschafft und stellten sich an die Seite ihrer Männer.

»Du bist unser König, Tanausu«, sagten sie, »du willst für die Freiheit unseres Volkes kämpfen. Unser Entschluß steht daher fest: Wir ziehen mit dir in die Schlucht.«

Als die versammelten Krieger das hörten, hoben sie ihre Lanzen und schlugen mit den Schäften an ihre Holzschilde. »Freiheit oder Untergang!« riefen sie.

Der Feind war nun durch List und Verrat unerwartet weit in den Krater vorgestoßen, lagerte bereits bei Viele Wasser, und obgleich man nichts von ihm sehen konnte, spürte jeder deutlich seine Anwesenheit. Während sie noch abwarteten, was weiter geschehen sollte, kam der Bote aus dem Aridanetal aus dem Urwald heraus und kletterte die Böschung zu ihnen hinauf. Er trug ein weißes Tuch in der Hand, das ihm Hauptmann Diego zugesteckt hatte.

»Ich komme als Unterhändler, tut mir nichts!« rief er schon von weitem. Man konnte die Angst und die Verlegenheit in seinem Gesicht lesen. Tanausu, der mit bemaltem Gesicht und in vollem Kriegsschmuck auf einer kleinen Anhöhe stand, winkte ihn heran.

»Du hättest den Tod für deinen feigen Verrat verdient«, sagte er. »Doch da du mir offensichtlich etwas auszurichten hast und ich dir meine Antwort mitgeben will, wirst du noch gebraucht und sollst dein Leben behalten, du erbärmlicher Wurm.«

»Nicht ich habe die Spanier herangeführt, sondern die alte Gazmira«, antwortete der Mann. »Sie hat die Fremden über den geheimen Pfad geleitet.«

Er verschwieg seinen Anteil, die Tatsache zum Beispiel, daß er General de Lugo auf seinen Schultern durch den Fluß am *Paso del Capitán* getragen hatte und auch sonst den Fremden reichlich zu Diensten war.

»Dafür werden Tara und Orahan sie strafen«, sagte Tanausu. »Jetzt aber sage, was du zu sagen hast, rede laut, damit es alle hören, und verschwinde danach aus unserem Angesicht, denn wir ertragen den Anblick eines Verräters nur schwer.«

»General de Lugo will Frieden . . .«, begann der Mann stockend.

»Das haben wir bei Tigalate an den Mondbergen gesehen«, rief Adargoma, und viele der bei ihm stehenden Krieger hoben drohend ihre Fäuste.

Tanausu winkte ab, sofort kehrte wieder Ruhe ein. »Sprich weiter«, sagte er.

»Er ist gekommen, um von dir die Bedingungen für den Frieden zu hören. Darüber will er verhandeln.«

»Und weiter?«

»Er sagt, auch er haßt Verrat und findet Gazmiras Tat abscheulich. Er will sie nicht töten, weil sie eine getaufte Christin ist. Aber du bist das nicht, du kannst mit ihr verfahren, wie dir beliebt. De Lugo hat sie vom Heer weggejagt, sie ist bereits auf dem Weg zu dir.«

»Niemand hat sie gerufen«, antwortete Tanausu, »keiner will sie hier sehen. Sie wird auch ohne uns ihre gerechte Strafe erhalten, der Guayote wird sie sich holen.«

»General de Lugo wünscht eine ordentliche Verhandlung«, sagte der Mann. »Er will persönlich von Mann zu Mann mit dir reden und bürgt für dein freies Geleit mit dem Ehrenwort eines spanischen Granden.«

Der Feycan trat zu Tanausu. »Glaube ihm nicht«, warnte er. »Der Spanier spricht mit gespaltener Zunge, genau wie dieser Elende da. Das ist eine Falle.«

Tanausu blickte Ugranfir mit ernstem Gesicht an. »Du bist besorgt um mich, und dafür danke ich dir. Doch bedenke, daß es nicht mehr allein um mich, sondern um die Zukunft des ganzen Volkes geht.«

»Um so mehr muß ich dich warnen«, sagte Ugranfir. »Auch wenn du dich immer noch für den Häuptling des Stammes Acero hältst – du bist es schon lange nicht mehr. Sieh dich um, Tanausu, sieh in die Gesichter dieser Männer und Frauen – sie sind alle auf dich gerichtet. Hier steht das Volk von Benahoare, das Volk hat sich entschieden und dich zum Hochkönig gewählt.«

»Und Atogmatoma?«

»Ist kein Hochkönig mehr, sondern nur noch Fürst von Hiscaguan. Die weiße Flaumfeder hat sich als zu schwach erwiesen, sie ist vom Wind verweht ...«

Tanausu schwieg.

»Du bist jetzt unser König«, beschwor ihn der Feycan noch einmal, »von deiner Entscheidung hängt nun alles ab. Kannst du dich erinnern, was der Geist des Berges, der Idafe, dir riet?«

Tanausu sann lange nach und rief sich ins Gedächtnis, was am Gipfel der Weltensäule geschehen war. Hatte der Idafe ihm nicht geraten, nur noch auf sich selbst, auf seine eigene, innere Stimme zu hören? War er, Tanausu, an jenem Tag nicht bereit gewesen, sich dem sprechenden Berg zu opfern?

Er riß sich von den Bildern in seiner Seele los und wandte sich wieder dem Boten zu.

»Sag deinem neuen Herrn, diesem höchst ehrenwerten de Lugo, daß ich bereit bin, für mein Volk zu sprechen und zu verhandeln. Aber nicht hier und jetzt, nicht unter dem Druck der Waffen, sondern als freier Mann und aus freien Stücken. Er soll seine Truppen auf das Gebiet von Aridane zurückziehen. Erst wenn der letzte seiner Leute den Krater verlassen hat, werde ich mit ihm über das Schicksal der Insel verhandeln.«

Er macht einen Fehler, dachte Ugranfir verzweifelt. Er glaubt, daß der Spanier denkt und handelt wie er selbst. Aber das tut er nicht. Wie kann man mit dem Guayoten verhandeln? Das Böse ist immer da, es läßt sich nicht mit Worten allein vertreiben ...

»Acero ist ein Ort der Freiheit, wir dulden keine fremden Unterdrücker hier. Wenn es deinem General also ernst mit dem ist, was er sagt, so soll er auf der Stelle abziehen. Daran werde ich den Wert seiner Worte messen«, sagte Tanausu. »Und nun geh und richte alles deinem neuen Herrn aus. Ich warte auf Antwort«, fügte er noch hinzu.

Der Bote nickte mit gesenktem Kopf, drehte sich um und lief zurück in den Urwald. Viele hundert bemalte Gesichter blickten ihm nach. Niemand bemerkte, wie Ugranfir ihm heimlich folgte.

Als der Bote ins Heerlager zurückkehrte, hatten die Schützen ihre Verstecke bereits gut ausgebaut und sich sorgfältig getarnt. Er sah keinen von ihnen, obgleich er in Rufweite an ihnen vorbeiging, traf nur die Wachposten an und schlafende Soldaten. Hauptmann Diego nahm ihn in Empfang und führte ihn zu General de Lugo, der auf einem Felsbrocken inmitten der großen Sandbank saß. Stockend gab der Mann die Nachricht wieder, die ihm Tanausu aufgetragen hatte. De Lugo zwirbelte geistesabwesend seinen Bart, wie er es immer tat, wenn er über etwas nachdachte.

»Gut, sehr gut«, antwortete er, »ich werde auf Tanausus Forderung eingehen und mich mit meinem Heer ins Aridanetal zurückziehen. Dort werde ich ihn dann erwarten und mit ihm über die Zukunft der Insel verhandeln . . . Doch der Rückzug kann nicht sofort und überhastet geschehen. Du siehst selbst: Die Leute sind müde vom langen Marsch, sie müssen sich ausruhen. In ein paar Stunden wird die Abenddämmerung einsetzen. Wir können unmöglich den Rückzug in der Dunkelheit schaffen – das Gelände ist schwierig, der Weg steil und sehr schmal, wir kennen uns hier nicht besonders gut aus, zumal Gazmira fort ist und uns nicht mehr führen kann. Das Beste ist, wir bleiben über Nacht hier auf den Sandbänken. Morgen bei Tagesanbruch, wenn es hell ist, werden wir dann gehen . . . Laufe also jetzt zu Tanausu hinüber, überbringe ihm meine Antwort, von der ich hoffe, daß sie seine Zustimmung findet, und kehre danach auf dem schnellsten Wege zu uns zurück.«

Also ging der Bote ein zweites Mal durch den Urwald und kletterte das Steilufer hinauf, wo Tanausu mit seiner Streitmacht stand.

In der Zwischenzeit ließ General de Lugo weiter das Gelände im Umkreis erkunden, wobei man ein kleines Waldstück rechts oberhalb des Flusses fand, das sich hervorragend als Versteck für eine Abteilung Bogenschützen und Musketiere eignete. Unten war genügend trockenes Holz für die Wachfeuer gesammelt und aufgeschichtet worden. Das Heer war also gut vorbereitet für die Nacht und durchaus in der Lage, einem überraschenden Angriff standzuhalten.

Der Schreiber Domingo lag mit seinem Hund Mencey etwas abseits von den Soldaten, entfernt auch von Pater Angel und Meister Innozenz.

Das Tier verhielt sich ruhig, barg Kopf und Schnauze auf dem Schoß des Jungen. Domingo fand immer noch keine Ruhe. Sprunghaft gingen ihm Gedanken durch den Kopf. Ihm war, als würden ihn tausend Augen aus dem Urwald feindselig anstarren. Doch das mußte Einbildung sein, ein Produkt seiner überreizten Nerven.

Viele der Soldaten, die zunächst auch Schwierigkeiten hatten, sich de Lugos Befehl zu fügen, übermannte schließlich doch nach all den Strapazen der Schlaf. Sie liegen herum wie tot, dachte Domingo schaudernd. Als habe sie eine Flutwelle vom Meer herangetrieben und sie hier als Strandgut liegengelassen. Gern hätte er jetzt Feder und Pergament dabeigehabt, um Eusebio einen Brief zu schreiben, der dazu angetan war, den Sturm seiner Gefühle und Gedanken zu ordnen. Aber er hatte sein Gepäck auf ein Minimum einschränken und die Schreibutensilien im Zelt zurücklassen müssen. So vertrieb er sich die Zeit mit Betrachtungen.

Er sah Pater Angel an einen Baumstamm gelehnt sitzen und in der Bibel lesen; lautlos bewegten sich seine Lippen dabei. Er las jetzt oft, mehr als jemals zuvor. Seit er unfreiwillig Zeuge des hochnotpeinlichen Verhörs sein mußte, suchte er verstärkt Rat und Trost in der Heiligen Schrift, versenkte sich immer tiefer in die stumme Zwiesprache mit Gott.

Meister Innozenz dagegen wanderte rastlos mit weitausholenden Schritten quer über die Sandbank, hielt am Ufer inne, drehte sich abrupt um und kehrte auf dem gleichen Weg zurück. Unzählige Male ging er so hin und her.

General de Lugo saß noch immer am Felsbrocken und besprach sich mit seinem Neffen Juan Fernández und dem jungen Granden Juan Francisco de Alvaréz, der seit der Schlacht an den Mondbergen zu seinem engsten Vertrauten und Berater aufgerückt war. Die drei steckten die Köpfe zusammen und tuschelten leise.

Hauptmann Diego schritt die Holzstöße der Wachfeuer ab und gab den Männern letzte Anweisungen. Unheimlich wirkte er, mit seiner Augenklappe und dem schwarzen Umhang. Vielleicht empfanden auch die ihn begleitenden einheimischen Diener so, denn sie senkten stets die Köpfe vor ihm und wagten nicht, ihn anzusehen.

Die Vorauseinheit, die durch die Schlucht der Todesängste gezogen war, war noch immer nicht eingetroffen. Domingo mutmaßte, daß sie Befehl hatten, sich irgendwo in der Nähe versteckt zu halten. Merkwürdige Anweisungen hatte General de Lugo gegeben, er führte etwas im Schilde . . . Welchen Plan mochte er nur mit seinen verstreuten Aktionen verfolgen?

Domingo spähte zum Urwald hinüber. Die Sonne neigte sich dem westlichen Kraterrand zu, die Schatten wurden länger, an vielen Stellen herrschte bereits Dunkelheit. Größere Raubtiere sollte es ja auf San Miguel de La Palma nicht geben, auch keine tropischen Vögel oder Reptilien. So gesehen war die Insel dem Festland recht ähnlich. Nur die Vegetation war anders und gedieh üppiger hier. Besonders die ehrwürdigen Baumriesen mit ihren mächtigen Stämmen und ihren den Himmel verdeckenden Kronen beeindruckten Domingo sehr. Welche Geheimnisse mochte der grüne, undurchdringliche Urwald bergen?

Von den feindlichen Eingeborenen war nichts zu sehen und auch kein Laut zu vernehmen. Schrecklich hatte ihr Kriegsgeheul in den Ohren geklungen, wie von einer anderen Welt, und eine andere Welt war auch das Innere des großen Kraters, etwas Unbekanntes, das Gefahr barg . . .

Domingo sah einen Adler hoch über den Baumwipfeln kreisen. Weit entfernt zog ein Schwarm Krähen vorüber. Eintönig murmelten die Wasser, einschläfernd wirkte dieses Geräusch. Domingo spürte Müdigkeit in sich aufsteigen.

Ugranfir schlich dem Boten nach. Er bewegte sich lautlos und in gehörigem Abstand, stets bemüht, in der Deckung der Bäume zu bleiben. So kam er unbemerkt dicht an die Spanier heran. Er hörte, daß der Bote etwas rief und sah Wachsoldaten aus den Büschen auftauchen. Ugranfir blieb in seinem Versteck liegen und versuchte zu den Sandbänken hinunterzuspähen. Das war nicht ganz einfach, denn Bäume und Buschwerk ließen nur an ganz wenigen Stellen einen Einblick zu, und noch näher heranzukriechen wagte er wegen der feindlichen Posten nicht. Immerhin machte er einige Holzstapel aus. Wie viele Lagerfeuer sie vorbereitet haben, wunderte er sich. Die Stärke des spanischen Heeres mußte weitaus größer als angenommen sein.

Ugranfir erhob sich vorsichtig und schlich nach rechts weiter, wo der Talboden anstieg und nach und nach in einen bewaldeten Bergrücken überging. Vielleicht würde er von dort aus besseren Einblick auf die Sandbänke bekommen. Doch die Hoffnung erwies sich als trügerisch. Dicht stand der Wald, eine undurchdringliche Wildnis. Dann vernahm er ein Geräusch. Es klang, als habe der Tritt eines Fußes trockenes Holz zerbrochen. Er hielt den Atem an, lauschte, versuchte die Richtung auszumachen, aus der der Laut gedrungen war. Nichts, alles blieb still. Und dennoch spürte der Feycan ganz deutlich die Nähe eines Menschen. Er wartete noch einen Moment lang ab, da es weiterhin still blieb, stand er auf. Wie ein Tier witternd, schlug er die Richtung ein, die ihm am wahrscheinlichsten erschien. Da, wieder Geräusche, diesmal knackte es mehrmals nacheinander. Nun war Ugranfir ganz sicher, daß es am Osthang des Berges war. Geduckt lief er los, hastete durchs Unterholz und näherte sich der Stelle. Als er den Kopf hob und sich bemühte, trotz der Abenddämmerung etwas am Berg zu erkennen, sah er auf der Felskante eine Bewegung. Ein Mensch hockte dort und fuhr hastig mit den Armen in der Luft herum.

Ugranfir schlich sich noch näher heran. Dann hörte er die Stimme, eine Frauenstimme, die sang, und allmählich verstand er auch die Worte, sie sang in der Sprache der Guanchen. Es war ein überaus seltsamer Text:

»Da sitze ich nun
mit dem Gesicht einer Krähe,
sitze am Berg,
spähe hinab,
fresse die Zeit
und die Zeit
verzehrt mich.
Wenn nur die Angst
vor dem Stürzen
nicht wäre,
ließe ich mich fallen,
flöge hinab
in den Wald
und hinauf
zum Saum der Sonne.
So aber warte ich,
wetze den Schnabel,
sitze und warte,
bis der Schwarm kommt,
der mich ruft.«

Es war Gazmira, Gazmira, die Verräterin, die arme, alte Gazmira. Ugranfir schüttelte verwundert den Kopf. Sonderbar war das Benehmen der Alten, sie schien völlig entrückt zu sein, und dennoch klangen ihre Worte für den Feycan klar und verständlich, sie berührten sogar sein Herz.

Wie einsam mußt du sein, Gazmira, dachte er. Und, einem inneren Antrieb nachgebend, hob er beide Hände in ihre Richtung. »Abona beschütze dich«, sagte er leise.

»Mögen dir Tara und Orahan das verzeihen, was du uns angetan hast, möge deine arme, verwirrte Seele Frieden finden.« Er ließ die Arme sinken. In diesem Moment verschwand die Sonne völlig hinter dem westlichen Kraterrand. Schlagartig begann die Nacht.

Bencomo sah die Lichter der Lagerfeuer an den Sandbänken aufflammen, roch den vom Wind herangewehten Rauch. Die Spanier blieben dort über die Nacht und würden erst morgen abziehen. Alle hatten de Lugos Nachricht durch den Boten vernommen und gehört, daß Tanausu dem Vorschlag zugestimmt hatte. Alle waren auch Zeuge gewesen, wie Adargoma vorgetreten war und gesagt hatte: »Wenn es eine Möglichkeit gibt, den Feind zu vernichten, dann heute nacht. Im Schutz der Dunkelheit könnten wir uns anschleichen und ihr Lager überfallen. Sie haben zwar Wachfeuer angezündet, aber wir befinden uns im Vorteil, weil wir den Wald kennen. Laß uns angreifen, König, und die Fremden für immer verjagen.«

Und Tanausu hatte geantwortet: »Nein, Adargoma. Ich habe den Verhandlungen zugestimmt, Wort steht nun gegen Wort. Morgen rücken die Feinde ab und gehen ins Aridanetal zurück. Dort wird alles entschieden. Entweder mit Worten oder mit Waffen.«

Bencomo spürte die große Unruhe der Leute, er selber fühlte Erregung in sich aufsteigen. Soviel stand fest: Nach

Tanausus Entschluß würde es heute nacht nicht zum Kampf kommen. Und unwahrscheinlich war auch, daß die Spanier angreifen würden. Aber morgen, was würde morgen sein?

Er mußte an Ica denken, die mit den Frauen und Kindern, den Alten und Kranken zu den versteckten Höhlen im Hochplateau hinaufgestiegen war. Ica, Ica, wie gerne wäre ich jetzt in deiner Nähe ... Aber ich muß auf meinem Posten bleiben und wachsam sein. Ich fühle es deutlich – in diesen Tagen und Stunden entscheidet sich alles, unser Leben, unsere Zukunft, das Schicksal der Insel ...

Mazos Stimme riß ihn aus seinen Gedanken, schreckte ihn auf.

»Meinst du, die Spanier kommen mit Fackeln heute nacht, wie an den Mondbergen?«

»Nein, bestimmt nicht. Wir würden sie früh genug sehen und hören. Ein Angriff würde ihnen schlecht bekommen.«

»Weil sie das Gelände nicht kennen?«

»Ja, weil es unsere Heimat ist, hier im Krater sind wir im Vorteil.«

»Vielleicht stecken sie auch den Wald an ...« Auf welche Gedanken der Kleine kam ...

»Dadurch kämen sie selber um. Mach dir keine Sorgen, Mazo, schlaf jetzt lieber ein bißchen.«

»Ich kann nicht schlafen, ich bin viel zu aufgeregt.«

»Aber du mußt, wir alle müssen morgen wach und ausgeruht sein.«

»Behandle mich nicht immer wie ein Kind«, brummte Mazo, »ich bin alt genug, ich weiß selber, was zu tun ist.«

»Ist schon gut, Mazo. Mir geht es ja ähnlich, meine Nerven sind völlig überreizt.«

»He, Bencomo ...«

»Ja?«

»Ich muß gerade an unsere Familie denken; meinst du, sie ist in Sicherheit?«

»Ich glaube schon.«

»Und Ica?«

»Ist auch sicher bei den Höhlen.«

»Nimmst du sie zur Frau, wenn alles vorbei ist?«

»Ja. Könnte ich eine bessere finden?«

Mazo schüttelte den Kopf. Auch er mochte Ica. Sie war klug und schön, eine echte Harimaguada. Bencomo war zu beneiden ... Er malte sich das Fest der beiden aus. Würde es im Krater stattfinden oder zu Hause in Tixarafe? Alles mögliche kam ihm in den Sinn. Und immer wieder die Spanier dort unten bei ihren Feuern, mit ihren schrecklichen Waffen. Aber Angst spürte er nicht. Wenn es darauf ankam, würde er kämpfen. An der Seite Tanausus würde er streiten. Er verehrte den König und war stolz, bei diesem großen Ereignis dabei sein zu dürfen und später Tedot und Agando davon berichten zu können. Sie waren selber schuld, dies alles nicht erleben zu dürfen. Warum waren sie auch in Tixarafe geblieben?

Der Morgen des dritten Mai 1493 brach mit einem Hornsignal an. De Lugos Zeichen zum geordneten Rückzug. Domingo erwachte aus schweren Träumen. Er sah sich verwirrt um. Der Wald wirkte friedlich mit seinen vielfältigen Vogelstimmen, die Wasser ringsum murmelten, sein Hund Mencey gähnte und streckte sich herzhaft.

»Komm«, sagte Domingo. Sie verließen ihren Schlafplatz und stiegen zu den Sandbänken hinunter. Dort formierte sich gerade das Heer. Die Soldaten wirkten gut ausgeruht, Scherzworte flogen hin und her, es wurde gelacht. Nur Meister Innozenz schimpfte, als er Pater Angel und Domingo zu Gesicht bekam.

»Nun sollen wir also den ganzen beschwerlichen Weg wieder zurücklaufen, obwohl unsere heilige Aufgabe hier noch nicht abgeschlossen ist? Ich kann die Vorgehensweise von General de Lugo in keiner Weise billigen . . .«

»Von welcher heiligen Aufgabe sprecht Ihr?« fragte Pater Angel geistesabwesend.

»Ich spreche vom Kreuzzug wider die heidnischen Wilden.«

»Ach so, davon«, antwortete Pater Angel. »Wenn Ihr damit ein Gemetzel wie bei den Mondbergen meint, so ist dies ohnehin nicht meine Sache. Ich bin hierher gekommen, das Wort Gottes zu verbreiten und von seiner Liebe zu künden.«

»Es steht geschrieben: Die Rache ist mein!« schrie Meister Innozenz.

»HERR, vergib ihnen, denn sie wissen nicht, was sie tun, sprach unser Heiland am Kreuz«, entgegnete Pater Angel mit ruhiger Stimme.

»Wir sprechen uns im Lager wieder, wenn wir erst aus dieser gottverlassenen Gegend heraus sind«, sagte Innozenz spitz. Seine Wangenknochen mahlten vor unterdrückter Wut. Er wandte sich abrupt um und ging ein paar Schritte voraus, um nicht mit Pater Angel und Domingo zusammen marschieren zu müssen.

»Wer zum Schwert greift, wird durch das Schwer umkommen«, murmelte Pater Angel. »Auge um Auge, Zahn um Zahn, Morden und Schänden, Kämpfen und Töten, soll es denn immer so weitergehen bis ans Ende unserer Tage? Sollten wir uns nicht lieber aufraffen, diesen Teufelskreis der Gewalt endlich zu durchbrechen?« Er sprach mit sich selbst und erwartete keine Antwort von Domingo.

So zogen sie los, und sie waren weniger als bei ihrer Ankunft, denn in den Verstecken blieben die Schützen zurück.

»Die Spanier ziehen ab«, sagte Ugranfir. Er war gegen Morgen zurückgekehrt und wirkte müde und übernächtigt. »Aber ich warne dich erneut, Tanausu. Traue diesen Fremden nicht, sie planen Schlimmes. Sie rücken zwar ab, aber sonst zeigen sie keinerlei Zeichen für ihre friedliche Gesinnung. Ich glaube nicht, daß sie ernsthaft verhandeln wollen. Ich vermute, dieser de Lugo plant eine List. Er wird nicht eher Ruhe geben, als bis er uns vernichtet hat.«

»Du sprichst von Glauben und Vermutungen«, antwortete Tanausu. »Wo sind deine Beweise, daß es sich anders verhält? Lassen wir sie ziehen und folgen wir ihnen langsam durch die Schlucht nach. Wenn sie erst draußen im Aridanetal sind, können wir mit ihnen verhandeln.«

»Du hast zu entscheiden, du bist der König«, sagte der Feycan matt. »Doch verrate mir: Worüber willst du mit ihnen verhandeln? Sollen sie auf der Insel bleiben dürfen? Sie stellen eine ständige Bedrohung für uns dar . . .«

Tanausu nickte. »Ich verstehe deine Sorge, Ugranfir. Nein, natürlich können sie nicht bleiben. Sie sind als Eroberer gekommen und haben sich widerrechtlich unser Land angeeignet. Der Boden von Tigalate ist noch immer vom Blut unserer Brüder und Schwestern getränkt. Sie müssen wieder in ihre Schiffe steigen und Benahoare verlassen. Aber zuvor sollen sie für alles, was sie angerichtet haben, bezahlen.«

»Läßt sich das Leben der Frauen, Kinder und Männer von Tigalate durch Bezahlung ersetzen?« fragte Ugranfir.

»Nein. Jedes Leben ist unbezahlbar, und ihr Tod soll nicht in Vergessenheit geraten. Aber sie besitzen vielerlei Dinge, die uns nützlich sein können, Geräte und Werkzeug . . .«

»Auch Waffen?«

»Ja, auch Waffen«, sagte Tanausu. »Denn glaubst du, selbst wenn sie unsere Insel verlassen, sie würden für immer verschwinden? Nein, nach ihnen werden andere Schiffe kommen, andere, die auch von der Gier nach Macht und Reichtum besessen sind. Uns bleibt dann nur, sie gebührend zu empfangen . . .«

»Ich spüre den Wind gegen mich wehen«, erwiderte Ugranfir, »die Zeiten sind anders geworden, vielleicht haben uns die Götter ihren Schutz entzogen und haben mit uns anderes, als wir glauben, im Sinn.«

»Du machst unseren Leuten nicht gerade Mut mit deinen Worten. Wo sind dein Wille und dein Stolz geblieben? Unser Volk braucht Hoffnung und eine Zukunft. Und dafür werden wir reden und notfalls kämpfen.«

Der Feycan streifte seinen Fellumhang ab und warf ihn zu Boden. Dann schritt er nach dorthin, wo die Lanzen steckten. Er zog eine von ihnen heraus und reckte sie hoch.

»Dann bleibe ich von nun an an deiner Seite und werde dich, so gut es geht, beschützen«, rief er.

Die Krieger und Kriegerinnen nahmen ihre Waffen auf und schlugen damit zustimmend an die Schilde. Mazo und

Bencomo traten an die Seite des Königs. In stummem Eid schworen sie, dem Beispiel Ugranfirs zu folgen.

Sie harrten aus, bis die Sonne über dem Rand des Kraters erschien. Dann setzte sich die letzte Streitmacht der Guanchen in Bewegung.

Über Viele Wasser zog de Lugo seine Truppen bis zu einer Stelle kurz vor der Einmündung des geheimen Pfades zurück, welche die einheimischen Diener *Adamacansis* nannten. Hier boten sich verschiedene Felsgruppen hervorragend als Deckung an, und der General gab den Befehl, in Stellung zu gehen.

»Wir erwarten die Guanchen hier, wo uns das Gelände ausreichend Vorteile für unsere Taktik bietet«, sagte er zu den Offizieren. »Wenn sie uns folgen, sitzen sie in der Falle und werden von drei Seiten aus unter Feuer genommen. In ihrem Rücken liegen dann die Einheiten, an denen sie nichtsahnend vorbeigezogen sind, und aus der Schlucht heraus greift die Vorauseinheit an.«

»Ein ausgezeichneter Plan«, lobte de Alvaréz, »diese Taktik führt unbedingt zum Erfolg, zumal, wenn wir sie ohne jede Warnung angreifen.«

»Wer sollte sie warnen?« sagte der General. »Nein, ich garantiere Euch, die Wilden ahnen nicht das geringste von unserer Absicht.«

»Und wie erfährt die Vorauseinheit davon?« fragte Hauptmann Diego.

»Mein Neffe Juan Fernández wird sie heranführen. Er ist bereits mit ein paar Männern unterwegs zu ihnen.«

Die Offiziere nickten zustimmend.

»Und noch etwas«, sagte de Lugo, »schickt beim ersten Schuß die Priester und diesen Schreiber ein Stück weit weg. Wir brauchen für das, was passiert, keine Zeugen. Ihr wißt ja selbst, wie diese Kirchenmänner nun einmal sind. Empfindsame Kreaturen sollte man nicht unnütz belasten. Nachher können sie sich um das Seelenheil der Verwundeten kümmern.«

»Wird gemacht«, brummte Hauptmann Diego. »Ich frage mich sowieso schon die ganze Zeit über, warum wir diese Leute mitgenommen haben. Dies hier ist ein Krieg und keine Messe.«

»Vergeßt nicht, wer unsere Geldgeber sind«, antwortete de Lugo scherzend, »die Kirche ist immer dabei und will ihren Anteil an der Sache haben.«

»Ach ja, und das Wichtigste hätte ich beinahe unerwähnt gelassen«, ergänzte er, »den Anführer, diesen Tanausu, will ich lebendig. Die Wilden sind abergläubisch – wenn sie ihren wichtigsten Mann erst in Ketten sehen, bricht ihre Widerstandskraft rasch in sich zusammen.«

So geschah es. Als die Spitze des Guanchenheeres Adamacansis erreichte, krachten alle Musketen gleichzeitig los und streckten die erste Reihe nieder.

»Was habe ich gesagt – sie brechen ihr Wort und greifen uns an!« rief Ugranfir. »Sie haben nur einen Geländevorteil gesucht, es ist eine Falle!«

In diesem Augenblick ertönte im Rücken der Guanchen ein Hornsignal, und zugleich feuerten auch dort Musketen, eine Wolke todbringender Pfeile schwirrte heran. Und dann antwortete ein Signal aus der Schlucht. Mit Geschrei stürzte von dort die versteckte Vorauseinheit heran.

»Vorwärts!« feuerte General de Lugo seine Soldaten an. »Adelante, es wird kein Pardon gegeben!«

Die Verwirrung in den Reihen der Guanchen war groß. Von drei Seiten griffen die Spanier gleichzeitig an. Die vierte wurde durch eine mächtige Felswand versperrt. Tanausu, der weit vorn war, schwang seine Kriegskeule und rannte auf den Feind zu. Ugranfir, Bencomo, Mazo und der alte Adargoma blieben in seiner Nähe. Immer wieder donnerten die Musketen, schwirrten Pfeile. Viele Krieger wurden getötet, bevor sie noch den Feind zu Gesicht bekommen hatten.

Dann brach ein Unwetter aus Stahl über die Guanchen herein. Mann gegen Mann wurde gekämpft, aber nicht so unkontrolliert wie bei der Schlacht an den Mondbergen. Diesmal schlugen die Spanier gleich beim ersten Aufprall eine Bresche in die Reihen der Wilden. Tanausu und die ihn umgebenden zwanzig Krieger sahen sich bald von der übrigen Streitmacht abgeschnitten. Die Angriffe der Soldaten richteten sich vor allem gegen sie.

»Soviel ist also vom Wort eines Christenmenschen zu halten!« rief Tanauso voller Zorn, als er erkannte, wie begründet Ugranfirs Warnung gewesen war. »Die Geister der Ahnen sollen de Lugo, diesen verbrecherischen Lügner, bestrafen!« Mit Macht schlug er zu und streckte einen der angreifenden spanischen Soldaten mit wuchtigem Hieb nieder.

Die Gruppe der Krieger bildete nun einen Halbkreis um Tanausu. Sie standen mit dem Rücken zu den Felsen. Viel zu steil war die Wand, um durch sie in die Berge flüchten zu können, und zwischen ihnen und dem Guanchenheer stand eine breite Phalanx gepanzerter und schwerbewaffneter Spanier. Immer wieder griffen die Fremden an, ganz nah waren nun ihre Gesichter, die zum Brüllen aufgerissenen

Münder. Spieße, Lanzen und Schwerter waren drohend auf sie gerichtet.

»Wir müssen uns durchschlagen!« schrie Adargoma. Er ließ seine Streitkeule durch die Luft wirbeln und mußte sich gegen drei gleichzeitig angreifende Soldaten wehren. Wie in einem bösen Traum kam ihm diese Situation vor, als wenn die Zeit stehengeblieben wäre und er als junger Mann noch immer in jener fürchterlichen Schlacht hier in der Schlucht der Todesängste an der Seite Madangos kämpfte. Es waren die gleichen Fremden wie damals, die gleichen todbringenden Waffen aus jenem harten, unbekannten Material, das ihm im Gesicht die schreckliche Wunde beigebracht hatte. Nur ihr Anführer, der Mann auf dem hochbeinigen Tier, fehlte. War er nicht damals vom Tier gestürzt und hatte stöhnend in seinem Blute gelegen? Doch, so mußte es sein, der verhaßte Gegner war tot, lag erschlagen in der Schlucht . . . Doch wer war jener Mann, der nun an seiner Stelle die Befehle brüllte, die Soldaten zum Kampf anfeuerte und dessen Schwert in der Sonne funkelte? Den kannte er nicht, niemanden von damals erkannte er wieder . . . Vielleicht waren es die Geister der Erschlagenen, vielleicht waren sie wieder auferstanden aus ihren Gräbern und fochten jetzt den Kampf erneut aus, mit verbissener Wut, als wollten sie die Schmach von damals wettmachen?

»Freiheit!« brüllte Adargoma und hieb auf einen der Soldaten ein, doch der Mann konnte geschickt ausweichen und der Keulenschlag traf ins Leere. »Madango!« rief Adargoma, nun vollends die Zeiten verwechselnd und nicht mehr wissend, daß neben ihm Tanausu, ein ganz anderer König, und ganz andere Leute fochten.

»Diesmal werde ich nicht blutend auf der Felsklippe und in Todesängsten liegen!« rief er. »Diesmal werde ich kämpfen, bis der letzte von euch Teufeln vertrieben ist!« Niemand verstand seine Worte, sie gingen im wilden Kampfgetümmel unter.

Neben ihm kämpfte Mazo mit Holzschild und Lanze. Er, der noch ganz unerfahren im Kriegshandwerk war, focht wie ein Mann, er wuchs weit über sich hinaus. Aber die Übermacht der Spanier war einfach zu groß. Immer dichter zog sich der Ring um Tanausu und seine Getreuen zusammen. Die Lage wurde von Minute zu Minute aussichtsloser.

Bencomo kämpfte mit dem Mut der Verzweiflung. Er versuchte, dabei den König nicht aus den Augen zu lassen. Das kostete einen Augenblick seiner Aufmerksamkeit und ihn beinahe das Leben. Ein kräftiger Hieb streckte ihn nieder. Sein Blick verschwamm, als er stürzte. Er sah nicht mehr, wie ein Spieß Adargomas Brust durchbohrte, vernahm seinen Todesschrei nicht. Er sah auch nicht, wie sich Mazo schützend vor Tanausu warf, als dieser von sechs Soldaten zugleich bedrängt wurde. Eine Hellebarde schlitzte den Körper seines Bruders auf. Mazo starb, ohne einen Laut von sich geben zu können.

Andere Krieger warfen sich vor Tanausu und versuchten, ihn mit ihren Holzschilden abzuschirmen. Ugranfir, der in de Lugo den Anführer der Feinde erkannt hatte, warf seine Lanze nach ihm. Aber der Wurf ging fehl, da der General die Absicht rechtzeitig erkannte und geschickt ausweichen konnte. Ugranfir sah sich nach einer neuen Waffe um. Adargoma lag vor ihm und hielt noch immer seine Lanze umklammert. Der Feycan sprang vor und riß die Waffe hoch. Doch zugleich stürmten mehrere Soldaten auf ihn ein. Nur mit Mühe konnte er sich ihrer wütenden Attacken erwehren, indem er die Lanze querhielt und damit die Degenhiebe abfing. Ein Krieger kam ihm zu Hilfe und schützte seinen Körper mit dem Schild. Aber dann traf ihn ein gutgezielter Pfeil in die Brust. Er stürzte zu Boden und riß Ugranfir mit. Noch im Fallen spürte der Feycan das scharfe Eisen auf sich zufahren. Die Hellebarde spaltete ihm die Stirn.

Tanausu sah seine Getreuen niedersinken, doch er kämpfte weiter. Mit dem Rücken zum Fels stand er und wehrte sich gegen die Angriffe der Soldaten. Er vernahm das Geschrei ringsum und wurde gewahr, daß dabei die spanischen Stimmen zunehmend überwogen. Er hörte Schüsse und Schreie, auch von ferne, und er spürte, in welcher Bedrängnis sich seine Krieger befanden. Dann traf ihn der Hieb eines Spießschaftes am Kopf und raubte ihm die Besinnung.

»Wir haben ihn!« schrien die Soldaten, während sich gleich mehrere auf ihn stürzten.

»Tanausu ist in unserer Hand!« rief de Lugo. Dieser Ruf pflanzte sich fort, spornte die Truppe noch einmal an, während sich über die Guanchenkrieger lähmendes Entsetzen legte.

»Sieg, Sieg!« schrien die Spanier. *Sieg* frohlockten die Hörner. An diesem dritten Mai entschied sich das Schicksal der Insel.

Als der Lärm begann, heulte der Hund auf und raste davon.

»Bleib hier, Mencey!« rief Domingo verzweifelt und rannte ihm nach.

»Der Junge!« schrie Pater Angel, dem das Ganze vorkam, als erwache er gerade aus einem Traum.

»Nichts da!« sagte Innozenz und hielt den Priester am Rock fest. »Laß ihn laufen, wenn er dumm genug ist, sich wegen eines räudigen Köters ins Unglück zu stürzen. Der Wille des HERRN geschehe.«

Pater Angel wand sich unter dem Zugriff des Missionars.

»Hände weg!« tobte er und war nahe dran, seinen Vorgesetzten tätlich anzugreifen.

»Kommt zur Besinnung, Angel!« rief Innozenz aus. »Oder wollt Ihr alles aufs Spiel setzen und unrühmlich ins Verhör der Inquisition geraten?«

Domingo lief seinem Hund hinterher. Er rannte blindlings in den Hieb eines Degens hinein. Er spürte den brennenden Schmerz, dann nichts mehr, nur einen furchtbaren Sog, der ihn tiefer und tiefer in eine unendliche Schwärze zog.

Mehr als dreihundert gefangene Guanchenkrieger wurden durch die Schlucht der Todesängste hinab zum Meer getrieben, wo die Spanier sie am Strand unter scharfer Bewachung lagern ließen. Tanausu aber, den letzten König der Kanaren, führte eine Abteilung Bogenschützen gesondert weg. Seine Hände waren auf dem Rücken gefesselt, die Füße durch eine Eisenkette verbunden, die er bei jedem Schritt klirrend über den Boden nachzog. Am Strand mußte er weit entfernt von den anderen liegen, ständig umgaben ihn Wachposten, die darauf achteten, daß es zu keinem Kontakt mit seinen Gefolgsleuten kam. Dennoch gab es Zurufe von den Guanchen, als er an ihnen vorbeigeführt wurde, sie klagten laut, als sie ihren Anführer so gedemütigt in Ketten sahen.

Tanausu schritt mit gesenktem Kopf an ihnen vorbei; seine einst so stolze, aufrechte Haltung war gebrochen. Er wandte niemandem das Gesicht zu, seine Augen blickten leblos und starr. Die Gefangenen verstummten. Erst jetzt, da Tanausu als Gefangener an ihnen vorbeigeführt wurde, schienen sie die volle Tragweite der Geschehnisse zu begreifen. Ihr König befand sich in der Hand der Feinde, und mit ihm ihre ganze Hoffnung. Mit ihm hörte Benahoare auf zu existieren, gehörte die Insel endgültig den Fremden.

De Lugo konnte mit dem Verlauf der Operation vollauf zufrieden sein. Zwar hatte es eine ganze Reihe von Toten auch auf seiten der Spanier gegeben und zahlreiche Verwundete, doch was zählten diese Ausfälle im Heer schon . . .

Die Geschichte rechnet anders, für sie war nur der Sieg der Spanier entscheidend und daß der Untergang des freien Guanchenvolkes mit dieser Schlacht am dritten Mai 1493 besiegelt war. Die Geschichtsschreibung nennt nur die großen Ereignisse, die Ereignisse und Fakten, nennt nur die Namen der Sieger. Für sie zählt das einzelne Schicksal so wenig wie eine Spur im Sand, die bereits von der nächsten Woge ausgelöscht wird . . .

Der Eroberer de Lugo fühlte sich von der Vorsehung geleitet und von der Geschichte bestätigt. Für ihn war dieses Kapitel abgeschlossen. Bald würden die Schiffe in die Bucht von Taxacorte zurückkehren und die Gefangenen an Bord nehmen. Eine kostbare Fracht für die Sklavenmärkte des Festlandes wurde dann verladen, wobei das mit Abstand wertvollste Handelsgut jener König Tanausu war.

De Lugo dachte noch weiter: Er selbst würde den Transport begleiten, um die Siegesbotschaft persönlich am Königshof in Madrid zu überbringen. Ruhm und große Ehren für die Unterwerfung der rebellischen Insel erhoffte er sich davon. Danach würde man weitersehen. Wahrscheinlich führte ihn sein Weg dann wieder nach Gran Canaria, um von dort aus die Eroberung der Insel Teneriffa vorzubereiten. Die Vorstellung erregte sein Soldatenherz schon jetzt, die Abenteuer gingen nicht so schnell zu Ende . . .

Auf San Miguel de La Palma würde sein Neffe Juan Fernández als Statthalter zurückbleiben, um die »Befriedung« der Insel zu beenden, die Verwaltung aufzubauen und die Neuverteilung des Landes vorzunehmen. Es war gut, sich auf Mitglieder der eigenen Familie verlassen zu können.

Ja, und dann war da noch die schöne Beatriz de Bobadilla mit ihren roten Haaren und den katzengrünen Augen, die stolze Herrin von La Gomera, deren Bild sich so tief in seine Erinnerung eingebrannt hatte. Der Gedanke an sie erregte ihn. Es würde ihm die reinste Lust sein, ihr Bollwerk im Sturm zu nehmen . . .

Mit derlei Phantasien und in glänzender Siegeslaune gab er für seine Männer im Lager von Taxacorte ein Fest, zu dem die letzten Vorräte an Wein ausgeschenkt wurden und das daher lautstark und lärmend bis weit in die Nacht hinein dauerte.

Pater Angel quälten indes große Sorgen. Domingo war verschwunden. Bereits in der Schlucht der Todesängste, unmitelbar nach der Schlacht, hatte er die Suche nach ihm aufgenommen, eilte durch das Gelände, beugte sich über die Toten und Verwundeten am Boden. Doch nirgends gewahrte er Domingos schwarze Kutte, keine Spur von ihm oder dem Hund war zu entdecken.

Schließlich drängte ihn Innozenz ungeduldig: »De Lugo hat den Befehl zum Abmarsch gegeben. Wir müssen uns beeilen, denn es gilt, die Verletzten möglichst schnell zum Lager zu bringen, damit sie behandelt werden können. Hört, die Hörnersignale ertönen bereits zum dritten Mal – der General winkt, er ist ungeduldig . . .«

»Domingo ist fort, ich muß ihn suchen«, beharrte Pater Angel.

»Ich weiß, daß Euer Herz an dem Jungen hängt«, sagte Innozenz, »doch ich nehme an, er ist am Leben und hat sich bloß im Urwald verirrt, als er seinem Hund nachlief. Macht Euch keine unnötigen Sorgen, Ihr werdet sehen: Er taucht in Kürze wieder wohlbehalten auf. Doch jetzt müssen wir wirklich gehen.«

»Ich kann nicht«, antwortete Pater Angel. Sein Blick war verzweifelt.

»Reißt Euch zusammen, Mann«, sagte Innozenz grob. »Ich erteile Euch den ausdrücklichen Befehl, jetzt mit mir zu kommen und Euch um die Verwundeten zu kümmern, die Eurer Hilfe bedürfen.«

Pater Angel wandte sich voller Trauer vom Schlachtfeld ab und folgte dem Missionar.

»So viele Tote, so viel Blut, so viel Elend«, murmelte er leise. »Und warum das alles – nur damit wir unser Denken, unsere Kultur in die Hirne dieser armen Menschen pflanzen können? Ist der Preis dafür nicht allzu hoch . . .? Und der Junge, was kann der arme Junge dafür?«

Widerstrebend folgte er dem Heer. Er sah die gebeugten Gestalten der gefangenen Guanchen, die Mutlosigkeit in ihren Gesichtern. Ihr Elend nahm sein Mitgefühl in Anspruch, es beugte auch ihn. Wahrscheinlich war er der einzige Spanier, der sich an diesem Tag des Sieges nicht freuen konnte. Und so blieb er auch der Feier fern. Er las in der Bibel, fand aber keine Stelle, die ihm geeignet schien, seiner Seele Trost zu spenden . . .

Unendlich langsam kam Bencomo wieder zu sich. Er fühlte Benommenheit und einen dumpfen Schmerz in der Schläfe. Mühsam richtete er sich auf. Der Tag dämmerte dem Abend entgegen, große Teile des Waldes lagen in Halbdunkel gehüllt. Ruhe lag über dem großen Krater, eine bedrückende, mit Unheil geladene Stille.

Zunächst stieß Bencomo auf Ugranfirs Leichnam, dann sah er Adargoma. Der Blick des alten Kriegers starrte gebrochen zum Himmel. Bencomo schloß seine Augen. Den schlimmsten Moment aber erlebte er, als er auf Mazos Körper stieß. Sein kleiner Bruder lag da, als schlafe er nur.

»Mazo, wach auf, beweg dich«, flüsterte Bencomo immer wieder. Doch Mazo regte sich nicht, kein Atem kam mehr aus seinem Mund. Da schrie Bencomo qualvoll auf und warf sich über den Leichnam. Er nahm ihn hoch und trug ihn auf seinen Armen durch die Schlucht bis zur Sandbank. Dort legte er ihn erschöpft nieder.

Seine Tränen waren versiegt, seine Kehle ganz trocken vom Schluchzen.

»Mazo, warum gerade du?« fragte er immer wieder. »Kleiner Bruder, wie gern hätte ich mein Leben für deines gegeben.«

Ein Geräusch vom Waldrand her schreckte ihn auf. Durch den Schleier vor seinen Augen erblickte er eine weiße Gestalt, die sich schemenhaft auf ihn zubewegte. Es war Ica.

Als sie heran war, richtete sich Bencomo auf. Sie standen sich gegenüber, sanken sich wie Ertrinkende in die Arme.

»Bencomo . . .«, flüsterte Ica, »Tara, ich danke dir, daß wenigstens er am Leben geblieben ist.«

Erst jetzt bemerkte sie seine Kopfwunde. »Du blutest ja, du bist verletzt . . .«

»Das ist nur äußerlich«, sagte Bencomo. »In meinem Inneren, in meinem Herzen blute ich viel mehr . . . Mazo, mein Bruder ist tot.«

In wilder Verzweiflung deutete er auf den Leichnam neben sich. »Sie haben ihn umgebracht wie so viele andere auch. Der Kampf um die Insel ist verloren, das spüre ich deutlich . . .«

Ica nickte unter Tränen. »Ja, Bencomo. Die Fremden haben gesiegt, alles ist verloren – viele der Männer sind gefangen weggeschleppt worden, auch Tanausu . . .«

Bencomo schwankte. »Auch Tanausu? Er lebt also noch?«

»Ja. Aber sie haben ihn in Fesseln und Ketten weggeführt wie ein Tier. Ich sah es vom Hügel aus, wohin ich euch nachgeschlichen war.«

»Das ist das Ende«, sagte Bencomo. »Danach wird kein Tag mehr wie früher sein. Es ist alles vorbei.«

»Nicht alles«, erwiderte Ica, »faß dich, komm zu dir, denn ich bin noch da.«

»Verlaß mich nicht, nie mehr«, flüsterte Bencomo tonlos.

Als Antwort streichelte sie sein geliebtes Gesicht.

Noch jemand kam, nachdem sie Mazo am Rand der Sandbank bestattet und ihm einen Grabhügel aus Steinen errichtet hatten, über das Schlachtfeld. Es war eine hagere Gestalt, die wie ein Gespenst aussah, die alte Gazmira. Bei jedem erschlagenen Körper hielt sie inne, beugte sich über ihn und hielt die Totenklage.

»So viele Opfer, so viele Augen starren mich anklagend an«, rief sie, »sie alle geben mir Schuld, und sie haben recht, daß sie das tun. Oh, ich brenne vor Schuld, und mir wird keine Ruhe gegönnt sein, bis nur noch Asche von mir übrig ist.«

Stundenlang währte ihr Weinen und Jammern, die ganze Nacht hindurch. Aber sie merkte es nicht, in ihrem Kopf war ewige Nacht, das dunkle Schattenreich hatte endgültig ihre Seele verschlungen. Es war nun so dunkel in ihr, daß nicht einmal der Guayote den Weg zu ihr fand.

Den anbrechenden Morgen sah und spürte sie nicht. Sie ging einfach nur, als sie den letzten ihres Volkes beklagt hatte, aufrechten Schrittes auf den Felshang zu. Mühsam und steil verlief der Weg, aber auch das spürte Gazmira nicht mehr. Ganz automatisch bewegten sich ihre Beine, Schritt für Schritt dem vorgeschriebenen Ziele zu. Als sie oben auf der Spitze des Bergrückens angelangt war und jenen Punkt erreichte, der einen weiten Blick in den Krater bot und dem Idafe genau gegenüber lag, breitete sie ihre Arme aus.

»Ich grüße dich, Säule des Himmels«, rief sie. »Es hat lange gedauert, bis ich die Kraft fand, vor dich zu treten, aber nun bin ich da, und ich will dir dein Opfer bringen.«

Mit diesen Worten sprang sie hinab in die Schlucht.

Ich kann endlich fliegen, waren ihre letzten Gedanken, die Gedanken einer Krähe, die den Ruf ihres Schwarmes vernimmt. Es hatte lange gedauert, viel zu lange schon, aber nun flog sie endlich den Ahnen entgegen.

Früh am Morgen erhielt die Wachmannschaft den Befehl, den gefangenen König hinunter zum Meer zu führen. Von groben Fäusten wurde Tanausu, der die Nacht in einer Art Dämmerzustand verbracht hatte, hochgerissen. Mit Fußtritten und Schlägen der Hellebardenschäfte trieben sie ihn zum Ruderboot. Dort warteten de Lugo, de Alvaréz und Hauptmann Diego, um den wertvollen Gefangenen persönlich zu eskortieren.

»Ich gratuliere dir zu deiner Reise«, begrüßte ihn der General mit höhnischem Grinsen. »Hoffentlich bekommt sie dir gut und macht dich nicht seekrank.«

Er ließ seine Worte durch seinen Diener aus dem Aridanetal übersetzen. Tanausu reckte als Antwort nur stolz den Kopf. Er blickte an den Männern vorbei und durch sie hindurch.

»Dir wird dein Hochmut schon noch vergehen«, sagte de Lugo.

Hauptmann Diego stieß den Gefangenen, der sich wegen seiner auf dem Rücken gebundenen Handgelenke und der Eisenkette an den Füßen nicht recht bewegen konnte, ins Boot. »Rudert los!« wies er die Leute an, allesamt Sklaven aus den Distrikten Aridane, Tihuya und Tamanca. Die Männer legten sich in die Riemen.

An Bord des Flaggschiffs ließ de Lugo Tanausu für alle sichtbar an den Mastbaum ketten. Da stand der König, das Gesicht der Insel zugewandt, und mußte mit ansehen, wie die übrigen gefangenen Guanchenkrieger in Gruppen auf die Ruderboote verteilt und zu den Schiffen gebracht wurden. Die Leute, die mit dem Flaggschiff fahren sollten, wurden einzeln an Tanausu vorbeigeführt, bevor sie durch die Luke ins Innere des Laderaumes hinabklettern mußten. De Lugo überwachte diese Zeremonie und stellte dabei fest, daß alle Krieger mit gesenktem Kopf am Mastbaum vorübergingen und auch Tanausu den Blickkontakt mit ihnen vermied. Mit Genugtuung registrierte er, wie tief die Niederlage sie getroffen hatte. Bis ins Mark war ihr Selbstbewußtsein erschüttert, ihr Stolz gebrochen, ihre Würde wie eine abgebrannte Kerze erloschen. Deutlicher als mit diesem Akt ließ sich der Untergang des freiheitsliebenden Guanchenvolkes nicht manifestieren.

Die Sonne stieg höher und brannte gegen Mittag kräftig vom Himmel. Für die Mannschaften und die Schiffsbesatzung wurde Essen ausgeteilt, Wasser und Brot auch an die Gefangenen im Laderaum. Ein Soldat ging zu Tanausu, hielt ihm eine Trinkschale vor den Mund, doch der König weigerte sich, das Dargebotene anzunehmen. Er ignorierte den Mann völlig und starrte beharrlich an ihm vorbei. Der Bucht von Taxacorte galt sein Blick, dem steilen Kamm des Time, dem Aridanetal und der Schlucht der Todesängste, dem schwarzen Sandstrand und der Brandung, dem tief über den Wellen gleitenden Flug der Seevögel und den Falken, die vor den Hängen kreisten. Er sah den Gipfel des Freundschaftsberges von ein paar zerzausten Wolkenfetzen umgeben, die schroffe Felsküste von Hiscaguan und den langgezogenen Rücken der Cumbre. Er sah auch, mehr ahnend als erkennend, durch den Eingang der Schlucht in den großen Urwaldkrater hinein, in sein nun für immer verlorenes Reich Acero.

Das Kommando zum Segelsetzen und Ankerlichten kam, von Schiff zu Schiff wurde es weitergegeben, am Strand winkten die zurückbleibenden Soldaten, und hoch oben am

Mast, an dem Tanausu gefesselt stand, ging die spanische Flagge hoch.

»Mögen diese Inseln auch glücklich genannt werden, *insulae fortunatae*, wie der gebildete Mann sie benennt . . .«, sagte de Alvaréz zu Alonso de Lugo, »so gebe ich gerne zu, daß ich, was meinen persönlichen Geschmack anbelangt, des paradiesischen Überflusses allmählich überdrüssig geworden bin. Nach dem so vorteilhaften Ausgang unseres Abenteuers sehne ich mich direkt nach dem Festland . . .«

»Ja, das Festland«, seufzte de Lugo. »Ihr habt ganz recht, es existiert nichts von vergleichbarer Schönheit. Und doch . . . wenn ich's mir recht überlege, so verspüre ich bald nicht übel Lust, wieder in See zu stechen und mein Talent an anderen Inseln, anderen Ländern zu erproben. Teneriffa zum Beispiel, und es gibt auf dem Erdkreis für uns noch so viel zu erobern . . .«

Die drei Schiffe verließen die Bucht und segelten mit der Strömung nach Süden. Die Felsküste wich zurück, kleiner wurde die Insel, und nachdem sie das Kap von Teneguia umrundet hatten, entschwand sie schließlich mehr und mehr den Blicken.

Tanausu versuchte, sie mit dem Blick festzuhalten, er riß die Augen weit auf, seine Seele weitete sich, sie klammerte sich an Benahoare fest, doch vergeblich . . . Die Inselheimat, die zuletzt nur noch ein vager, grauer Punkt am Horizont gewesen war, ging endgültig in den Wellen unter.

Da bäumte sich Tanausu auf, zerrte und riß an seinen Fesseln, er schrie wie ein waidwundes Tier. »Vacaguare!« schrie er, und noch einmal: »Vacaguare!«

»Was ruft er?« wollte de Lugo wissen.

Der Mann aus dem Aridanetal, der nun zum persönlichen Dolmetscher avanciert war, übersetzte: »Ich will sterben.«

De Lugo schüttelte irritiert den Kopf. »Sorgt dafür, daß er am Leben bleibt, der Mann ist wertvoll für uns, gebt ihm reichlich Essen und Trinken.«

Doch Tanausu blieb bei seinem Vorsatz. Beharrlich weigerte er sich, Tag um Tag, Speise und Getränke anzunehmen. Man öffnete seinen Mund und versuchte, ihm gewaltsam Nahrung einzuflößen. Doch Tanausu spie sie seinen Bewachern ins Gesicht, stand stolz am Mastbaum und starrte noch immer hinaus in die See. Verschwunden war Benahoare und jede Hoffnung, die Insel noch einmal wiederzusehen.

Meine Zeit läuft ab, dachte Tanausu, das spüre ich deutlich. Doch ich will nicht klagen und jammern, sondern meinem Ende entgegensehen. Ich habe alles versucht, die Freiheit unseres Volkes zu retten, doch ich bin im Kampf unterlegen, ein Gefangener der fremden Herren. Lieber will ich sterben, als ihnen zu dienen und ein Leben ohne Ehre fristen zu müssen. Benahoare ist verloren, und ich bin es auch . . .

Von Tag zu Tag verfiel seine Kraft mehr, besonders der Durst quälte ihn sehr. Unerträglich wurde er schließlich, ein gnadenloses Sengen in der Kehle, ein Brennen in allen Poren, das Atmen wurde schwer, und der Verstand taumelte, bis schließlich am Rande des Todes die Visionen kamen.

Er sah Nesfete, seine Frau, im Schlaf ausgestreckt auf dem Lager, und sie war schön wie niemals zuvor. Seine Kinder streichelte er noch einmal, wie an jenem Morgen nach dem schweren Traum, als er aufbrach, um mit dem Idafe zu sprechen. Und jetzt, in diesen Augenblicken höchster Verwirrung und Klarheit zugleich, erkannte er in Bruchstücken seinen damaligen Traum und seine Visionen am Heiligen Berg, und er wußte nicht mehr, wo die Wirklichkeit war. Oder waren sie zusammen die Wahrheit, ergänzten sich nur, um ihm jetzt in diesen Sekunden am Mastbaum das ganze Muster des Bildes zu zeigen?

Einen mächtigen Adler sah er, der mit weit ausgespannten Schwingen das Licht der Sonne verdunkelte, drohend als Herrscher über die Zeit. Und alles, was hinter ihm lag, gehörte der Vergangenheit an, es war schön und dennoch für immer verloren, so wie die Erinnerung flieht, sich in Rauch auflöst, in flüchtigen Wolkenbildern am Himmel. Doch vor ihm, in gnadenlos blendender Helle, wuchs in gewaltigem Umbruch, durch Schnabelhiebe geformt und von spitzen Krallen gezeichnet, das Neue heran, und es nahm dem Alten die Sprache.

Tanausu hörte den Adler sprechen, den Heiligen Berg Idafe, aber er verstand den Sinn der Worte nicht mehr. Von Ewigkeit sprach der Adler, und daß sich in ihr alles wiederholt, wie die Kraft des Meeres stets neues Wasser heranbringt und doch zur gleichen Welle formt. Und von Menschen, die gleich der Woge heranfluten, um Land in Besitz zu nehmen, dieses und jenes Land, diese und jene Insel, und das Land hinter den Inseln, jenseits des großen Meeres. Und immer wiederholt sich dabei das gleiche Schicksal, weil die Herzen der Menschen rastlos sind und ihr Denken nicht zufrieden mit dem, was sie haben.

Aber er hörte auch den Namen Benahoare und war glücklich darüber, daß wenigstens der Adler den Namen der Heimat noch kannte.

»Benahoare«, flüsterte Tanausu mit trockenen Lippen, »Benahoare . . .«

Aber noch immer sprach der Adler, auch vom Überleben des Volkes der Guanchen. Wie war das möglich, was meinte er nur? War denn nicht alles verloren, verwirrte sich mehr und mehr, löste sich auf im Wind, der sich knarrend und klatschend in den Segeln verfing?

Und plötzlich spürte Tanausu, daß er mit sich selbst sprach, daß er selber dieser große Adler war, und daß etwas in ihm drängte, aufzusteigen zum Himmel.

»Ja, jetzt verstehe ich alles ganz deutlich«, flüsterte er. Seine Lippen waren wie Sand, seine Kehle brannte wie Feuer, und sein Herz schlug so langsam wie eine Brandungswoge, die zögernd herankam und sich zu überlegen schien, ob sie wirklich sich dem Land zuneigen und den Strand mit ihren Wassern erreichen wollte. Vogelstimmen waren in seinem Kopf und das Heulen des Windes, wenn er von den Hängen des Freundschaftsberges herab in den großen Krater fährt. Seine Seele aber war so kalt wie das Wasser des Taburienteflusses, das im Frühjahr nach der Schneeschmelze hinab nach Acero kommt.

»Mir ist, als würde ich hoch in den Wolken dahintreiben und die Welt klarer sehen als sonst. Und nicht nur das: ich fühle meinen Körper nicht mehr an Zeit und Raum gebunden, sondern hebe mich über diese Grenzen hinweg. Wenn auch die Wärme meines Körpers allmählich flieht und die Hülle vergeht, wie der Untergang der Menschen von Benahoare unaufhaltsam naht, das stolze Volk der Guanchen wie eine welke Blume erlischt, so wird doch unser Geist und die Kraft unserer Gedanken für immer bleiben. In neue Hüllen, in andere Körper werden eines Tages die Seelen der Ahnen schlüpfen am jüngsten Tag, der zugleich der älteste der Erde ist . . .«

Er reckte den Kopf, nahm all seine Kraft zusammen, straffte sich noch einmal und sandte mit dem letzten Ausatmen seine Seele in den Wind. Sie stieg auf und flog über die See nach Benahoare. Zum großen Vulkankrater flog sie, über das Reich Acero hinweg und schließlich zum Heiligen Berg Idafe. Sie umkreiste suchend den Gipfel, fand schließlich den Schwarm, und aus ihm riefen Tanausu vertraute

Stimmen entgegen: die von Ugranfir und Adargoma, von Tamogante, Madango und all den anderen. Er war zu den Ahnen zurückgekehrt . . .

De Lugos Triumph aber bekam einen schalen Beigeschmack, denn als das Schiff im Hafen von Cadiz anlegte, blieb seinen Soldaten nichts anderes mehr zu tun, als einen ausgemergelten Leichnam vom Mast zu schneiden.

Das seltsame Geräusch klang vom Wald unterhalb des Dorfes herauf, ein langgezogenes Heulen und Winseln.

»Was ist das?« fragte Ica. »Ich höre es schon geraume Zeit, und es hört nicht auf.«

»Es klingt wie ein Hund . . . Aber warum bleibt er dort unten und kommt nicht herauf?«

»Laß uns gehen und nachsehen«, bat Ica. Ihr Gefühl sagte ihr plötzlich, daß Eile geboten war.

Sie stiegen durch den Wald hinab. Das Winseln und Heulen wurde stärker. Und dann stießen sie auf einen mächtigen Drachenbaum, an dessen Stamm eine Gestalt lehnte. Neben dem in einen schwarzen Rock gehüllten Körper hockte ein Hund. Er erhob sich bei ihrer Ankunft und kam schwanzwedelnd auf sie zu.

»Es ist ein Guanchenhund«, stellte Bencomo fest. »Aber dieser da gehört zu den Feinden!«

Ica war weitergelaufen und kniete bereits neben der Gestalt nieder. Sie blickte in das blasse Gesicht eines Jungen.

Seine Augen waren geschlossen, starr und reglos sein Körper. Quer über die Brust lief eine verkrustete Wunde, der Hieb hatte das schwarze Tuch zerfetzt und sich tief ins Fleisch gefressen.

Der Junge mußte sich verletzt vom Schlachtfeld so weit in den Wald geschleppt haben, bis ihn die Kräfte verließen. Es war kein Soldat und gehörte dennoch eindeutig zu den siegreichen Fremden. Das Verblüffendste an ihm aber war, daß er in den verkrampften Händen über der Brust eine kleine Tarafigur hielt. Sein Blut hatte sie rot gefärbt, das Blut krustete an ihr, als habe er die Urmutter mit seinem Lebenssaft frisch färben wollen.

»Laß ihn liegen, er ist tot«, sagte Bencomo, blieb aber stehen, weil der Hund ihn warnend anknurrte.

Doch Ica setzte ihre Untersuchung fort.

»Du irrst«, sagte sie, als sie den Kopf wieder hob. »Seine Wunde ist nicht so schlimm, wie sie auf den ersten Blick aussieht. Er ist nur bewußtlos, er wird überleben.«

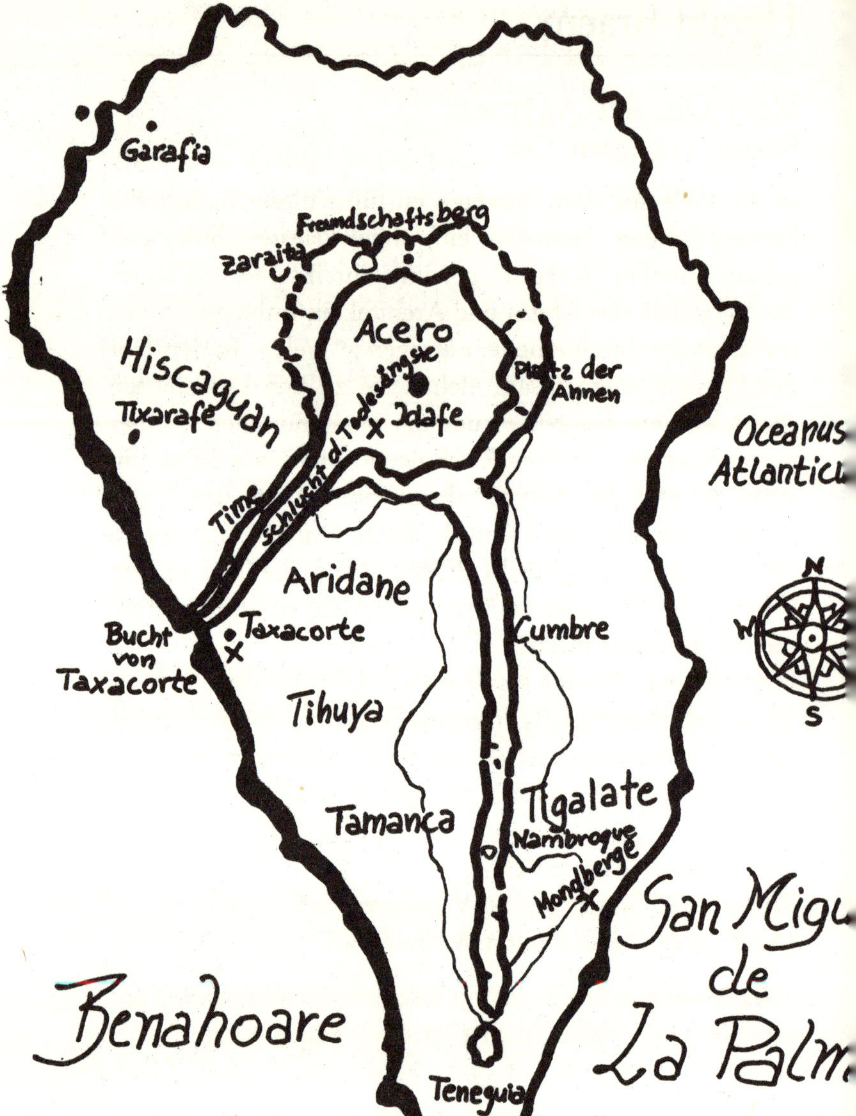
Garafia
Freundschaftsberg
Zaraita
Acero
Hiscaguan
Tixarafe
Schlucht d. Todesängste
Idafe
Platz der Ahnen
Oceanus
Atlanticu
Time
Aridane
Taxacorte
Bucht von Taxacorte
Cumbre
N
W
S
Tihuya
Tigalate
Tamanca
Nambroque
Mondberge
San Migu
de
La Palm
Benahoare
Teneguia

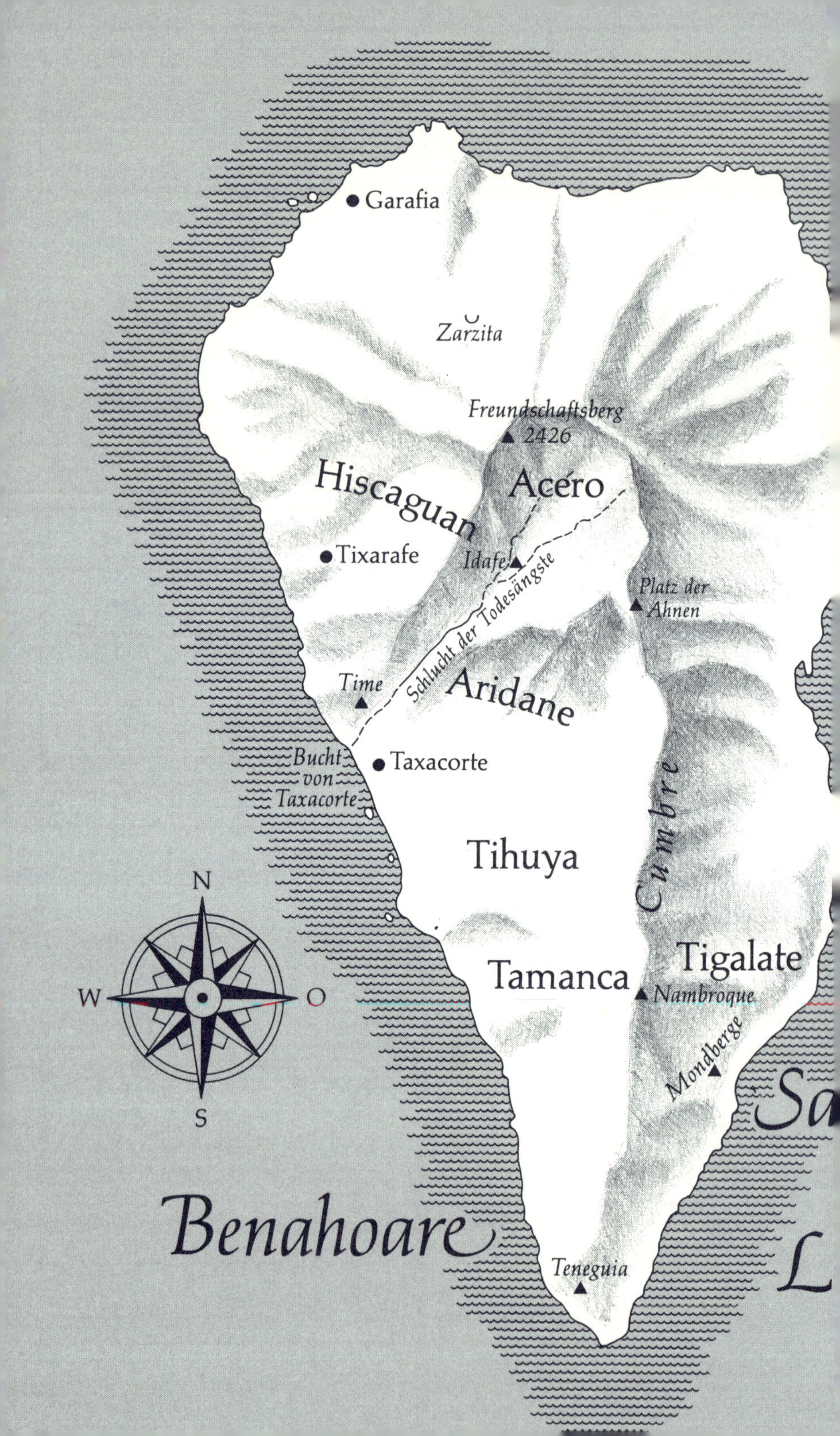
Garafia
Zarzita
Freundschaftsberg
2426
Hiscaguan
Acéro
Tixarafe
Idafe
Schlucht der Todesängste
Platz der Ahnen
Time
Aridane
Bucht von Taxacorte
Taxacorte
Tihuya
Cumbre
N
W
O
S
Tigalate
Tamanca
Nambroque
Mondberge
Benahoare
Teneguia